Marco Odino

Un'Emozione Nuova

Corso di Consapevolezza ed Educazione Emotiva

Prima edizione cartacea: aprile 2018

Editing: Domenico Russo www.domenicorusso.org
Copertina: Matteo Broggi e Sara Bianchini

www.veritarelative.it

marco@veritarelative.it

ISBN: 979-12-200-3136-3

INDICE

Prefazione
di Domenico Russo

Nella vita di tutti i giorni è importante sapere di potersi affidare senza remore a sé stessi, anche nei momenti più bui.

Conoscersi nel profondo è cruciale in una società che costruisce dei binari generici per individui unici e che spinge ad entrare in competizione con gli altri in ogni ambito.

Il tema del "life coaching" sta per questo prendendo piede anche nel nostro paese: tra il 2007 e il 2009 sono nate le prime associazioni di coach professionisti. Il termine non ha tuttora una traduzione italiana comprovata, poiché "insegnamenti di vita" non rende completamente l'idea, in parte perché generico, in altra perché fuorviante.

Si tratta di un metodo di ricerca e presa di consapevolezza riguardo la propria vita ed il proprio sé, un metodo di comunicazione incentrato sullo sviluppo personale e legato a tantissime altre discipline, tra cui la psicoterapia.

L'intenzione è spingere a creare (o scoprire) i propri obiettivi e impegnarsi per raggiungerli, rafforzando prima di tutto l'autostima; avere relazioni personali (amorose e non) più sane e arricchenti, avere successo in campo lavorativo, migliorare il proprio stile di vita in generale.

All'interno di questa grande famiglia esistono diverse ramificazioni: quelle incentrate sui successi sportivi (sport coaching), sul lavoro (business coaching), sulla dieta e sul benessere fisico (diet coaching), sulla salute e sul come affrontare la malattia (health coaching) e tanti altri, fino a quelli più specifici per gestire, ad esempio, un gruppo di lavoro (team coaching).

Si sta diffondendo sempre più, purtroppo, l'idea che questi tipi di metodi servano ad ottenere "tutto e subito"; che siano una sorta di "pillola magica" o "miracolo" psicologico per diventare su-

bito felici, famosi, fare tanti soldi, avere il compagno o la compagna dei nostri sogni e così via.

Non è così.

Questi sistemi, se seguiti nel modo giusto, permettono di responsabilizzare l'individuo a risolvere con le proprie forze e con più efficacia i problemi della vita, quale che ne sia la portata. Permettono di spazzare via la nebbia dai nostri obiettivi, renderli ben visibili e raggiungibili, con i giusti tempi e un percorso appropriato. Di affrontare al meglio i nostri momenti bui, e non di eliminarli.

La differenza sembra sottile, ma essenziale: non si tratta di una partenza a razzo e di una corsa a folle velocità, ma di una passeggiata lenta e consapevole verso il miglioramento.

La stessa struttura del libro invita alla calma; il primo insegnamento è proprio quello di "rallentare" i pensieri con lo scopo di acquisire consapevolezza su ciò che accade dentro di noi e che crediamo fuori dal nostro controllo, di godersi ogni momento felice e affrontare con serenità quelli difficili.

Una struttura a quattro livelli, ognuno diviso in otto lezioni. Un cammino graduale che dovrebbe durare tutto il tempo necessario.

In questo periodo l'autore si mette accanto al lettore, lo prende per mano e lo segue sul sentiero, sullo stesso sentiero che il lettore ha scelto per sé. Un approccio che spicca per semplicità e autenticità nel modo di raccontarsi e raccontare.

Marco non dice cosa si dovrebbe o non dovrebbe fare, né dove andare o non andare per la propria crescita personale; quello che fa è mettere a disposizione una serie di strumenti da usare nella vita di tutti i giorni. Come, quando e perché sarà il lettore a deciderlo.

Attraverso la scrittura, uno dei bisogni umani più antichi e potenti, Marco condivide la sua conoscenza in punta di piedi, umilmente, con grande sensibilità e delicatezza. Non sale mai in cattedra e a cuore aperto offre un ventaglio di possibilità prima invisibili. Noterete ben presto tra le righe quanto l'autore sia una vera e propria bomba di vita: impossibile resistergli.

Alcune volte è talmente coinvolgente e prorompente da risultare destabilizzante; in quel caso, come lui stesso consiglia più volte nel libro, basta rallentare la lettura, fare mente locale, aspettare un giorno o due e poi riprendere il cammino con tutta la calma di questo mondo.

Un cammino non privo di ostacoli, ma da affrontare con il sorriso; leggere le sue lezioni è un po' come ascoltare un amico, un amico tuttavia molto preparato sull'argomento.

La sua è una guida pacata che senza fretta porta alla gestione delle emozioni e, cosa ancora più essenziale, non si perde mai nei tecnicismi profondi del life coaching. L'autore spinge in una direzione sola, la più importante: la consapevolezza.

Una consapevolezza che permetta di porsi degli obiettivi chiari, eliminare dipendenze e approcci negativi, l'autocritica, il concetto di fallimento e l'idea del non essere mai abbastanza per noi stessi.

Una consapevolezza per capire che il presente è tutto ciò che abbiamo, che possiamo sfruttarlo al meglio e soprattutto in modo sano sia per noi stessi che per gli altri.

La consapevolezza di non essere soli su questa terra e che il viaggio non finisce mai.

Sono felice di aver accompagnato Marco come Editor. Ho cominciato a lavorare con lui senza preconcetti sull'argomento trattato, ma poco tempo dopo mi ha trascinato e reso partecipe dei sistemi che condivide, accompagnandomi a sua volta in questo breve tratto sul sentiero della vita: in lui non solo ho trovato un cliente ricettivo, ma anche un amico.

Un amico che porta con sé una brezza fresca, portatrice di luce.

Vi auguro - e credo - che per voi sarà lo stesso.

Siena, in una pungente giornata di sole
7 marzo 2018

LIVELLO UNO

Lezione 0
Premessa

Benvenuto.

Questo non è il classico corso di motivazione personale o di autostima: di solito quel tipo di corsi servono a dare una carica di emozioni positive temporanee che ti fanno sentire meglio ma poi, nel lungo periodo, la maggior parte delle persone torna ad avere gli stessi problemi di prima. Il rischio è di rimanere delusi con il passare del tempo perché si è esaurito l'entusiasmo iniziale. I corsi di motivazione personale sono come una cena fantastica, dove si mangiano cibi buonissimi e mai provati prima... ma poi? Si torna a mangiare le stesse cose di un tempo.

In questo corso non mangerai prelibatezze, ma imparerai a *cucinare* per te stesso ogni volta che vorrai. Un famoso proverbio attribuito a Confucio recita: *"Dai un pesce a un uomo e lo nutrirai per un giorno; insegnagli a pescare e lo sfamerai per tutta la vita"*.

Pronto? Partiamo!

Immagina che questo libro sia la mia casa: puoi venire a trovarmi quando vuoi, sei il benvenuto o la benvenuta, e io farò di tutto per farti sentire a tuo agio.

Pur essendo un libro da cui imparerai molte cose nuove, non voglio che tu viva il nostro rapporto come una relazione tra "alunno" e "maestro", perché si verrebbe a formare qualcosa di freddo e professionale che non aiuta me a farmi capire e non aiuta te a comprendere meglio.

Se c'è una cosa che sta alla base della tua permanenza è, e sarà sempre, il piacere che avrai di starci, come quando sei a casa di un amico e non come nello studio di un professionista.

Quindi entra, mettiti comodo e rilassato. Imparerai tutto ciò che ti serve per stare meglio nella vita di tutti i giorni.

Per prima cosa, ricordati perché sei qui, cosa e come vuoi essere domani.

Preparati ad avere una vita più serena, libera da tutto ciò che oggi in qualche modo ti opprime: riuscirai finalmente a realizzare un progetto, ad affrontare gli altri senza più doverti vergognare di chi sei o di come sei... sarai abbastanza per tutti, anche per te stesso, ti guarderai allo specchio sorridendo soddisfatto e finalmente fiero di te.

Amici e parenti cominceranno a chiederti: "Ma che ti sta succedendo? Sei cambiato, sei diverso!", e tu con enorme soddisfazione risponderai: "Ho finalmente deciso di cambiare e ho trovato il modo giusto per farlo!".

Io sono la persona che ti "servirà" per capire come usare ciò che vuoi imparare da questa esperienza. Sarò colui che ti passerà i colori mentre dipingi un quadro. Sarò colui che pelerà le patate mentre cucini un buon piatto. Sarò seduto al tuo fianco a leggere la cartina stradale mentre viaggi sereno. Tu sei il capo mastro, e creerai da te il tuo destino!

Lo stato che voglio tu raggiunga è lo stesso che ti fa sentire a tuo agio a casa del tuo migliore amico; seduto comodo in una poltrona davanti a un caffè o un tè, su un divano, su un'amaca, sul tappeto, ovunque tu voglia e nell'ambiente che più ti piace: una baita in montagna con camino, una casa sulla spiaggia con vista mare, un appartamento su un grattacielo con un panorama mozzafiato, un terrazzo fiorito, un plaid in un prato, in macchina con due dita di finestrino abbassato... beh, dove immagini sia più confortevole fare due chiacchere rilassato e imparare cose nuove, interessanti e soprattutto utili quando tornerai da dove sei venuto. Scegli e immagina!

Hai presente quando, in passato, ti trovavi con un amico o amica a chiacchierare dei piccoli ma grandi problemi dell'adolescenza? Magari la sera, d'estate, nel silenzio di uno scalino per strada o in macchina, dove nessuno vi disturbava e potevate sfogarvi tranquillamente?

Hai presente come ti sentivi strano quando poi tornavi a casa e nella mente si rincorrevano un miliardo di pensieri e riflessioni su ciò che allora era importante? E magari poi arrivava una rivelazione che ti cambiava per sempre? Ti ricordi dell'ultima volta in cui hai provato quella sensazione nello stomaco che precedeva una grande decisione o un grande evento?

Ecco, quella è la sensazione che voglio che tu provi quando sei qui a imparare come si risolveranno i problemi e di come vuoi diventare da grande...

"Oh, finalmente qualcosa di nuovo e interessante da leggere!"

Questa è la frase che vorrei sentirti dire, e io ci metterò tutto me stesso perché accada.

Per prima cosa, un po' di note e consigli per chi leggerà il libro con l'intento di seguire il corso. Ricorda che il corso è per te. Solo per te! Assorbi tutto quello che ti serve e non lo sprecare.

La mentalità con cui affronti questo corso è molto importante ai fini di ciò che ne guadagnerai a livello di esperienza. A volte vengono regalati abbonamenti in palestra, corsi gratuiti di qualsiasi tipo e non vengono valorizzati e/o sfruttati perché non pagati di tasca propria.

Non partecipare in maniera superficiale a questa esperienza. Anche questa prima parte è molto ricca di concetti e può essere già un'ottima rampa di lancio per qualsiasi problema da risolvere. Dietro le mie parole c'è una montagna di studi e di esperienza di tutti i creatori dei sistemi che utilizzo, non solo la mia. Ti chiedo di darmi un po' di fiducia e di investire un po' del tuo tempo e del tuo impegno.

C'è sempre chi lo fa per semplice curiosità, non credendo veramente che ci sia un corso capace di innescare un cambiamento nelle persone; per questo legge con distrazione, senza seguire l'ordine delle lezioni, senza fare gli esercizi, arriva alla fine e dice: "è un bel corso ma con me non funziona".

Oppure c'è chi lo fa convinto, con l'entusiasmo a mille, bisognoso di trovare soluzioni nuove a problemi ormai vecchi, legge ma con il passare dei giorni comincia a pensare: questo lo so già, questo non mi convince, questo non può essere vero, questo non fa per me, questo va bene ma io non ci riesco... e arriva alla fine senza essersi dato il permesso di provare niente di nuovo, ma con la bellissima scusa per dire "comunque io ci ho provato".

Infine, c'è chi fa la prova senza stare a giudicare prima, prende tutto per buono, come un bambino che impara una cosa nuova fidandosi dell'adulto che gliela insegna; si impegna sorridendo, entusiasta delle cose nuove che impara piano piano. Se non capisce, rilegge con maggior attenzione, senza vergogna. Ci mette un minimo di impegno, prova a fare ciò che c'è scritto e solo dopo commenta i risultati. È felice di aver trovato finalmente una strada nuova!

Vuoi partecipare al corso con la mentalità di quest'ultimo gruppo?

Se ti do dei consigli e suggerimenti è perché ci sono passato, prima di te, e vorrei che tu non cadessi nei miei stessi errori.

Ora, la prima cosa da fare è esclamare ad alta voce:

1) "Ok! Azzero tutto ciò che sapevo!"

È possibile che per tua esperienza o per sentito dire, conosca almeno in parte ciò che ho da insegnare. Se fosse così sarebbe molto più utile, a te stesso, che ti sforzassi di prestare la massima attenzione anche alle cose che pensi di aver già sentito o letto da altre parti.

Il motivo è semplice: se la tua conoscenza sull'argomento è zero, impari molto più rapidamente perché la tua attenzione è massima, se invece mentre leggi ti nasce il pensiero "questo lo so già, questo l'ho già sentito" la tua attenzione scende e ti perdi dei pezzi che poi ti serviranno. Leggi piano piano e con attenzione. Metti da parte la tua eventuale cultura al riguardo. Senza scartarla, bada bene: mettila solo da parte.

2) "Dai, dai, insegnami una cosa nuova!"

A volte quello che scrivo e come lo scrivo può suonare strano o apparirti in contrasto con la tua cultura, ma visto che hai deciso di provare questo sistema, *lasciati andare* e prendi per buono tutto ciò che dico. Poi, dopo, potrai testarlo con le tue riflessioni ed esperienze, ma solo a posteriori. Viaggia insieme a me e fatti portare a passeggio. Goditi il panorama, il silenzio del mattino e l'aria fresca sul viso.

A quel punto potrai giudicare se sono cose corrette o meno. Non giudicare mentre leggi, non fare questo errore. Se ti scopri ad alzare un sopracciglio sospettoso e a pensare "ma che cavolo scrive questo qui", non c'è niente di male, ma ti consiglio di fermarti un attimo. Cerca di avere fede, sorridi, e rileggi il paragrafo.

Come in tutte le cose importanti da conquistare, ci sono delle tappe che vuoi raggiungere per arrivare in fondo: non avere fretta e fidati.

Vuoi sentirti come un bambino che vuole imparare ad usare la bicicletta senza rotelle: non ha la più pallida idea di come si faccia. Ha solo preso atto che qualcuno ci riesce. Ascolta (a bocca aperta) chi gli insegna: sorride, meravigliato e senza preconcetti. Il bambino non pensa che chi parla voglia farlo cadere, anche se poi cade! Non vede l'ora di imparare... questa è la sensazione giusta, ok?

Poi, se non ti trovi bene, puoi sempre tornare a pensare le stesse cose di prima.

3) "Ancora! Questo non l'avevo capito!"

Importantissimo! Lascia sempre **almeno un giorno** tra una lezione e l'altra per dare il tempo al tuo cervello di assimilare i concetti che legge. **Non divorare tutto subito**, il cambiamento duraturo non è mai quello rapido...

Ti consiglio di **leggere due volte** ogni singolo capitolo, una volta per il concetto in generale ed un'altra piano piano. Gustati il contenuto, come quando ti piace vedere i film la seconda volta: farai molta più attenzione ai particolari!

(Se invece leggerai solo per passione o cultura personale di questi argomenti, perdonami da subito le ripetizioni che troverai leggendo senza le giuste pause.)

4) Dubbi e perplessità.

Se mentre leggi hai delle domande da fare, scrivimi una mail (più sintetica possibile) a: marco@veritarelative.it

Cercherò di risponderti il più presto possibile in base al volume di mail giornaliere ricevute. Prima di farlo però, ti chiedo una cortesia: leggi tutto il capitolo e magari ripassalo prima di chiedermi qualcosa, perché di solito le risposte sono sfuggite tra le righe o solo un po' più avanti.

5) "Bene bene, iniziamo!"

Prima di leggere fai due profondi e grandi respiri di pancia, raddrizza la schiena, sorridi e inizia ad assimilare il tutto!

Sul serio, funziona! ricorda l'ultimo corso che hai fatto volontariamente, per tuo diletto: per la patente, un corso di ballo, uno sport, un hobby, qualsiasi cosa tu abbia, in passato, *voluto apprendere* e non vedevi l'ora che iniziasse la lezione successiva. Così vuoi fare anche questo, felice e con entusiasmo!

Sono un rompiscatole, lo so, ma vedrai, sarà un piacere per te stare qui!

In fondo, tutti cerchiamo un po' di **felicità...** e per finire questa premessa, ti scrivo una delle sue tante definizioni: **la Felicità è quando provi emozioni positive per la maggior parte del tempo.**

Non vuol dire che non ci saranno più momenti di tristezza, rabbia o apatia, ma che diventerai un esperto su come gestirle per tornare a riprovare emozioni positive come gioia, gratitudine e fiducia nel futuro.

Felicità è vivere sapendo che tutto andrà bene o come deve andare. Acquisire la consapevolezza che i momenti grigi fanno parte della vita e ci fanno apprezzare meglio i momenti a colori, come la meravigliosa sensazione che proviamo quando arriva la primavera dopo l'inverno.

Non mi resta che augurarti buon viaggio!

Lezione 1
Aumentare la Consapevolezza rallentando

Se non hai letto la prefazione, ti prego di farlo prima di continuare.

All'inizio mi troverai un po' ripetitivo (soprattutto se leggi senza pausa tra una lezione e l'altra), ti chiedo di pazientare e di non saltare a conclusioni affrettate; cerca di assorbire i concetti che esprimo senza pregiudizi. Fidati di me, se ripeto le stesse cose c'è un motivo! Lasciati guidare.

Questo è un corso di crescita personale, l'obiettivo è stare meglio, sempre di più e senza nessun limite.

È un viaggio che inizi oggi e non ha una meta: semmai potrebbe avere delle tappe, ma mai un arrivo vero e proprio. Una meta è qualcosa che distoglie l'attenzione dal presente, crea ansia, mette fretta.

Non c'è un limite di tempo nel viaggio verso la consapevolezza di chi sei veramente e di chi vuoi essere. Non c'è un traguardo da poter scorgere all'orizzonte, non devi guardare lontano per cercarlo; faremo un gradino alla volta. Non c'è una luce in fondo al tunnel, da oggi il tunnel lo facciamo saltare in aria!

Siamo sempre in viaggio. Sorridi, come quando stai per partire per una vacanza. Non senti l'eccitazione di una nuova esperienza in arrivo?

Oggi sei un apprendista sulla gestione emotiva, domani potresti essere talmente bravo da insegnare ad altri ciò che hai imparato. Oppure farai altro, ma con una tranquillità e serenità che prima non ti potevi neanche sognare... avendo la consapevolezza che niente ti potrà più far sentire come ti sentivi ieri. Sarai sicuro di te stesso. Nessun limite alla gioia che proverai e alle soddisfazioni che verranno. Preparati a stare bene in continuazione!

Con questo non voglio dire che spariranno i problemi di tutti i giorni, voglio solo dire che non ne avrai più timore e, quando arriveranno, li affronterai, risolvendoli per tornare a fare ciò che più ti piace.

Mai fermarsi: avremo solo delle tappe per riposarci, rigenerarci e goderci i risultati ottenuti, e poi di nuovo verso una crescita ulteriore. La vita su questa terra è un viaggio continuo senza arrivo. Oggi sei qui ed è una tappa della tua vita, non importa da quanto tempo sei fermo, goditi da subito questa ripartenza e assorbi tutto ciò che ti è utile.

È il viaggio che conta.

Festeggia già da oggi il cambiamento che stai avendo per mano tua, senza aspettare chissà che! Non è merito di questo corso ma è merito *tuo*, ricordatelo!

Oggi vuoi stare meglio, non domani... adesso, subito!

Senti nascere e crescere dentro di te l'energia e l'entusiasmo di quando arriva una cosa nuova, desiderata da tempo; non riesci a stare seduto ma hai voglia di andare subito fuori a cacciare un urlo liberatorio!

Per prima cosa ripensa a ciò che ti ho consigliato nella prefazione: cancella ciò che sai già, non giudicare mentre leggi, cerca di entusiasmarti come un bambino che sta per imparare una cosa nuova, fidati di me, lasciati guidare.

Fai due bei respiri profondi, tieni la schiena dritta e sorridi.

Stop! Vai piano.

Questa è la prima cosa da imparare, una delle più importanti ed è la base di tutto il corso.

Stop! Rallenta.

Lo STOP! è la parola che deve ricordarti di essere presente mentre fai qualcosa, come se ti vedessi da fuori.

Lo STOP! è la parola che ti deve ricordare di fermarti e riprendere il controllo di ciò che stai facendo, provando a livello emotivo o pensando con una velocità molto più ridotta.

STOP! Frena e riparti lentamente; è il primo passo verso la famosa **consapevolezza,** che nelle filosofie orientali è considerata la risposta a tutte le sofferenze, il mezzo per distaccarsi dalla confusione che si crea nella nostra mente. Per esempio la meditazione insegna a calmare i pensieri quando ci travolgono come onde nel mare in tempesta.

Apro una piccola parentesi; se hai dimestichezza con questo tipo di filosofia avrai già letto il concetto di *coscienza* considerato come il nostro vero "sé". Alla base di questa filosofia c'è il presupposto secondo cui il tuo vero io, la **Coscienza** (chiamata anche Anima o Spirito), è qualcosa di *esterno* al corpo.

È lei (il tuo vero sé) a fare esperienza attraverso i cinque sensi elaborati nel cervello, un organo come un altro del corpo umano. Noi occidentali siamo abituati a vivere credendo di essere *dentro* la nostra mente, ma sarebbe come guidare una macchina per molti anni, senza fermarsi mai, fino a credere di essere la macchina stessa (corpo) e non il guidatore (coscienza).

Questo concetto potrà non esserti chiaro fin da subito, ed è del tutto normale, non preoccuparti. Approfondiremo in seguito, evitando di scendere troppo nel dettaglio filosofico e tecnico della questione. Quindi parleremo di consapevolezza con un linguaggio più familiare a noi occidentali. Chiusa parentesi.

Se impari a *rallentare i pensieri* nella tua testa potrai guidarli verso ciò che vuoi tu.

Se riesci a vedere cosa succede nella tua mente, lo puoi cambiare.

Se percorri una strada di campagna, stretta, a tutta velocità, non puoi vedere un sentiero che si dirama dalla strada principale e che ti possa dare una direzione nuova e migliore. Magari una scorciatoia. Se invece vai piano, la vedi ed hai tutto il tempo per decidere di imboccare la nuova via oppure no.

Il cervello ha bisogno di alternative per scegliere quella più utile per il tuo benessere. Quando ti comporti in modo sciocco o autodistruttivo non è mancanza di forza di volontà, è solo che la tua mente non sa di avere possibilità di scelta e quindi resta nell'unica strada che conosce.

È stato dimostrato che se il cervello ha più di una alternativa, sceglie sempre quella più utile.

Il tuo compito, da oggi, è quello di rallentare i tuoi pensieri e le tue esperienze per viverle più intensamente, tutte, dalla mattina quando fai colazione alla sera quando vai a dormire. Domani daremo al tuo cervello le alternative, così quando le vedrà avrà il tempo di scegliere la migliore per te!

Comincia con l'esaminare un pensiero, un'azione, un episodio appena vissuto. Succede una cosa che per adesso non sei riuscito a rallentare? Analizzala alla fine!

Rivivi subito il fatto e guarda come ti sei mosso, quello che hai detto, ciò che hai pensato. Come rivedere alla moviola qualcosa in televisione.

STOP, riavvolgi e riguarda al rallentatore!

Lo scopo è essere presente mentre compi un'azione o crei un pensiero.

Non voglio dire di *fare le cose lentamente* e metterci il doppio del tempo, ma di fare le cose alla giusta velocità *stando lì mentre le fai* invece di vagare con la mente. Consapevolezza!

Mentre mangi qualcosa, guardalo, gustalo, tienilo in bocca più possibile, pensa a quello che stai facendo e a come lo stai facendo.

Mentre mangi, mangia!

Mentre guidi, non lasciare andare la testa per i fatti suoi: sii cosciente, presente, goditi il panorama, guarda le altre macchine, non distrarti. Hai presente quando vedi posti che non avevi mai notato sulla strada che fai tutti i giorni? Appunto!

Quando guidi, guida!

Mentre pensi (in qualsiasi momento della tua giornata, la sera prima di addormentarti, quando rifletti serio e pensieroso), osserva i tuoi pensieri, dove vanno, cosa fanno ma senza giudicare. Non lasciare che tutto accada in automatico, stai lì, non assentarti, vivili, brutti o belli che siano; guardali *distaccato* e renditi conto che se li puoi osservare, puoi fermarli o modificarli.

Quando pensi, pensa!

Resta presente, non ti distrarre, non assentarti!

Quando ti capita di essere in uno stato emotivo negativo, guarda i pensieri che passano, fermali e riguardali al rallentatore: sono immagini, film, dialoghi interni, sensazioni. Prova ad esaminarli.

Io ero un campione del mondo nel farmi film tragici nella mente su cose che non sono mai accadute. A volte prima di addormentarmi immaginavo cose terribili e poi mi lamentavo di non riuscire a prendere sonno... per forza, ero io a creare la mia insonnia!

Se hai dei comportamenti che vuoi cambiare, la prima cosa da fare è rallentare la tua esperienza mentre ti comporti come non vuoi più.

Anche adesso, magari stai leggendo troppo veloce. Magari stai pensando a cosa hai da fare dopo... *rallenta*.

Ti faccio qualche esempio.

Se ti capita di fantasticare, farti film dell'orrore nella testa o preoccuparti di cose su cui non hai controllo, vuoi poter essere presente per fermare quei pensieri e cambiarli con alcuni più belli e meno aggressivi.

Oppure, se ti capita di parlare a te stesso in malo modo, insultandoti per ogni cosa che fai, ascoltati, parla più dolcemente: non diresti quelle cose a chi vuoi bene, perché a te sì? Non lasciare che tutto accada senza la tua presenza cosciente. So che sembra troppo facile, ma è la pura verità, è stato dimostrato, provaci.

Se abusi di qualcosa che sai non essere il meglio per te (fumo, cibo, alcool, droghe, gioco d'azzardo, vizi/manie in genere), vuoi imparare a essere presente quando succede e riuscire a vederti mentre compi l'azione che vuoi limitare o eliminare, senza tuttavia giudicarti. Questo non ti impedirà "oggi" di fermarti (forse) ma è il primo passo verso la libertà da quello che di sbagliato stai facendo. Elimina il senso di colpa: non serve a niente, a meno che non rimuova il comportamento in questione alla prossima occasione.

Se spesso ti arrabbi, ti intristisci o ti impaurisci, guarda da dove è arrivata quella brutta sensazione, osservala nella tua testa, osserva i pensieri che la alimentano o che da essa scaturiscono. Non può vivere di vita propria, la sensazione è tua e tu la tieni in vita! Osserva in silenzio.

Ricorda che non sto inventando niente, ti sto solo spiegando con parole semplici decenni di ricerche sul funzionamento del pensiero in tutte le sue forme e migliaia di anni di cultura (orientale e non) volta al benessere.

È bene che ripeta una cosa; quando dico di rallentare, non voglio dire di fare le cose lentamente e metterci più tempo, ma di fare le cose alla giusta velocità, *presente e cosciente* mentre le fai invece di vagare con la mente credendo di non avere altra scelta.

Osserva come vivono i bambini e gli animali: loro vivono il momento senza farsi distrarre dalle preoccupazioni del futuro o dai rimpianti e rimorsi del passato.

E provando potresti pensare: "Vorrei, ma è più forte di me".

Purtroppo non è esatto, anche se si è convinti in buona fede. Quello che succede è che abbiamo dato a noi stessi e alle nostre azioni l'abitudine di procedere ad una velocità così folle da non darci la possibilità di fare nient'altro.

Niente di grave, tranquillo.

Oggi hai cominciato a sapere qual è la verità, domani comincerai a essere sempre più bravo a rallentare fino al punto che comincerai a vincere tu, non perché sei diventato più forte ma solo perché hai cambiato strategia... ne riparleremo meglio nel proseguo del libro.

Stop! Rallenta e guarda quello che fai, qualunque cosa sia, bella o brutta, non importa, vuoi *riabituare* il tuo stato di coscienza a non distrarsi, ma ad essere lì con te, sempre!

Se sei presente durante una cosa bella (ad esempio una cena in famiglia o con amici), ti godi molto di più il momento, così quando è passata non sei subito lì a dispiacerti che è già finita o a chiedere quando sarà la prossima volta, perché sei stato lì, stavolta c'eri! Non pensare a quello che hai fatto prima o a quello che hai da fare dopo. Un esempio classico è come viviamo la domenica, pensando che l'indomani sarà lunedì e bisognerà tornare al lavoro rovinando con il malumore il nostro meritato giorno di riposo. Qualsiasi cosa che fai e che ti piace... **goditela nel presente!**

Se succede qualcosa di sgradito, ripensaci subito dopo analizzando il fatto e osservando quelle che sono state le tue reazioni. Tra poco riuscirai a vederle in diretta e dopo ancora riuscirai ad anticiparle con qualcos'altro e soprattutto... non giudicarti in malo modo.

Questo succederà per gradi: non vuoi pretendere che da oggi sia già così (forse), tu provi ed insisti finché non ci riesci. Se troverai delle difficoltà, sappi che è solo una questione di esperienza, non esiste "io non lo so fare"!

Più lo fai, più diventi bravo. Insisti senza fretta, stai imparando, hai appena tolto le rotelle, se cadi mettiti a ridere e risali su quella bici; se sei stanco, mettila via e domani riprova!

Stai sereno, goditi la voglia che hai di imparare cose nuove, non badare ai tentativi, **ma fai attenzione al più piccolo miglioramento**, festeggialo subito, guardati allo specchio e fatti un complimento, il resto è solo questione di tempo, tranquillo.

Oggi davanti allo specchio vuoi dirti: "Bravo, ho iniziato un corso nuovo di mia spontanea volontà, ho preso una buona decisione per me stesso. Il passato è passato, addio! Oggi, nel presente, ho scoperto di avere un volante, imparerò a guidare e piano piano sarò io a decidere la direzione del mio futuro."

Dopo qualche tiro fuori bersaglio, comincerai a centrare il tabellone sui bordi e piano piano comincerai ad avvicinarti al centro.

Questo è il primo obiettivo: rallentare!

Ricordare il tuo pensiero appena passato, vedere il tuo pensiero mentre passa, sentire il pensiero arrivare e cambiarlo se è causa di sensazioni negative.

Ecco un piccolo esercizio da fare per capire meglio il concetto di rallentare mentre fai qualcosa: prendi l'atto del *mangiare*. A volte succede che mangiamo qualcosa di buono distrattamente e quando è finito ne vorremmo ancora, solo perché mentre lo mangiavamo abbiamo chiacchierato con qualcuno, guardato la tv oppure eravamo in sovrappensiero per altri motivi.

Se invece quando mangi qualcosa che ti piace lo fai con calma, senza mandarlo giù subito, masticando venti volte ogni boccone, godendo del fantastico gusto che stai assaporando... l'esperienza verrà vissuta così intensamente da appagarti. Ricorda: la voglia va via solo se soddisfatta!

Provaci! Almeno quando non hai fretta!

Altro esempio: durante la giornata hai venti cose da fare. Il tempo per farle tutte è giusto giusto. Se fai il tuo dovere seriamente, cercando di fare più in fretta possibile, in affanno, stressato, arrabbiandoti e gridando ad ogni persona o evento che ti fa perdere dieci secondi, arrivi a fine giornata un tantino nervoso.

Intanto rifletti sul fatto che seriamente o fischiettando, in affanno o tranquillo, arrabbiato o no, il tempo che impiegherai è lo stesso. Sembra una banalità ma nessuno ci fa caso o si è soliti pensare "ma io sono fatto così, non ci posso fare niente"!

Facciamo anche l'esempio di trovare del traffico imprevisto per strada che ti fa perdere mezz'ora buona sulla scaletta di marcia: per questo dovrai tardare, fare qualcosa più velocemente e male, oppure rimandare a domani.

Se sei bloccato nel traffico e non ci puoi fare niente, la tua ira non ti servirà a fare le cose più in fretta ma al contrario scatenerà il malumore e proseguirai il resto della giornata incavolato nero con tutto e tutti. Probabilmente le cose da fare che verranno dopo saranno fatte di fretta e male e aggiungerai altro stress e altro ritardo, senza contare come tratterai male tutti quelli che incontri...

Rifletti... se prendi una decisione arrabbiandoti, probabilmente ti rovinerai la giornata, tanto la decisione la devi prendere comunque e che tu lo faccia dicendo parolacce o tranquillo e pacifico, sempre una decisione è!

Questo è lo scopo del rallentare i pensieri: avere la **coscienza sul momento presente** per accorgersi di una **nuova possibilità di scelta** ed evitare stati d'animo che non servono a risolvere la situazione o a farla passare più rapidamente. La velocità è la stessa, le cose da fare sono state fatte o rimandate ma, la sera a casa, il tuo umore sarà diverso e potrai cenare e stare con la tua famiglia senza rovesciare su di loro lo stress della giornata.

Se riesci a vedere cosa succede nella tua mente, lo puoi cambiare.

Tutto qui... semplice? Sì!

Siamo abituati a sudare per raggiungere un risultato e se troviamo qualcosa di facile sospettiamo che sia falso... è pazzesco. Mi raccomando, se ti senti confuso o non hai capito qualcosa, rileggi con calma. Non tralasciare dubbi, non esistono domande stupide.

Se ti viene il pensiero con cui abbiamo aperto la lezione "vorrei, ma è più forte di me", ricordati che è solo un'abitudine nuova da apprendere, prova senza pregiudizi. Hai appena iniziato il libro, dammi la possibilità e il tempo di aiutarti. Non pretendere di fare centro al primo colpo.

Ultimo appunto.

Da oggi ti suggerisco di prenderti un quaderno, un blocco note, o aprire un file di testo sul pc, un registratore (molti cellulari oggi possono registrare) o qualsiasi cosa che ti possa accompagnare mentre leggi le lezioni, così da poterci scrivere, disegnare o registrare ciò che ti colpisce di più e ciò che ti serve per ricordare meglio i concetti. Anche solo le parole chiave.

La prima cosa che ti consiglio di segnare è questa: pensa alla parola "Stop!" pensa al "Rallentare!", pensa ad andare piano con la mente. Cosa ti viene in mente? Un'immagine, una parola, un film, una canzone, un'azione, un animale...?

Scrivila, disegnala, registrala, falla tua e dalle un nome, un Avatar.

Stop! Pensaci.

Questo quaderno, documento o qualsiasi cosa hai scelto, si chiamerà **Avataro,** ossia il posto dove segneremo tutti gli avatar delle cose da ricordare e richiamare alla memoria durante la giornata. Non c'è bisogno che te lo porti dietro, devi solo sapere che c'è!

Non sei obbligato, ma se sul tuo Avataro c'è impresso il pensiero che ti viene in mente quando vuoi rallentare, sarà tutto più facile. Sorriderai. Puoi anche usare la stessa parola Stop o immaginare il cartello stradale, che sarebbe comunque un avatar per "rallentare". Quello che ti viene in mente va benissimo, tutto è soggettivo, niente è sbagliato!

Io, per esempio, usavo una frase di un film di Al Pacino e Keanu Reeves, "L'avvocato del diavolo", dove Kevin diceva alla moglie che stava urlando: "Stop, da capo..." per calmarla.

Lucia, una ex allieva, aveva disegnato una tartaruga e la chiamava *VaLentina*. Scegli tu!

L'importante è che da oggi cominci a fare caso a quello che fa la tua mente e stai attento mentre fai o pensi qualsiasi cosa. Cerca di ripensare ogni tanto a ciò che hai appena letto, riflettici su.

Il programma è molto vasto, siamo solo all'inizio. Festeggia questa meravigliosa esperienza che hai intrapreso per te stesso, esci e fatti un regalo, fosse anche solo un caffè o un cioccolatino! Sul serio, è importante.

Un'ultima domanda... vuoi rileggere la lezione? Fallo *lentamente.*

Buona lentezza e buona partenza!

Lezione 2
Il concetto di Libertà

Hai fatto una pausa di almeno un giorno dalla lezione precedente? Hai fatto una piccola prova rallentando i pensieri? Sei stato presente e consapevole con tutto te stesso durante un pensiero o un fatto capitato?

Ricorda di *rallentare* pensieri e azioni, belli o brutti che siano. Non ci devi mettere il doppio del tempo, ma vuoi essere presente e cosciente mentre fai qualcosa, così lo puoi vedere e cambiare. Se devi fare qualcosa di fretta, mettici pure la velocità giusta, ma vivi il momento senza pensare al passato o al futuro.

Puoi cominciare ad applicare il *rallentare* alle cose più semplici e che non ti stressano. Quando sarai pronto potrai passare a cose più complicate.

Ricorda che non è difficile, è solo che non l'hai mai fatto... datti un po' di tempo per provare. Non pensare né che sia difficile né che sia una cavolata. Non giudicare prima di averci provato sul serio.

Fai passare un pochino di tempo prima di esprimere un giudizio, hai appena iniziato.

Complimenti vivissimi se hai già provato anche solo una volta a *rallentare* un pensiero, un comportamento, un'immagine, un film, un dialogo, qualsiasi cosa ti passi dentro a quel *budino grigio* chiamato cervello. Anche se fosse successo alla fine, cioè di essere riuscito a osservare il ricordo di ciò che è appena avvenuto, è un grande successo!

Sei invece sei già diventato un campione di *cervello tartaruga*, meglio.

Torniamo al budino grigio, il cervello. *Budino grigio* è il mio avatar per il cervello e l'ho scritto nel mio Avataro. Ne abbiamo parlato nella prima lezione, ricordi?

Parliamo adesso della mentalità con cui fare il corso.

Sappi che non è una gara, non c'è un tempo minimo o massimo per la riuscita del *rallentare*. Ognuno ha i suoi tempi, c'è chi viene da decenni di pensieri fulmine e potrà trovare difficile usare il freno per rallentare.

Mi viene in mente Andrea, che aveva come avatar del rallentare proprio l'immagine mentale del piede destro che schiaccia il freno della macchina! Ha cominciato a prenderci la mano e anche in mezzo alla gente mimava il pestare del freno. Immagina una persona che d'un tratto schiaccia qualcosa che non c'è; altro che parlare da soli! Certo, non devi fare come Andrea: quello che vuoi è trovare un modo tutto tuo per cominciare.

Non è una gara, non è una competizione, non esistono fallimenti ma solo tentativi da affinare.

Una delle prime cose da cancellare della nostra cultura è proprio la competizione, questo continuo paragone con gli altri, voler essere più bello, più bravo, più ricco.

La competizione deve essere un accessorio "facoltativo" per lo sport, giochi e sfide, non una regola fissa di ogni cosa che facciamo. Ognuno di noi nasce e cresce con talenti e caratteristiche differenti, è assurdo continuare a gareggiare su qualunque cosa nella quotidianità, nel lavoro, in famiglia, in amore.

Immagina un'aquila che sfida un coniglio in una gara di volo, oppure una scimmia che sfida un delfino a salire su un albero. Ognuno di noi ha un "talento" diverso.

Siamo degli esseri così complessi, così unici, con milioni di cose da poter fare, che ognuno di noi può essere campione in qualcosa.

Partecipare e vivere sono le uniche cose importanti. Non puoi chiuderti in casa e non uscire più per poter evitare sofferenze al prezzo di evitare le corrispettive gioie.

Se credi che chiudersi a guscio serva a proteggersi, stai commettendo un normalissimo errore. Non solo perché così ti precludi ogni accesso alle belle esperienze, ma perché non siamo fatti per vegetare e vivere sempre e comunque da soli: nessun essere vivente lo fa.

Madre natura ci ha dotato di curiosità perché noi esplorassimo il mondo e non per trovare un buco comodo in cui chiudercisi dentro.

Il nostro scopo è imparare a migliorare noi stessi, **evolversi**: guarda il più piccolo passo in avanti che fai, non stare a giudicarti, se vuoi guardare gli altri fallo con saggezza, sapendo che tanti sono i più bravi quanti sono i meno bravi. E se trovi qualcuno più bravo di te, tu sarai sicuramente più bravo di lui in qualcos'altro. È questione di punti di vista. Non stare sempre girato dal lato dei migliori: ne vedrai altrettanti peggiori dall'altro lato.

Guarda i migliori solo come modelli e usali come stimolo per fare un altro passettino in avanti e poi guarda solo i tuoi piedi.

Torniamo al *rallentare*.

Ci sono momenti e stati d'animo in cui viene più facile e altri in cui sembra impossibile, per esempio quando sei stanco. La stanchezza è una brutta bestia, ci fa commettere molti errori. **Mai prendere una decisione quando si è stanchi!**

Come per il rallentare, anche prendere le decisioni al momento giusto è essenziale. Si inizia con una volta al giorno, poi diverranno due, tre, fino a essere una buonissima abitudine, soprattutto quando *rallenti* le esperienze e i pensieri positivi, quelli che ti fanno percepire belle sensazioni.

Sarà una vera e propria gioia assaporare lentamente quei momenti; anche se avrai avuto una settimana d'inferno, arrivano cinque minuti di piacere nel fine settimana e tu li vivrai come fossero dieci, venti, quaranta. Gustandoli, vivendoli... senza farli scappare via subito.

Ricorda che le persone che hanno difficoltà sono le più intelligenti. È la loro spiccata intelligenza a mettersi di continuo in mezzo alle cose più semplici, rendendole complicate. Lascia perdere per un po' la razionalità per una cosa semplice come il *pensare consapevolmente*.

Andiamo avanti: oggi parliamo di Libertà. Cancella ciò che sai già, non giudicare mentre leggi, datti tempo. Fai due bei respiri profondi, tieni la schiena dritta e sorridi.

E così nacque il solito nuovo giorno.

Dopo essersi svegliato nella sua cella buia e umida, cercò di rendersi conto di che giorno era e di quanti anni fossero già passati. Niente da fare. Aveva perso il conto. Eppure, c'era stato un giorno in cui qualcuno l'aveva rinchiuso lì dentro...

Tutti i giorni scorrevano uguali, sentiva sempre la stessa sensazione di straziante angoscia, inadeguatezza, a volte rabbia, a volte apatia.

Il destino sembrava prendersi gioco di lui: la piccola finestra del carcere che dava sull'esterno affacciava su un bellissimo parco naturale. Ogni tanto si sporgeva per vedere uomini e donne felici che correvano gioiosi, facendo festosi picnic, giocando a rincorrersi e ridendo a crepapelle. Che ingiustizia!

Era già talmente dura stare rinchiusi, che un panorama del genere non ci voleva proprio. Quando un giorno, per caso, mentre stava osservando dei ragazzi giocare felici con una palla, capitò che quest'ultima finisse ai piedi del muro della prigione, proprio sotto la finestra della sua cella.

Chi corse a recuperare il pallone notò quel volto triste che lo fissava, e d'istinto lo salutò...

Di solito accostiamo la parola libertà al potere di fare ciò che ci pare o alla possibilità di andare dove vogliamo. Questo per sfuggire in continuazione da tutto ciò che ci fa stare male o a disagio.

"Se potessi avere tanti soldi e tanto coraggio, scapperei in un paese tropicale e ricomincerei da capo!"

Quante volte abbiamo avuto quel pensiero?

Purtroppo, non funziona così... puoi fuggire da una situazione in particolare che ti crea un malessere ma non puoi pensare che una situazione simile non si ricrei ovunque tu vada. E non puoi pensare che ci sia un posto sulla terra che ti faccia vivere senza problemi e al sicuro da tutto.

Ci sono persone che sono emigrate in isole paradisiache ed è filato tutto liscio fino a che i loro vecchi problemi non si sono ripresentati anche lì. Non esiste un posto perfetto che ti ripari dalla vita.

La parola libertà viene anche accostata al concetto di avere solo quello che ci aggrada e poter eliminare tutto ciò che non vogliamo: cose, persone, sensazioni e quant'altro.

Per poter essere *davvero liberi* dobbiamo capire invece che la vita è fatta di un milione di sensazioni e situazioni diverse, alcune bellissime, altre un po' meno.

Libertà vuol dire essere in grado di godersi appieno tutte le cose belle e saper accettare e gestire tutte le cose meno belle, che fanno parte del "gioco".

Non può considerarsi libero chi *scappa* tutto il tempo. I problemi ci saranno sempre, ovunque tu vada e qualsiasi sia il tuo reddito! Appena risolti, ne verranno altri. La libertà non consiste nel farli sparire... consiste nel sorridergli e farli dissolvere man mano che si presentano.

Se piove prendi l'ombrello, aprilo, sorridi e mettiti a giocare saltando da una pozzanghera all'altra.

Se non hai l'ombrello, corri al riparo più in fretta possibile, fallo ridendo. Ti asciugherai, ti farai una bella doccia calda e avrai risolto.

Non si può chiedere alla pioggia di sparire dalla nostra vita. Bisogna affrontarla per godersi appieno il sole che domani verrà. Se ci fosse sempre il sole, non potresti godertelo tanto quanto dopo un periodo piovoso. Giusto?

Bisogna imparare a pensare che tutti hanno dei problemi, prima o dopo, grandi o piccoli e durante tutta l'esistenza... proprio come te. Ed è usanza comune non fare troppo caso a chi sta peggio di noi.

Immagina di fare qualcosa di bello, di farlo sereno, di godere appieno quel momento. Cosa ti piace? Stare con gli amici, con i parenti, fare una passeggiata, leggere un libro, guardare un bel film, praticare uno sport? Qualsiasi hobby va bene. Pensa come sarebbe bello vivere quei minuti in totale serenità senza dover pensare ai casini della tua vita, ai soldi, alle relazioni, alla salute, problemi di ogni tipo. Immagina di poter staccare la spina come fai quando sei in vacanza, ma di farlo sempre, così da goderti la tua bella esperienza senza pensare a cosa è successo prima o a cosa hai da fare dopo.

Non voglio dire che esiste il modo per non avere più nessuna preoccupazione, bada bene. Sto solo dicendo che si può imparare a ottenere la sicurezza necessaria per non essere più preoccupato o impaurito da ciò che il destino ci riserva di poco piacevole.

Avere il potere di saper gestire (quasi) tutto senza panico. Avere la consapevolezza che le cose accadono, sempre e a tutti. Quando sono belle vuoi goderne al mille per cento, quando sono brutte le vuoi affrontare e risolvere con la serenità di chi non ha più paura. Essere consapevole di non dover scegliere di guardare il bicchiere mezzo pieno ma di prendersi tutta la bottiglia!

La libertà non è una cosa da possedere, non è una cosa che si può comprare. La libertà si può solo praticare, è l'atto del sentirsi libero, è la sensazione calda che ti avvolge quando sai che niente ti può scalfire, quando sai che qualunque cosa accadrà domani la affronterai di petto, vivendola, piangendo, arrabbiandoti, rattristendoti, ed il più in fretta possibile uscendone, per tornare a fare ciò che ti piace. Libertà non è chiudersi in casa al riparo dal destino o avere la possibilità di sfuggirgli continuamente!

Se sorge un problema, valuto le soluzioni possibili, provo ad usare quella che più mi ispira attingendo dalla mia esperienza o da quella di chi ci è passato prima. Se non funziona troverò un'altra soluzione.

Se soluzioni non ci sono, cerco di superare la cosa nel minor tempo possibile per tornare a fare ciò che più mi regala sensazioni sane e belle.

Aristotele diceva: se il tuo problema si può risolvere, perché ti preoccupi? Se invece non si può risolvere, perché ti preoccupi?

Questi discorsi ti potranno sembrare favole, oppure potrai pensare che io sia solo troppo ottimista. Non è così, fidati! Se ti guardi intorno attentamente ti accorgerai che i problemi, prima o dopo, raggiungono chiunque.

Qui non si tratta di pensare positivo per coprire i problemi con un sorriso ebete. Non si tratta di fare buon viso a cattivo gioco.

Qui si tratta di **armarsi di coscienza e conoscenza per affrontare la vita come farebbe un guerriero** e non subire con un tacito sorriso. Un guerriero, per essere tale, ha bisogno di allenamento, armi, armatura e scudo.

Questo è ciò che hai cercato e che ti offro con questo libro.

Ci sono eroi che vanno a lavorare in fabbrica tutta la vita, sono degli ottimi genitori, sono dei magnifici compagni di vita, mandano avanti la famiglia con un bilancio che farebbe vergognare (forse) qualsiasi politico. Hanno amici che parlano bene di loro, sorridono sempre, a volte piangono e sono tristi, ma dura poco e tornano subito ad essere un esempio per tutti.

Guarda caso le persone a cui preferisco chiedere consigli sono quelle che nella vita hanno sofferto di più.

La rabbia, come la tristezza, l'angoscia, la paura e tutte le brutte sensazioni che ci investono durante le vicissitudini della vita, vanno accettate per quello che sono; ossia la contrapposizione di sensazioni uguali, contrarie e fantastiche come la gioia, la serenità e l'amore. Non si può avere solo la parte colorata della vita, bisogna affrontare anche quella grigia. L'estate sarebbe così meravigliosa se non esistesse l'inverno?

Vivi quelle brutte sensazioni senza cercare di respingerle o evitarle perché le faresti solo aumentare di potenza e grandezza. Quando ti viene da piangere, piangi e poi guardati allo specchio prendendo in giro la buffa faccia che fai.

Hai presente un bimbo che si è fatto la bua e piange disperato? Ti fa sorridere, ma poi lo guardi, lo abbracci dicendogli che non è niente di grave, che tutto passa. "Stai tranquillo, va tutto bene!" è la frase che gli diciamo sempre.

Questo è quello che vuoi pensare (e dire a te stesso) quando sei un po' giù. D'altronde, se ci pensi bene, la maggior parte delle volte la peggiore delle cose che ti può capitare non è così grave come può sembrare all'inizio.

Facci caso. *Rallenta.*

Ti è mai capitato di piangere a dismisura e poi finire col farti una risata? Ti sei reso conto, alla fine, che non era così tragico come sembrava!

Allo stesso tempo, però, non perdertici dentro. A volte ci si lascia andare al dolore, alla depressione, alla tristezza, alla paura. In una parola: ci si arrende. È quasi un sollievo non combattere più.

Si chiama vittimismo.

Purtroppo, questo è ancora peggio, si affonda talmente piano da non rendersi conto di quanto giù siamo finiti.

Se cadi in mare non devi agitarti come un ossesso per non affogare ma non devi neanche stare immobile aspettando che il destino decida per te. Vuoi invece trovare la calma necessaria per fare i metri a nuoto che servono per mettersi in salvo. Se lo fai arrabbiato, triste o in un altro stato d'animo negativo non servirà a farti nuotare più veloce... anzi.

Così dobbiamo affrontare la vita: **difficilmente ci capiterà qualcosa di brutto che non sia già capitato a qualcun altro,** che adesso ne è uscito vivo e vegeto e lo può raccontare sereno. Inoltre, tutte le cose importanti che impariamo sono spesso la conseguenza di episodi chiave nella nostra vita, piccole bufere che hanno dato origine a nuovi periodi di sereno. Porte chiuse in faccia e portoni spalancati subito dopo. Siamo esseri che imparano dai propri errori e dalle esperienze negative.

Se cadi e ti sbucci un ginocchio non è piangendo o lamentandoti per tre giorni che guarisci prima, piangi pure, ma fallo dieci minuti, poi disinfetta la ferita e mettici un cerotto. Se poi vuoi un bacio sulla bua, vai pure dai tuoi cari.

Se buchi una gomma, quanto tempo ti ci vuole per cambiarla (o chiamare qualcuno che lo faccia per te)? Venti minuti? Ora immagina di farlo fischiettando una canzone allegra, oppure tirando giù tutti i santi dal calendario! Che differenza di tempo pensi che ci sia?

Immagina poi di tornare a casa tutto sporco di grasso e scoppiare a ridere guardandoti allo specchio, scoprendo che ti sei grattato in faccia e che sembri Rambo 2, la vendetta. In caso contrario torni a casa nervoso e ti rovini la giornata continuando a bestemmiare e a litigare con tutti fino a sera. Cosa cambia? Niente.

Sempre una ruota bucata hai dovuto cambiare.

Hai mai provato a fare questo ragionamento appena capita qualche contrattempo? Immaginare prima la tua reazione in bene, poi in male, così da poter vedere cosa cambia alla fine. Ecco perché è importante che pensi al rallentatore, così la prossima volta sarai tu a **scegliere** e non partirà più una valanga inarrestabile di emozioni negative inutili. Scegli! Ora puoi!

Prova questi esempi e trova quello che fa per te, scartando gli altri.

Quando sei arrabbiato o triste, guardarti allo specchio e prenditi un po' in giro. Guardati le sopracciglia arricciate e le rughe di espressione, che faccia buffa vedi, no? Prenditi per un gomito a mandati a quel paese, prenditi in giro. Non prendere tutto così sul serio.

Sbottona la cintura e fai un respiro profondo, butta fuori tutta l'aria... rilassati e lasciati andare! Prova e fallo per davvero!

Chi ti fa ridere? Un comico? Un amico bravo con le barzellette? Un amico a cui capitano tutte le sfortune? Pensa a quello che ti diverte di più! Usalo in questi casi, immagina che sia lì con te a volerti fare ridere, magari imitandoti! Pensa a quel film divertente che ti ha fatto venire le lacrime e il mal di pancia dal ridere! Prova anche a ridere per finta... è stato dimostrato che funziona e ne parleremo nel dettaglio.

Io ero uno di quelli che nel traffico diventava una belva, con le vene gonfie sul collo e sulle tempie, bava alla bocca. Insultavo tutti, imbranati e prepotenti, suonavo in continuazione il clacson, volevo insegnare loro a guidare e a rispettare il prossimo. Poi un giorno una macchina mi taglia la strada, accelero a tutta birra per affiancarlo e sputargli tutta la rabbia che avevo in gola.

Quando vidi chi guidava mi prese un colpo... fu una rivelazione! Era una signora anziana che assomigliava tremendamente alla mia nonnina. Guidava senza staccare il naso dal volante, concentratissima e sudata dalla tensione. Stava facendo la cosa più difficile del (suo) mondo.

La rabbia svanì: se fosse stata mia nonna non mi sarei arrabbiato ma avrei sorriso pensando: "poverina, è un po' distratta". Avevo trovato il modo. Il fatto di voler bene a una persona cambia il giudizio che abbiamo per le sue azioni. Riflettici.

Da quel giorno non mi è mai più capitato di arrabbiarmi al volante. Mi immagino sempre il dolce viso della mia nonnina, oppure immagino che qualcuno vuole di sicuro bene a chi sta nel traffico insieme a me. E chi mi passa davanti prepotente, gli dico:

"Passa, passa pure, tanto ci vediamo al prossimo semaforo... io rilassato, ascoltando della buona musica e guardando la natura intorno a me... e tu agitato, con la schiuma alla bocca, stonato dal tuo stesso clacson!"

Rallentato il pensiero, trovato un'alternativa, cambiato la reazione. *Et voilà.*

Una volta arrivato a destinazione l'umore del viaggio influenza il proseguo di ciò che farai. Se arrivi (a casa o al lavoro) e sei già incavolato, figurati come proseguirà la giornata!

Ci sono persone che nella vita hanno subito cose che non augureresti neanche al tuo più acerrimo nemico. Cose difficili da raccontare, e da ascoltare. Alcune di queste persone, oggi, vivono serene e felici perché hanno trovato il modo di seppellire nel passato quei brutti momenti, altri continuano a pensarci e ripensarci, li rivivono in continuazione come se fossero successi ieri.

La PNL (Programmazione Neuro Linguistica) è anche lo studio di cosa fanno nella loro testa le persone uscite dal tunnel, poi schematizzato per insegnarlo a chi non lo fa in automatico, per natura. Così che anche altri possano finalmente risolvere. E ci sono riusciti, davvero!

Qui imparerai ad attuare le strategie mentali che hanno usato le persone che danno serene le spalle al passato e si girano soltanto per non fare più di due volte lo stesso errore. Ci arriveremo insieme, con calma.

Leggi piano piano.

Se stai male la prima volta può non essere colpa tua, ma la seconda di sicuro sì! Se ti prendi sempre delle sbandate per persone che ti trattano male e poi soffri, non sono loro i colpevoli del tuo soffrire, sei tu che ti ostini a voler scegliere sempre lo stesso tipo di rapporto, convinta che solo quello vada bene per te o solo quello puoi avere.

Lo so che ti sembra che succeda tutto in automatico, credi che sia più forte di te o colpa del destino, ma fidati: se il tuo cervello crede di non avere scelta, non ce l'avrà mai. Se invece cominci (*rallentando*) ad avere coscienza che esiste il modo per riuscire a vedere alternative che prima pensavi di non avere, tutto sarà più facile, tutto sarà fantastico.

Festeggia la novità!

È normale cadere in situazioni che ci fanno male se si pensa di non avere scelta o controllo al riguardo. Non fartene una colpa, non lo sapevi; quando invece capisci che **la situazione**, per quanto tragica sia, **è sotto il tuo controllo,** allora tutto prende un'altra piega e passi dal sentirti chiuso dentro un tunnel silenzioso, buio, freddo e senza fine, al vedere soltanto un temporale passeggero, un po' di grigio, un po' d'acqua, un po' di rumore e niente di più. Il sole è già tornato. Prova a immaginare entrambe le situazioni.

Cambia la sensazione? Eccome se cambia...

Pensa alla moglie di un vigile del fuoco che per sbaglio dia fuoco a una tenda: comincia a gridare e saltare in preda al panico, il figlio dalla paura scappa e inciampa rovinosamente, mentre il marito con tutta calma prende una bottiglia d'acqua, tira giù la tenda e con un po' di pestoni risolve la situazione, ed è quello che si è mosso più piano di tutti! È rimasto calmo perché sapeva cosa fare, non perché è coraggioso.

La paura è spesso mancanza di soluzioni immediate.

Libertà è vivere la vita con la sensazione di avere, quasi sempre, tutto sotto controllo.

Ecco il perché *rallentare* è la base del corso.

Serve per farti rendere conto di quante possibilità in più ci siano rispetto a quelle che fino a ieri consideravi. Serve a farti vedere nuovi scenari e nuovi orizzonti in situazioni che prima consideravi a senso unico. Serve a staccare il naso da quell'angolo chiuso dove ieri eri appiccicato. Serve a farti sentire nuove melodie, nuovi generi musicali. Serve a farti finalmente vedere che ciò che ti lega le mani sono manette con una normale serratura e quindi basta cercare dov'è la chiave per aprirle. Assaggia la libertà... quella vera!

C'era un certo Einstein che diceva: "Non si può risolvere un problema con la stessa mentalità che l'ha generato."

Cambia mentalità e tutto sarà più facile, chiaro e intonato!

Ci saranno passi di questo libro che ti porteranno in luoghi nuovi fino a ieri sconosciuti, a sentire musiche meravigliose, panorami mozzafiato, a respirare un'aria pura e fresca.

Ora renditi solo conto di queste possibilità nuove, rallentando e riflettendo su ciò che ti dico. Sorridi mentre leggi e gioisci per la nuova mentalità che vuoi apprendere.

Le cose brutte della vita sono indivisibili dalle cose belle. Le persone felici non sono quelle senza problemi. Anche nelle favole ci sono i cattivi.

Le persone forti e serene sono quelle che hanno la **tua stessa quantità di problemi** nel corso della vita, ma che li affrontano come si affronta un impegno qualsiasi e dicendosi convinti: "Voglio stare tranquillo perché so che tutto andrà tutto bene!".

Dalle difficoltà non si tenta di scappare o di respingerle via, altrimenti ti tornano indietro più forti di prima. E neanche ci si arrende lasciandosi trascinare giù molli e senza forze. Si affrontano, risolvendo come esperienza insegna. Se è la prima volta che ti capita qualcosa chiedi a chi ci è passato prima di te e che adesso sta decisamente meglio.

Vedrai, tutto ti sarà più chiaro con il passare delle lezioni. Le soluzioni arriveranno!

Per riassumere, prova a ricordarti questi passaggi nei prossimi giorni:

1. Rallenta i pensieri, rallenta le esperienze. Continua a provarci!

2. Quando hai dei momenti belli, di relax, di svago o altro, goditi ogni millisecondo che passa, stai lì, non vagare con la mente. Anche adesso. Concentrati sulle sensazioni che provi: gioia, serenità, rilassamento. Ed espandile, ridi fino a piangere.

3. Se hai dei momenti bui, non scappare, non resistere e non lasciarti travolgere, stai lì e affrontali. Se vuoi energia fresca per affrontare la situazione, pensa a quando tutto sarà finito e potrai goderti altre esperienze positive. Cerca di avere la situazione sotto il tuo controllo. Respira piano e profondamente. Chiediti cosa puoi guadagnare da quella esperienza. Chiediti come fare ad uscire e non

perché ci sei entrato. Calmati e fai respiri profondi. Comportati da vigile del fuoco, stai tranquillo, tutto andrà bene!

4. Prova a sorridere e a sdrammatizzare qualsiasi situazione e qualsiasi cosa di non piacevole. Rabbia, depressione, ansia, paura: guardati allo specchio e vedi che faccia brutta e buffa ti provocano. Non prenderle sul serio. Fai dei bei respiri profondi con la pancia. Pensa alla mia nonnina che guida la macchina a zig zag nel traffico... trova il lato comico della situazione.

5. Goditi la scoperta di oggi, anche se te ne avevano già parlato prima, finalmente ti rendi conto che è tutto vero. Pensa alla Libertà come descritta poco fa.

Gioisci adesso, non aspettare di imparare a volare, festeggia oggi il fatto di aver visto allo specchio le tue ali nuove di zecca e mai usate prima.

Sorridi, ora!

E magari rileggi di nuovo... piano piano. *Rallenta.*

Fissa sul tuo Avataro il concetto di libertà conosciuta sotto questo nuovo punto di vista: una parola, frase, poesia, canzone, film, animale, disegno... quello che vuoi.

Buone riflessioni e a presto.

Chi era corso a recuperare il pallone notò quel volto triste che lo fissava e d'istinto lo salutò: "Ehi, ciao, che fai lì dentro con una così bella giornata? Vieni fuori a farti due tiri con noi?"

"Eh, magari. Io sono rinchiuso qua dentro e non posso di certo uscire!"

"Davvero? E chi ti ha chiuso dentro?"

"Non lo so, non ho mai visto i miei carcerieri."

"Carcerieri? A me non sembra un carcere, sembra una casa qualunque."

"Ma che casa e casa, non vedi che è una prigione? Non vedi le sbarre? Non vedi le catene? Non vedi la grossa serratura?"

"*Beh... ora che guardo meglio hai ragione, ho già visto quelle catene e quei lucchetti. Dietro quella collina c'è una discarica piena di quella roba.*"

"*Una discarica? E dove si trova questa collina?*"

"*Ah, non so! So solo che ogni tanto arriva al parco qualcuno di nuovo, raccontando tutto entusiasta di come è riuscito a trovare le chiavi e il modo di liberarsi di tutto quel ferro che aveva addosso. Se vuoi te ne presento qualcuno.*"

E fu così che il carcerato conobbe persone che, come lui, vivevano legati e rinchiusi. Li ascoltò e imparò ben presto ad aprire quei lucchetti. Felice come non mai, andò anche lui a gettare per sempre quella ferraglia inutile e non fu mai più "il solito nuovo giorno" bensì caldi, melodiosi e splendenti giorni nuovi.

Lezione 3
Devo e Voglio!

Facciamo il punto della situazione per chi ha fatto una pausa dalla lezione precedente.

Abbiamo cominciato a rallentare, ognuno con i suoi tempi. Ci sarà chi già riesce con una certa facilità, chi la maggior parte delle volte si dimentica di provarci, chi dice di non riuscire.

Complimenti se sei nel primo gruppo: sii fiero di te stesso.

Chi si dimentica spesso, invece, è proprio chi va più veloce... nel senso che pensa con talmente tanta rapidità che non fa in tempo a ricordarsi di frenare. Man mano che la velocità media scende, il tempo di pensare al rallentare aumenta. È solo questione di pratica, non di bravura! Vuoi solo ricordati di farlo. Tranquillo e non mollare, continua a provare.

Chi dice di non riuscire probabilmente non ha *rallentato* mentre pensava "io non ci riesco". Se fai parte di questo gruppo, inizia con un pensiero semplice o con un'attività che ti riesce già bene. Anche per te: tranquillo e non mollare, continua a provare.

Comunque, quale che sia il tuo gruppo di avanzamento, prova ad aiutarti con un esercizio: leggi qualcosa che ti piace. Questa lezione, un altro libro, un giornale, qualsiasi cosa, ma leggila come i bambini alle elementari. Anche adesso, prova a farlo passando il dito su ogni parola e la lentezza di chi ha imparato ieri le lettere dell'alfabeto. Piano, pianissimo... *rallenta*.

Questo esercizio serve a far rendere conto al tuo cervello che non è questione di essere capaci o meno. Se dici "io non ci riesco" oppure "sembra facile, ma io...", vuol dire che vedi la cosa più difficile di quella che è in realtà. Se invece dimostri a te stesso che pensare lentamente è di per sé una cavolata, riesci a capire inconsciamente che non ci sei riuscito solo per distrazione o pigrizia e non per "incapacità". Tutti possono leggere o pensare al rallentatore, te lo assicuro!

Quindi se dici "non mi è ancora capitata l'occasione di poter provare in diretta un pensiero al rallentatore" ti dai il diritto di riprovare e non pensi che ci voglia una qualche dote naturale per farlo.

Ripeto che non è una gara, non ti farò mai fare esercizi mentali in cui serva un talento o capacità particolare. Ti serve solo fiducia, impegno e volontà.

Te lo dimostro subito: fai questo conto matematico a mente mentre leggi: via!

Prendi la tua età e sommala con il numero 34. Tranquillo, non ti vede nessuno se sbagli. Se il risultato è dispari, aggiungi 1, altrimenti lascialo così com'è e poi dividi tutto per 2.

Fatto? Adesso aggiungi al risultato il numero 23.

Qual è il risultato?

Se hai fatto il conto matematico mentre leggevi, sicuramente non ti sei distratto, hai *rallentato* i pensieri perché dovevi fare attenzione e non hai vagato con la mente, non hai pensato alle incavolature di oggi o di ieri o a cosa devi fare domani. Eri completamente presente. Consapevole al 100%.

Hai *rallentato*. Complimenti!

Non è difficile! È solo questione di volontà. Ricorda di volerlo fare e resta collegato!

C'è anche un altro gruppo di persone: quello che all'inizio riusciva e adesso "non riesce più". Questo gruppo sta già sperimentando una sorta di sabotaggio inconscio. È del tutto normale.

È un argomento che tratteremo nella sesta lezione, sappi solo che può succedere oppure no. L'inconscio, a volte, tende a non voler uscire dalle sue abitudini, a rimanere attaccato a ciò che si dice "familiare". Le cose nuove, seppur belle e facili, lo rendono nervosetto...

Prendi ad esempio qualcuno che sta sempre chiuso in casa e trova un amico che di forza lo porta in giro e lo fa divertire come un matto per due giorni di fila. Questa persona è tutta contenta ed entusiasta delle giornate passate a zonzo, ma se l'amico poi non lo chiama per una settimana, la pigrizia riprende il controllo, facendola ripiombare nell'ozio di una casa con le serrande abbassate. È più comodo arrendersi che riprovare con la costante paura di fallire...

Ripeto, è normale e non è niente di grave: basta rendersene conto per superare questo piccolo dosso.

Torniamo a noi: nella scorsa lezione ti sei reso conto che hai molta più scelta di quello che credevi nelle situazioni belle e brutte. Quando fai qualcosa di bello, ma con la mente sei lontano, non ti godi appieno le belle emozioni; al contrario quando fai o provi qualcosa di sgradevole ti ci perdi dentro in inutili stati d'animo negativi.

Ricordi il riassunto della lezione precedente? Lo riscrivo per chi ha fatto almeno un giorno di pausa dalla lezione scorsa. Bene, rileggilo con calma:

1. **Rallenta i pensieri**, rallenta le esperienze. Continua a provarci!

2. Quando hai dei momenti belli, di relax, di svago o altro, goditi ogni millisecondo che passa, stai lì, non vagare con la mente. Anche adesso. **Concentrati sulle sensazioni che provi**: gioia, serenità, rilassamento. Ed espandile, ridi fino a piangere.

3. Se hai dei momenti bui, non scappare, non resistere e non lasciarti travolgere, stai lì e affrontali. Se vuoi energia fresca per affrontare la situazione, pensa a quando tutto sarà finito e potrai goderti altre esperienze positive. **Cerca di avere la situazione sotto il tuo controllo. Respira piano e profondamente.** Chiediti cosa puoi guadagnare da quella esperienza. **Chiediti come fare ad uscire e non perché ci sei entrato.** Calmati e fai respiri profondi. Stai tranquillo, tutto andrà bene!

4. **Prova a sorridere e a sdrammatizzare** qualsiasi situazione e qualsiasi cosa di non piacevole. Rabbia, depressione, ansia, paura: guardati allo specchio e vedi che faccia brutta e buffa ti provocano. Non prenderle sul serio. Fai dei bei respiri profondi con la pancia, trova il lato comico della situazione.

5. **Goditi la scoperta di oggi**, anche se te ne avevano già parlato prima, finalmente ti rendi conto che è tutto vero. Pensa alla Libertà come descritta nella lezione precedente.

Ci sarà qualcuno che ti fa ridere: un comico, un amico bravo con le barzellette. Usalo quando sei nei momenti no, immagina che sia lì con te che ride e scherza sulla tua faccia, che ti prende in giro o si prende in giro per far ridere te. Immagina che anche lui stia male e cosa farebbe di divertente in quel caso.

La risata rende ridicole cose tristi. Come quando qualcuno cade senza farsi troppo male e tutti scoppiano a ridere. Quando sei giù di corda o arrabbiato, vai davanti allo specchio e fai una linguaccia, prova a dirti che sei buffo, tirati la faccia per allungarla, gonfiarla, cerca un sorriso dentro di te. Smorza il brutto momento, sdrammatizza.

Adesso andiamo avanti, respira, sorridi, fidati e leggi piano piano.

Come vuoi essere alla fine di questo corso? Ci hai già pensato? Chiamalo **Sarocosi** (senza accenti) o come vuoi tu e scrivilo sull'Avataro!

Ora parliamo di forza di volontà e partiamo da questo pensiero: "È più forte di me, io non ci riesco, per me è impossibile" e similari. Potresti incappare in questa convinzione non solo per gli esercizi di questo corso, ma per tutto quello che nella vita vorresti o non vorresti più.

L'essere umano ha da sempre **sopravvalutato la forza di volontà.**

In effetti non ne abbiamo quasi per niente, a volte è solo testardaggine o associazione di un benessere riguardante la sicurezza della vita da caserma, ma non è reale. La disciplina autoimposta è una sensazione di sicurezza finta e non duratura.

Hai notato che non uso quasi mai il verbo "dovere", preferendo sempre il "volere"? Non è un caso e ti spiego il perché.

Hanno ormai provato e consolidato in tutte le salse che se c'è qualcosa che vuoi fare (o non fare più), l'unica strada duratura e definitiva è quella del consenso e non quella del sacrificio. La via giusta è quando dici *voglio* e non *devo*!

E parlo proprio a livello emozionale: prova a dire "devo fare una corsetta" e senti la sensazione che crea quella frase. Dillo ad alta voce, prova!

Poi fai la stessa cosa con "voglio fare una corsetta"; dillo convinto. Notata la differenza?

Immagina mentre fai qualcosa che ti piace molto, un hobby o uno sport; ti impegni, sudi, fatichi ma non ti pesa per niente. Ci metti tutta la tua energia perché è una cosa che *vuoi* fare. E mentre lo fai ti senti pure bene! Immagina, ad esempio, di andare al lavoro con quell'energia!

Questo sarà un po' il fulcro di tutto il corso.

No, non sto parlando della forza di volontà ma del provare sensazioni, emozioni. Capirai presto che sono solo loro che comandano e sono solo loro che contano. Tutto quello che facciamo da quando siamo in vita si traduce nel provare un'emozione. Tutto.

L'obiettivo è di provare soprattutto quelle belle.

Facciamo un po' di teoria.

Provo a spiegarlo in modo da facilitare la comprensione senza usare terminologia accademica. Semplicemente, quando si parla di mente, spesso si usano dei termini per dividerla in due parti, conscio ed inconscio. Razionale ed irrazionale. Mente e anima.

Parliamo comunque di una persona sola, non fare l'errore di pensare a due personalità: se parlo del tuo orecchio destro e di quello sinistro sempre di te si tratta, anche se parlo di due orecchie. Vale la stessa cosa per il cervello.

La parte *conscia* è quella che usa il ragionamento: non ha un grande potere, è molto utile se usata come strumento a tua disposizione ed è quella che quando si guarda allo specchio *sa di essere*. La maggior parte degli animali pensa che l'immagine nello specchio sia qualcun altro, pochissimi si "riconoscono" nel loro riflesso.

Il conscio è quello che, adesso, sta cercando di essere concentrato per capire cosa sta leggendo, è quello che ha la faccia seria. Sorridi pure, mentre leggi, così imparare è più piacevole!

La parte conscia può fare solo una cosa per volta: ragiona, sceglie che strada percorrere e innesca le azioni. Ad esempio, se vedi una mosca sul libro, decide se spiaccicarla sporcando questa pagina oppure scacciarla via.

La parte *inconscia*, invece, è molto più potente. È quella che comanda tutte le tue funzioni biologiche, dal battito cardiaco alla digestione, fino alla respirazione. A lei il compito di tenerti in vita: non fa mai niente contro natura, comanda i tuoi istinti soprattutto per la sopravvivenza personale (mangiare, dormire, guarire, ecc.) e della specie (riproduzione). In essa è scritta tutta la storia dell'essere umano, tutta la sua evoluzione.

Se non credi che sia più potente della parte conscia prova a smettere di respirare... ad un certo punto è la parte inconscia che ti farà espandere di colpo i polmoni, e se ne avesse la possibilità ti darebbe pure uno scappellotto.

Faccio un esempio: immagina di stare in piedi fermo su un balcone al decimo piano, senza toccare la ringhiera e guardare giù. Facile no?

Ora immagina di farlo *senza la ringhiera*... credi di poterti mettere sul bordo e guardare giù senza problemi, fosse anche il primo piano? È la tua parte inconscia che avverte il pericolo, e se manca il parapetto, o qualsiasi punto d'appoggio che ti dia sicurezza, crea la paura, quella che ti costringe immediatamente a fare un passo indietro o a reggerti da qualche parte per metterti al sicuro.

La tua parte inconscia non usa il ragionamento, è puro istinto, fa le cose senza pensare, senza ragionare. Se ti chiamano all'improvviso e tu girandoti vedi una mela arrivare dritta sulla faccia, è l'inconscio a decidere in meno di un millisecondo se schivarla, prenderla al volo o portare le mani a protezione del viso.

È programmato per tenerti in vita ed accumulare le decisioni anche in base al tuo passato. Se hai riflessi pronti, come un portiere, è facile che proverai ad afferrarla, perché l'inconscio ha già memorizzato quello schema di comportamento e sa di avere riflessi allenati per farlo. In caso contrario tenterà di schivarla.

In ogni caso non è frutto di un *ragionamento*, ma è un *automatismo*, programmato e modificabile. Se potessi far sparire la tua parte conscia vivresti benissimo, come un qualsiasi animale.

Se fai sparire la tua parte inconscia, nel giro di poco tempo faresti una brutta fine!

La parte conscia però è quella che ci distingue dal regno animale, quella che crea i pensieri in maniera *volontaria*, che progetta le azioni future, *immagina*, si chiede il *perché* delle cose, ti permette di ridere, cerca di migliorare sempre la situazione, gode a guardare un tramonto, apprezza la musica e la poesia, *crea*.

L'obiettivo è portare la tua coscienza a capire che tu, il tuo essere, il tuo *io*, non è solo la parte conscia che dice di "essere" e si riconosce allo specchio. Non è neanche solo la tua parte istintiva che ti tiene in vita. È l'unione delle due parti: non usare solo un'unghia, per vivere, se hai dieci dita e due possenti braccia. Impara a vivere usando tutto quello che hai.

Corpo, mente e anima!

Ora, solo per la questione forza di volontà, nel 99 per cento dei casi è l'inconscio a decidere cosa stai per fare oppure no. È ampiamente dimostrato, chi fa pubblicità sa bene di cosa parlo. Se scegli i biscotti di una determinata marca è l'inconscio che sceglie, poi la tua parte conscia se lo giustifica dicendo che "sono effettivamente e senz'ombra di dubbio i più buoni".

Quando scegli qualcosa è l'inconscio che guida; il conscio trova una bella scusa per dire che è stato lui a decidere, ma è falso!

Il mio amico Lorenzo mi racconta sempre che sua sorella Lucia quando guarda la televisione *ascolta tutto con attenzione* e prova tutte le sensazioni più strane. Quasi subito sente qualcosa in gola che la spinge a deglutire, e per quanto cerchi di resistere, questo desiderio si fa più forte, e lei deve deglutire. Poi, mentre *continua ad ascoltare*, prova una strana sensazione sulla testa, come se ci fosse un insetto o un verme che cammina e striscia tra i capelli, e comincia a provare un prurito che diventa sempre più intenso, al punto che deve assolutamente grattarsi la testa. Per far passare questi disturbi prende una fettina di limone e la morde, provando quella sensazione aspra che fa stringere il palato e la lingua, e di nuovo deglutisce.

Ora... se sei stato abbastanza concentrato su quello che hai letto, dovresti aver deglutito ed esserti grattato la testa (o solo una delle due). I più concentrati hanno sentito anche il gusto del limone che strizza il palato. Se puoi condizionarti "inconsciamente" leggendo qualche parola figurati cosa possono fare con uno spot pubblicitario!

Ne riparleremo tra qualche lezione: stai sereno, imparerai a non farti più condizionare senza la tua volontà. Per quello è importante *rallentare* e aumentare la "consapevolezza" mentre agisci. Se guardi la pubblicità pensando ad altro, il tuo inconscio sarà più influenzabile.

Parlavo di biscotti, ma potremmo parlare anche di pasta o altro: anni di esperimenti hanno dimostrato che far assaggiare un prodotto senza lasciar vedere al soggetto la scatola in cui è contenuto (e quindi la marca) spinge molto spesso a una scelta totalmente diversa dal caso in cui il soggetto veda la confezione del prodotto.

Il condizionamento inconscio (pubblicitario) fa vendere tantissimo.

Uno spot in televisione di trenta secondi costa migliaia di euro alle aziende più famose, e se ne spendono molti di più per progettare e studiare quello stesso spot, pagando dei veri professionisti nel condizionamento inconscio. La pubblicità scatena una bella emozione che il tuo inconscio percepisce (ad esempio una bella famiglia, una situazione ideale) e quando sei al supermercato l'inconscio rivive la sensazione **senza che tu te ne rendi conto**, così scegli quel prodotto.

Prendiamo la Barilla. Nessuno, obiettivamente, può riconoscere i suoi spaghetti se assaggiati con altri già cotti in piatti diversi, eppure loro hanno sbaragliato tutti nel mercato. Vuol dire che la maggior parte della pasta che si vende è dentro una scatola blu... come mai?

Chiunque assaggi dieci marche diverse di spaghetti cotti senza vederne la scatola, difficilmente ne riconoscerebbe qualcuna. Investendo milioni di euro su canzoncine e famiglie felici che consumano i loro prodotti, la Barilla è ora leader mondiale. Non sono degli sprovveduti che buttano via il denaro in pubblicità, se lo fanno è perché gli torna tutto indietro con gli interessi.

Facciamo un "gioco": cerca su YouTube "spot emozionali" oppure "Dove c'è Barilla c'è casa 1988".

Quest'ultimo racconta di un papà che deve partire per lavoro, malinconico perché lascia moglie e figli a casa (ovviamente tutti bellissimi). Dopo il viaggio è triste, raggiunge l'albergo e si affaccia dalla finestra nostalgico pensando ai suoi cari. Mette la mano in tasca e tira fuori un fusillo, messo lì dalla figlia di nascosto. La malinconia svanisce e spunta un sorriso. Colonna sonora da Oscar: dove c'è Barilla, c'è casa.

Lo studio di questo spot è valso miliardi (c'era ancora la lira). Te lo ricordi? Ti è piaciuto? Cosa si prova a guardare questo o altri spot emozionali?

Emozioni... solo quelle contano; per dominare così il mercato, la pubblicità ha fatto la sua parte.

E ora vi spiego perché: quello che l'inconscio chiede sono sensazioni positive e continui cambiamenti di stati emozionali, ovvero il nostro inconscio non si accontenta "solo" di sopravvivenza e riproduzione.

Lui è affamato soprattutto di sensazioni, di emozioni; la nostra parte conscia può fare ciò che vuole, lei sa ragionare, ma alla fine deve passare dalla cassa... e lì ci sarà l'inconscio a fare i conti. Se sei in uno stato negativo o monotono tutto il tempo, l'inconscio cercherà di compensare in qualche modo.

Ecco perché ci piacciono i film e i romanzi, che rappresentano un ottimo modo di creare emozioni nuove, belle e forti senza alcun pericolo: paura, amore, suspense, divertimento, eccitazione. Vale lo stesso per le montagne russe o peggio gli sport pericolosi: l'eccitazione e l'adrenalina scatenano una forte emozione di pericolo controllato e l'inconscio ci va matto. Anche guardare le gare di automobilismo rappresenta una piccola dose di eccitazione. Seguire uno sport tifando per qualcuno scatena emozioni sia quando si vince che quando si perde.

Ci sono altre fonti da cui attingere emozioni, tipo la carriera lavorativa, lo shopping, le droghe in generale, il gioco d'azzardo, interessi e manie varie; anche il cibo produce nel cervello sostanze chimiche come la serotonina, capace di scatenare forti sensazioni, tanto che dopo un certo limite è considerata una dipendenza. Ovviamente non parlo di frutta e verdura!

Alcune di queste attività emozionali sono neutre, come il cinema o un libro: scatenano cioè l'emozione senza controindicazioni. Altre sono positive, come lo sport in genere, che scatena emozioni e aiuta il benessere fisico. Altre sono negative, come le droghe (di ogni tipo) o gli sport pericolosi; possono diventare emozioni pagate a caro prezzo per i lati negativi che tutti conosciamo: salute in pericolo, costi in termini economici e creazione di dipendenza su tutti i fronti.

Associata a tutto questo c'è, nell'inconscio, una bella emozione ed è quasi sempre un'emozione che tu non hai abbastanza nella tua vita oppure serve per compensarne una negativa.

Ecco perché a volte ci sentiamo intrappolati in cattive abitudini: la nostra parte conscia è consapevole dei lati negativi e ne vuole uscire perché capisce l'assurdità e il pericolo, ma l'inconscio non accetta di rinunciare alla sua emozione quotidiana senza niente in cambio.

Quindi se vuoi smettere di fumare, mangiare o altro e *forzi* il comportamento in questione, l'inconscio si ribella e (siccome è la parte più forte di te) ti ritrovi a fumare, mangiare, bere o altro contro la tua volontà. Prima o dopo, vince lui e non capivi come mai, o dicevi di non avere forza di volontà. Adesso però sei informato, lo capisci, e sai che la forza di volontà non c'entra proprio nulla.

Se vuoi smettere di fare qualcosa e dai al tuo inconscio qualcos'altro con cui sfamare la voglia di emozioni, allora si va d'amore e d'accordo!

Vale lo stesso per tutte le cose positive che dici di non riuscire a fare (tipo un po' di attività fisica). Se le *vuoi* fare devi convincere il tuo inconscio che ne ricaverà sensazioni positive, mostrandogli l'immagine di te contento e soddisfatto dopo averlo fatto.

Lo so, è un po' difficile da seguire letto così di colpo. Ma io ti ho promesso che questo corso fosse semplice e quindi piano piano ti darò tutti gli elementi per capire e mettere in pratica.

Leggi *piano piano*.

Il tuo cervello è diviso in due parti. Ricorda che sei sempre tu, una persona sola, non fare l'errore di pensare a due personalità.

Un solo *io*!

La parte conscia è stata per errore considerata la più potente (e l'unica utile) perché provvista di intelletto, capace di ragionare e acculturarsi. E siccome ragiona, pensa di essere il capo! Non ci si rende conto che il raziocinio è un bellissimo strumento nelle mani del nostro *io*. La parte inconscia è stata sempre soffocata per paura, paura degli istinti più puri. Un esempio su tutti, la repressione sessuale di quasi tutte le culture.

Basterebbe, al contrario, imparare dal mondo animale per capire che non è così, infatti la repressione sessuale ha scatenato un putiferio di prostituzione e pornografia che nel mondo animale non esiste. Gli animali fanno sesso per riprodursi, alcune specie lo fanno anche per divertimento. Per noi, guarda caso, è diventata un'ossessione e un'inesauribile fonte di guadagno.

Se l'istinto fosse così cattivo, tutti gli animali sarebbero peggio degli uomini, invece di solito è il contrario.

Un altro esempio che posso fare è quello del "vizio" di dire alle persone particolarmente emotive di "controllarsi"! La società e le religioni ti controllano meglio se tu reprimi i tuoi istinti.

Ma se reprimi qualcosa, pian piano ingrandisce e ti esplode dentro. È come tenere un dito nel rubinetto a cercare di non far uscire l'acqua: quando esce di colpo, bagni dappertutto... ecco una causa delle violenze sessuali o degli eccessi di ira e violenza.

Oscar Wilde diceva che il miglior modo di far passare un'ossessione (o una dipendenza) è quella di lasciarla sfogare, non di certo quella di fermarla a tutti i costi. Tutte le cose proibite funzionano così: più le proibisci e più ne aumenta il desiderio. Più le soffochi e più diventano potenti. Fumo, alcool, droghe, sesso.

Ovviamente ci sono dipendenze più potenti o più fisiche di altre, ma il concetto rimane lo stesso: si crede di poter scegliere con la parte razionale, ma non è lei a guidare. Quando iniziamo a drogarci, anche solo di tabacco, è l'associazione emozionale pubblicitaria che c'è dietro a spingerci a farlo.

Non siamo ancora dipendenti ma iniziamo per l'associazione di un'immagine ideale: la figura di uomo o donna d'affari (ricco, sicuro di sé e di successo) che c'è dietro la sigaretta in bocca. Fumare è da duri, "fa figo", soprattutto per chi ha iniziato da giovane! Oppure per imitare un modello di riferimento, un mito come James Dean o Marylin Monroe, o perfino un temerario pilota di formula uno che guida una macchina dalle sembianze di un pacchetto di sigarette! Ci immedesimiamo senza volerlo con il coraggio del pilota... e l'inconscio prova quell'emozione.

L'inconscio vuole compensare con emozioni positive, false e fittizie, quelle negative che prova durante il giorno. Questo vale per tutte le droghe che si consumano (cibo, fumo, alcool, pasticche) e per tutte le droghe che si praticano (gioco d'azzardo, sesso a pagamento, manie compulsive, social network, cattive abitudini).

Una cosa che vuoi fare da subito è eliminare il senso di colpa. Il senso di colpa non serve a evitare di comportarsi in modo sbagliato, serve solo ad aggiungere una brutta emozione a un brutto comportamento. Eliminalo da subito.

"È solo un tentativo di pareggiare con lo stare male qualcosa che facciamo ma non vorremmo più fare." La nostra parte inconscia, credendosi debole o inadatta, vuole sentirsi in colpa per non aver trovato la forza di volontà per fermarsi; in pratica si *consola* pensando di pareggiare i conti con lo stare male *dopo*.

Da oggi non si pareggia più. Qui si vince.

Sentirsi male dopo serve solo a sentirsi male a meno che non sia utile per prevenire il comportamento la prossima volta. Il senso di colpa, se proprio vuoi, prova a usarlo per evitare il comportamento, quindi *prima*, non dopo.

Anzi. Ti ho detto che l'inconscio vuole emozioni positive per compensare quelle negative, quindi togli il senso di colpa e mettici il perdono per te stesso. **Vorresti meno bene ad una persona cara che ti dice che non riesce a liberarsi di un vizio?** Lo stesso vogliamo fare con noi stessi!

Perdonati per aver preso strade sbagliate e impegnati per trovare nuove soluzioni per risolvere. Dillo ad alta voce. Fidati di te stesso. Butta il tuo passato e pianifica il tuo futuro. Andrà tutto bene, vedrai! Prova ad essere il tuo migliore amico.

Oggi hai iniziato un nuovo cammino per liberarti da ciò che non vuoi più. Quindi non ti sentire in colpa se ancora non riesci ad evitare qualcosa. Oggi hai iniziato a guarire. Mettici la determinazione per trovare una soluzione e seguirla. Questa è l'emozione positiva da mettere al posto dell'inutile senso di colpa!

Se non diamo al nostro inconscio (con il conscio) delle belle emozioni, lui ad un certo punto ci guiderà verso la prima che vede... dannosa o meno che sia.

Pensa al tuo inconscio come ad un bambino di un anno, alto dieci metri e pesante quattro tonnellate, e tu devi badare a lui. La parte razionale crede di *guidare* il possente bimbo, ma lui va e fa ciò che decidi solo se è d'accordo e se lo tratti bene, altrimenti gira tranquillo per un'altra strada. A quel punto tu, sentendoti impotente (seppur intelligente), te lo giustifichi in qualsiasi modo, per esempio convincendoti che eri tu a volerlo.

Sicuramente conoscerai queste frasi:

- "Io voglio fumare, mica voglio smettere, a me piace davvero!"
- "Fumare per me è un premio per l'amara vita che faccio."
- "Io mangio tanto perché mi piace, mica perché sono costretto. Se volessi, smetterei subito, ma io non voglio."
- "È più forte di me, non riesco a controllarmi!"

Menti a te stesso perché credi di essere debole e ascolti solo la parte conscia, quella che ragiona.

Non è così, è falso.

Tu sei l'enorme bambino insieme alla parte intelligente e conscia: sei tutt'uno! Sei il generale di un maestoso esercito con un milione di soldati. Il generale decide come agire, ma se la truppa non è contenta farà malvolentieri quello che gli viene chiesto e prima o poi ci sarà una rivoluzione.

Se vivrai usando la parte razionale per soddisfare anche la parte irrazionale (i tuoi istinti), con delle belle sensazioni e senza soffocarla, ti scoprirai molto più capace di fare cose che adesso credi improbabili per te.

Inoltre, imparerai a usare il tuo potere per affrontare qualsiasi vicissitudine della vita con il sorriso di chi sa sempre di poter vincere, e sarà una passeggiata vivere su questa terra! Una *bella* passeggiata.

Pensa di usare quel grande potere per il tuo benessere. Invece di provare a frenare, ti lascerai andare ad una piacevole accelerazione in discesa, con un brivido da montagne russe, emozioni prive di sensi di colpa.

Bene, per oggi basta così, o il tuo budino grigio potrebbe scoppiare.

Sappi che questa lezione è solo una prefazione sull'argomento. Ne riparleremo molto spesso e molto più nel dettaglio. Rileggi pure con *molta calma*, fai passare almeno un giorno e rifletti su ciò che hai letto.

Se in questi giorni ti trovi preda della tua dipendenza personale, lasciati andare e fai particolarmente attenzione a ciò che provi prima, durante e dopo la tua esperienza che vorresti eliminare o ridurre.

Rallenta al massimo quell'esperienza e prova davvero a togliere il senso di colpa a posteriori. Non aver paura di perdere il controllo. Perdonati e realizza che stai per smettere. Adesso hai gli strumenti a tua disposizione per farlo.

Scrivi sul tuo Avataro per ricordare: se non ti piace usare "conscio" ed "inconscio" chiamali in modo diverso, quello che più ti aggrada. Io usavo mente e anima, li trovo più romantici. Non segnare solo quelli; segna ogni concetto che ti colpisce in maniera particolare, dagli un nome, un suono o una figura.

Nella prossima lezione faremo un bell'esercizio mentale, un'altra parte fondamentale di questo cammino e prima di leggerla ricordati di rispondere alla domanda: come vuoi essere alla fine di questo corso? Ci hai già pensato?

Chi saresti tu senza tutti i problemi di oggi? Chiamalo **Sarocosi** (senza accenti) o come vuoi tu!

Ricorda infine che il *rallentare* ha sempre la priorità, continua a provarci in tutti i pensieri e cose che fai. Ridi spesso e impara a sdrammatizzare. Rigustati piano questa lezione.

Buone riflessioni, e ben vengano le rivelazioni!

Lezione 4
La macchina del tempo

Durante le lezioni precedenti, ti ho fatto questa domanda: come vuoi essere alla fine di questo corso?

Le hai dato una bella risposta? Che tu abbia seguito il mio consiglio di chiamarlo Sarocosi o meno, mettilo nel tuo Avataro!

Per chi si sentisse ancora un po' frastornato dalle lezioni precedenti, potrebbe chiarirsi le idee rileggendole ora. Ricorda che se dopo almeno un giorno ti impegni a rileggere *lentamente*, potrebbero venir fuori elementi che prima ti erano sfuggiti.

Oggi cominciamo a fare sul serio.

Dopo un pochino di introduzione e un po' di teoria, faremo finalmente un esercizio di quelli importanti e ce lo porteremo dietro per tutto il corso, proprio come l'applicazione sempre più frequente del *rallentare*.

Prima di farlo, vorrei condividere con te un paio di cose.

Siamo ormai alla quarta lezione e a questo punto dovresti aver acquisito un pelino di fiducia in più sulla mia persona: in fin dei conti sono come te, nel senso che anch'io ho iniziato qualche anno fa la mia ricerca di qualcosa che mi "fermasse" da una trasformazione che non mi piaceva per niente. Ero arrivato a un punto per cui ciò che ero, ciò che facevo e ciò che avevo non mi piaceva per niente. Quando avevo vent'anni ero più o meno soddisfatto di me stesso, ma sulla soglia dei quaranta quel che vedevo allo specchio non mi piaceva più.

Era successo così lentamente, goccia a goccia, che quando me ne sono reso conto era tardi. Mi ero perso. Per mia fortuna ho cercato e trovato metodi e soluzioni che mi hanno riportato sulla retta via, per essere ciò che nel mio cuore volevo veramente.

Ti dirò anche un'altra cosa: il mio viaggio continua ogni giorno.

Non crederai mica che io sia arrivato? Non sono un guru né un maestro di vita; sono solo uno come te, che ha iniziato prima il *risveglio* ed è affamato del piacere di condividere con tutti ciò che ha visto e trovato.

Hai presente quando mangi da dio in un nuovo ristorante e il giorno dopo vorresti dirlo a tutti con la voglia di portarli a mangiare lì.

Ecco, io ho provato ad aprire quel ristorante.

Ricorda: il viaggio non finisce mai, ci sono tappe in cui ti godrai i risultati ottenuti, ti riposerai quel che basta e ripartirai. A volte sbaglierai strada e tornerai indietro. A volte cadrai, ma basterà un po' di riposo per riprendere il cammino.

È importante l'arrivo di oggi al viaggio di ieri; non badare troppo alla meta di domani.

Festeggia *oggi* il fatto di fare cose che ti piacciono e che ti fanno stare meglio. Non aspettare i prossimi risultati. L'intenzione è quella di essere *domani un pochino migliore di oggi*, ma ogni giorno vuoi gioire per essere migliore di ieri.

Sii contento fin da subito, da oggi stesso. Rileggi questo concetto *piano piano* e fallo tuo, non perché sia difficile ma perché di solito facciamo il contrario.

Mentre il mio percorso continua nella direzione che io gli ho dato, ho provato a creare un umile mezzo di trasporto per chi vuole iniziare un viaggio verso il meglio, verso il *proprio* meglio, per tutti quelli che sentono l'istinto di farlo.

Se senti che tutto ciò non fa per te, raccogli ciò che ti è più utile e cerca un altro metodo più consono alla tua persona, ma *continua il tuo viaggio*! Non ti fermare.

Se invece vuoi approfondire questo metodo con me, sappi che ne sono onorato e mi impegnerò al massimo per servirti. Parlo soprattutto a chi è un pelino in difficoltà, o a chi dice che fino ad ora non è cambiato niente.

Qualcuno, nel blog che ha segnato la nascita di questo libro, mi ha scritto: "Sì, bello, bravo, spieghi bene, ho capito quello che vuoi dire. Leggo volentieri, ma per me non è cambiato niente, sono un caso a parte."

Qualcuno a questo punto del corso penserà la stessa cosa.

Vorrei dirvi che intanto siamo appena all'inizio. Non abbiamo ancora fatto niente di consistente, dobbiamo ancora entrare nel merito dei veri e propri esercizi mentali.

Uno di questi è quello di oggi.

Stiamo preparando le basi per affrontare discorsi molto più profondi, che faremo al momento giusto, e cioè dopo aver attraversato al *rallentatore* le prime fasi.

Datti ancora un po' di tempo.

Provare (ho scelto il verbo non a caso: provare, non riuscire per forza) a *rallentare* un'esperienza bella per poterla trattenere il più possibile o una brutta per farla scivolare via senza troppi malumori non è il fine ultimo. Lo scopo del *rallentare* è di trovare più consapevolezza.

Se riesci a vedere cosa succede nella tua mente, lo puoi cambiare.

Se sei dentro un labirinto non sai come uscire, ma se vedi tutto da fuori, dall'alto, diventa molto più facile. Cambiare il punto di vista cambia tutto.

Se invece sei entusiasta del corso, ti chiedo di potenziare quella sensazione... non ti accontentare, vai allo specchio e scoppia a ridere, festeggia, esulta, gioisci, abituati a star bene!

Abbiamo finora parlato di andare più piano quando pensi e quando fai qualcosa.

Ci sarà una parte di voi che sta andando alla grande, chi ci sta prendendo la mano e chi è a un passo dal riuscirci. Abbiamo un potere fantastico, che mai nessuno ci aveva insegnato ad usare.

Per chi trova ancora difficoltà, la spiegazione è molto semplice.

L'abitudine è quella di fare attenzione sempre solo a ciò che non si è concluso nella vita. Le persone di questo tipo sono molto intelligenti e usano troppo questo "dono". Tutto ciò che hanno conquistato e fatto di buono è considerato solo il proprio minimo indispensabile *dovere*.

Complice la nostra educazione, spesso non siamo e non facciamo mai *abbastanza*. Sempre girati dal lato dove si vede cosa manca e mai girati dall'altro a vedere quanto e cosa si è fatto di buono.

Sempre a dirsi che si poteva "dare di più": così ci hanno insegnato a pensare.

Forse perché alcuni genitori e qualche insegnante ci hanno sempre sottolineato con una penna rossa gli errori e mai detto "bravo" per le cose giuste e fatte bene.

Per questo è importante festeggiare i risultati oggi e non guardare troppo a ciò che sarà domani: che tu abbia quello che meriti fin da subito.

Chi è in difficoltà con l'esercizio di rallentare è riuscito magari a farlo *davvero* per un paio di volte, ma la loro parte inconscia si mette di mezzo e dice: "Che fai? Sei matto? Vuoi mica cambiare per davvero? Torniamo subito indietro, che tanto non combini niente di buono!".

L'inconscio si spaventa di ciò che può capitare se la "solita vecchia speranza" di poter cambiare comincia a *diventare realtà*. Allora cerca di rimanere nella sua vecchia stanza buia e silenziosa, piena di muffa ristagnante, con la scusa che quel bel giardino assolato là fuori dia fastidio alla vista, il sole è troppo caldo, gli uccellini cantano troppo forte.

Quando dico che l'inconscio si spaventa, intendo senza che ve ne rendiate conto.

Magari hai la sensazione conscia di non voler mollare, ma l'impegno è minimo e rimani comunque fermo dove sei, usando la frase "*non mi arrendo*" per consolarti.

Nessun problema, la soluzione è l'allenamento alla consapevolezza: *rallenta* così da vedere il meccanismo, a quel punto lo potrai cambiare. Rifletti, guarda ciò che accade e reagisci!

Ci sono persone che hanno trascorso molti anni in un vero carcere e dopo aver scontato la loro pena ottengono finalmente la libertà, ma una volta fuori stanno male perché non sono preparati a dovere alla nuova condizione, seppur migliorata. Si erano completamente adattati alla vita da reclusi.

Le situazioni familiari sono le preferite dalla nostra mente: sono tutte automatizzate a dovere, il cervello fa tutto senza sforzi e per molti anni di seguito. Dover gestire non solo la libertà ma anche qualcosa che provochi sensazioni ed emozioni positive e potenti può spaventare.

Depressione, rabbia, ansia, stress, paura e altre sensazioni negative combattute per anni sono in qualche modo diventate amiche, compagne di cella. Una sorta di Sindrome di Stoccolma, dove il sequestrato si affeziona ai sequestratori.

Hai mai provato un attimo di vera gioia in cui il cuore batte all'impazzata e si scoppia a piangere? Se non si è pronti ad avere un'emozione del genere dentro, che sale dalle viscere e ti riempie il cuore, arriva il panico.

Anche qui è tutto nella norma: sentir dire di essere casi unici o disperati fa sorridere. Come ti dicevo è un percorso, ognuno ha i suoi demoni da sconfiggere, più o meno vecchiotti, ma ormai sai la verità, è solo questione di tempo. Puoi anche trovare sistemi più adatti a te che non sia il mio, ma conoscere questo tipo di possibilità ti dona la responsabilità di dover scegliere se restare così o decidere di muovere il culo e cominciare a prendere a calci chiunque ti voglia fermare, fosse anche il tuo inconscio.

Cambiare è possibile, non ci sono più scuse.

Quando io stesso sono arrivato a comprendere questo dato di fatto, sono rimasto incredulo e sconvolto per un bel po' di tempo, quindi ti posso capire.

Ora che lo sai anche tu, riprendi fiato e decidi quando rialzarti per rimetterti in cammino. **Non esistono fallimenti, esistono solo pause e tentativi da affinare.** Fissalo nel tuo cervello, nel tuo cuore! Respira a pieni polmoni!

Tutti possono camminare e continuare a viaggiare, non è una gara a chi cammina meglio o più veloce, la tua vita è solo tua non è in competizione con nessun'altra. Potresti competere solo con un altro essere umano che ha il tuo stesso DNA dalla nascita e ha fatto esattamente le tue stessa esperienze, una dietro l'altra, da quando è nato. Non esiste una persona così, mi spiace!

Tu sei unico e in continuo miglioramento.

Fai tuo questo concetto rileggendolo *piano piano* e renditi conto del potere che hai sempre avuto e mai scoperto prima. Anche se pensi di essere un caso disperato, fidati di me, la *porta* ormai l'hai vista, non puoi più fare finta di niente, è persino *aperta*. Avvicinati a quel filo di luce che si intravede...

Se oggi non te la senti di varcare quella soglia, lo faremo domani, insieme. Adesso cerca solo di sbirciare di tanto in tanto, il meraviglioso orizzonte che c'è fuori dalla tua cella buia, cerca di annusare il profumo che hanno i fiori, la gioia e senti che meraviglioso canto ha la natura.

Oggi sbirci, domani metti l'alluce fuori e tra qualche giorno comincerai a curiosare in giro felice come un bambino a cui regalano un parco giochi tutto per lui.

Vedrai, il panico piano piano lo lasceremo là dentro... non sei solo e non lo sei mai stato. Piangi pure se ti va! Le emozioni vanno lasciate correre, ma stai attento a non bagnare il libro.

Adesso è tempo di parlare dell'esercizio mentale da fare possibilmente tutti i giorni, prima di dormire nel silenzio della notte o quando vuoi tu.

L'esercizio consiste nell'immaginare, visualizzare o pensare ad una particolare situazione. In qualche modo fantasticare, ma non nel senso di creare con la mente qualcosa di astratto o di fantascientifico, ma di immaginare una **situazione reale nel futuro**.

Pensare, in pratica, a una situazione che ti faccia sentire bene mentre immagini!

Il mio avatar per questo esercizio si chiama viaggio nel futuro o *macchina del tempo*. Dagli anche tu un nome, se riesci anche un simbolo o suono che più ti si addice.

Come dicevo, lo scopo è andare nel futuro a trovare te stesso cambiato, cambiato in meglio. Da rimanere a bocca aperta, con un sorriso a trentadue denti, abbracciarlo commosso ed essere fiero di te stesso, per poi tornare felice nel presente.

Come vuoi essere alla fine di questo corso? Ci hai già pensato? Quella risposta è il tuo Sarocosi.

Stasera appena si spengono le luci in camera tua (o anche adesso), mettiti a pancia in su, il più comodo possibile e comincia a respirare profondamente con l'addome. Senza fare respiri lunghissimi, solo un po' più profondi. Sorridi e comincia a rilassarti, visualizza il tuo corpo che si scioglie come il burro, come un budino, o un palloncino che si sgonfia: qualcosa di morbido, quello che vuoi, l'importante è che sia giusto per te.

Appena hai raggiunto uno stato di rilassamento, (un paio di minuti dovrebbero bastare) comincia a immaginare di andare nel futuro a trovare te stesso. Il te stesso che sta bene e ha risolto almeno una delle questioni che ti hanno spinto a comprare questo libro.

Ad esempio, il tuo io futuro che è diventato un non fumatore, una persona nel suo peso forma, una persona gioiosa, serena, senza più paure ed angosce, libero dalla dipendenza di qualsiasi droga, vizio o da qualsiasi stato d'animo che in questo momento la opprime. Una persona sicura di sé che guarda negli occhi la gente mentre parla.

Oppure semplicemente una persona *libera*! Una persona che sa come funziona la sua testa e che ora può davvero decidere chi e che cosa essere. Ricorda il motivo per cui sei qui: una famiglia, la carriera, qualsiasi cosa che vuoi oggi ma che non hai perché pensi di dover prima risolvere qualcosa dentro te stesso.

Quello che vuoi è avere la sensazione della primavera dopo un lungo inverno, il silenzio dopo un gran fracasso, sentire di essere finalmente in salvo. Avere addosso una soddisfazione che ti renda fiero di te stesso!

Vai dal tuo io futuro e guarda come sta bene, come è sereno, che sorriso gigantesco che ha stampato in faccia. Guarda che colori vividi, che occhi luminosi. Sei tu tra un po' di tempo. Immagina il tuo io futuro davanti a te, che ti stringe la mano o ti abbraccia; tu sei quello di *oggi* e con i tuoi occhi vedi il tuo io di *domani*; in gergo tecnico si dice guardarsi in terza persona.

Senti come parla sicuro di sé. Chiacchieraci e goditi insieme a lui i risultati ottenuti. Abbraccialo e senti quanto si vuole bene e ti vuol bene. Guarda, ha addirittura cambiato pettinatura, vestiti, è quello che hai sempre desiderato!

E mentre sei lì che guardi esterrefatto, ripeti questa frase nella testa, *piano*: "Che soddisfazione! Sono fiero di come sono diventato, ed è tutto merito mio!".

Ricordati di abbracciarti: sei fiero di te, hai capito che questa è la strada che ti porterà a quella condizione e quindi sei già felice oggi, perché vedi il risultato nel futuro. Ti rendi conto di aver preso la strada giusta.

Ripeto: sei già felice oggi!

Il tuo io del domani ti parla e ti fa cenno di sì con la testa, ti rassicura che è tutto vero, e ti ringrazia per le scelte che oggi producono il risultato che vedi, che senti, che provi. Ti abbraccia, ringraziandoti commosso, ti dice che sei finalmente sulla buona strada, ti incita a non mollare.

Come uno scultore che inizia a prendere a martellate un blocco di marmo e va nel futuro a vedere la scultura finita; un pittore che ha comprato una tela bianca e dei colori e va nel futuro a vedere il dipinto terminato; un musicista che ha composto una melodia e va nel futuro a sentire il suo concerto. Come un genitore che guarda il suo bambino oggi e immagina di abbracciarlo fiero di lui quando sarà un adulto!

La vita è una tua creazione. Puoi creare oggi, con il pensiero non materiale, ciò che domani potrai toccare con mano, vedere con gli occhi e sentire con le tue orecchie!

Tutto ciò che ti circonda è stato prima creato nella mente di qualcuno e poi realizzato. Apparecchi elettronici, macchine, palazzi, strade, acquedotti. Film, canzoni, quadri, invenzioni di ogni tipo, **tutto partito da un pensiero immateriale diventato reale.**

Forse anche gli alberi, il cielo, le montagne e il mare sono stati prima pensati da qualcuno o qualcosa... chissà!

Questo esercizio è importantissimo. Trova un'immagine di te visualizzata nel futuro che sia abbastanza realista ma senza essere troppo tirchio (almeno quando immagini). Cerca di trovare la giusta via di mezzo dall'immaginare di essere diventato un supereroe e l'essere appena appena qualcosina meglio di adesso. Non esagerare da entrambi i lati.

Non esiste giusto o sbagliato! Non puoi farlo bene o male! Lo scopo è unicamente provare la sensazione che riempie la pancia, il cuore, la gola di soddisfazione nel vedere un risultato ottenuto, abbracciarsi e commuoversi.

La sensazione è l'unica cosa che ti interessa: crea un film nella tua testa, o anche solo un fermo immagine; visualizza o pensa ciò che vuoi con i suoni, le voci, la musica o quel che ti pare, ma mettiti nello stato d'animo che ti faccia provare la sensazione di essere fiero di te stesso e di non vedere l'ora di arrivarci!

Visualizza qualsiasi cosa ti faccia stare bene mentre costruisci quel pensiero. Fai attenzione, però, a una cosa: quando pensi a come sarai, fallo senza la parola "non".

L'inconscio non elabora la negazione, quindi se tu pensi "non voglio essere più triste", il cervello toglie il *non* e sente solo "voglio essere più triste".

Più avanti affronteremo la questione più nello specifico, per adesso cerca di creare pensieri del tipo "Voglio essere felice", oppure sicuro, fiero, determinato, disintossicato, eccetera. Tutte affermazioni e nessuna negazione: è molto importante!

Voglio essere più sicuro di me stesso: giusto.

Non voglio più essere insicuro: sbagliato.

Sogna questa realtà futura, esagera pure con i dettagli. Immagina quello che vuoi senza limiti: non cose materiali da possedere, ma immateriali da cambiare. Non desiderare macchine o soldi, desidera di essere una persona di successo.

Attenzione! Non puoi avere come obiettivo qualcosa che implica il **cambiamento di *qualcun altro*.** Non si può volere, ad esempio, che qualcuno si innamori di noi o che qualche persona a cui vogliamo bene smetta di soffrire. **Il desiderio vale solo per la tua persona**.

L'obiettivo è il tuo Sarocosi da segnare sull'Avataro!

L'esercizio *"macchina del tempo"* consiste nell'andare nel futuro più prossimo a vedere il risultato della tua richiesta; il rilassamento serve per far fluire meglio l'immaginazione e la creazione, non usare troppa razionalità. Se ti scopri a chiederti *come* fare, ti consiglio di lasciarti andare perché non c'è un modo specifico per farlo, è solo pura immaginazione e visualizzazione mentale. I bambini fanno le cose con la mente vergine, è questo il motivo del loro successo. Osservali quando giocano da soli!

Conosco persone che riescono a provare la sensazione di gioia e soddisfazione che cerchiamo con quest'esercizio senza costruire troppe immagini e suoni. La provano e basta, fanno un atto di fiducia, si guardano allo specchio e se ne convincono.

Anche se sei pessimista riguardo al cambiamento, prova un attimo a supporre che tu abbia torto. Vorresti avere torto per il tuo bene? O no? Buttati!

Rallenta, rilassati e lascia scorrere le sensazioni. Se ti viene un dubbio o una domanda, per esempio su quando tu debba farlo, quante volte al giorno, sul dove o altro, la maggior parte delle volte la risposta è questa: "Come vuoi tu, come ti fa stare meglio".

Appena provata la stupenda sensazione, goditela il più possibile, sdraiatici sopra e fatti cullare, espandila dentro di te: senti come è calda, guarda che meravigliosi colori che ha, senti che melodia celestiale. Goditela fino in fondo.

Quando ne hai abbastanza torna nel presente, ma tieni bene in mente il ricordo di ciò che hai vissuto. Magari scrivilo sull'Avataro insieme a quel che hai provato: è importante fissarlo da qualche parte.

"Che soddisfazione! Sono fiero di come sono diventato, ed è tutto merito mio!".

Rileggi questi passaggi con calma... o se ti va, tutta la lezione.

Se vuoi, fai l'esercizio subito.

È utile anche leggere questa lezione subito prima di andare a letto. Prima di addormentarsi è l'ideale, perché la tua parte inconscia elabora più intensamente le ultime informazioni durante il sonno. Inoltre, addormentarsi con il sorriso è fantastico. Vuoi farlo tutti i giorni?

Nella prossima lezione ne riparleremo e ti dirò cosa c'è dietro questa tecnica. Anzi, una cosa te voglio dire già: ricordi l'esempio del balcone senza ringhiera? Ricordi l'esempio di smettere di respirare? Se l'inconscio percepisce pericolo ti obbliga a salvarti, lui è più potente della tua razionalità.

Ti ricordi del perché non si riesce a smettere di essere dipendenti da qualcosa con la forza di volontà? Se tu ti *sforzi* di fare qualcosa contro l'inconscio, perderai di sicuro. Se lui percepisce, con un'emozione (l'unico suo linguaggio) che è una cosa giusta, sarai in grado di fare qualsiasi cosa.

Alla prossima lezione, ma non oggi, fai passare almeno un giorno!

Lezione 5
La macchina del tempo (seconda parte)

Come va il *rallentare*?

Hai provato a gestire in maniera diversa una situazione per cui di solito stavi male? Hai goduto di un bel momento al mille per cento? Sei riuscito a fare una scelta che di solito pensavi non fosse un'opzione? Sei riuscito ad abbracciare nel futuro il tuo *io migliorato* da ciò che fai oggi?

Ti dirò una cosa: nel rileggere con calma i concetti che pian piano imparavo, ho avuto i più grandi cambiamenti e le più grandi rivelazioni sugli argomenti trattati. Ho semplicemente ripassato e scoperto che rileggevo il tutto con una consapevolezza sempre maggiore.

La prima volta che ho letto del *rallentare* è stato durante un corso per eliminare il mio problema con il cibo (anche quello può essere una droga) e mi era sembrata una sciocchezza, sono sincero. Poi l'ho provato e ho fatto le mie prime esperienze; ho scoperto che davanti a noi si apre un grande ventaglio di scelte che prima nemmeno vedevo.

Rileggendo la lezione dopo un paio di settimane, l'ho trovata più bella perché **avevo già provato** quel concetto e quindi sapevo bene di cosa si stesse parlando. Questo concetto vale per tutte le lezioni, ovviamente, e non solo per quella sul rallentare.

Se leggi un esercizio e dopo averlo provato lo vai a rileggere, è tutto più limpido, suona meglio, senti che ti calza alla perfezione. Mi raccomando: gioisci per ogni momento, anche per quello che ti sembra meno importante e senza aspettare che succeda chissà cosa!

Tutti possono attraversare una fase di stallo. Io per primo non sono perfetto e non sono "arrivato"; in compenso sono in continuo movimento, continuano i corsi, le letture, mi impegno per studiare e per **fare tutto ciò che mi piace e che mi fa star bene**. A volte inciampo, poi mi rialzo: anch'io ho le mie giornate storte e grigie. Ogni tanto mi fermo per recuperare le energie... tutto con i miei tempi e senza gareggiare con nessuno.

Quando sbaglio, mi perdono subito, guardando quello che ho fatto bene e grato per quello che ho.

Ricordi il bimbo che impara a pedalare senza rotelle? Vuoi sentirti come lui: ci riesce solo una volta su dieci cadendo le altre nove, ma non pensa minimamente né di mollare né di contare quante volte è caduto. Pian piano riuscirà due volte su dieci, poi tre e poi quattro. E così via, fino a riuscire nove volte e cadere soltanto una (la perfezione non esiste).

Puoi piangere e lamentarti ogni volta che cadi, o puoi concentrarti su quanto tu sia buffo per terra, scoppiando a ridere. Rallenta e decidi di aumentare le tue scelte in tutte le situazioni.

Tu non mollare e resta collegato! È solo questione di tempo: se ti senti un po' in difficoltà, rileggi le lezioni che ti sono piaciute di più e vai avanti.

Ora riprendiamo il discorso della lezione precedente, che ti indicava l'esercizio da fare per provocare la sensazione di grande soddisfazione che hai nel vedere il tuo futuro cosi colorato, melodioso e spensierato.

Rileggi questa frase, immaginandoti di provarla, dillo a voce o nella testa: **"Che soddisfazione! Sono fiero di come sono diventato, ed è tutto merito mio!".**

Prova a rileggere piano piano.

Ci sei riuscito? Bravo, bravo anche solo se hai *provato*. Non preoccuparti se all'inizio non ti viene naturale. È tutto normale, sono cose che non hai mai fatto. Bada solo al *volerle* fare e lascia perdere i primi risultati che possono sembrare non eccellenti.

Immagina e visualizza qualsiasi cosa ti faccia provare una buona emozione, è questo lo scopo.

Come vuoi essere alla fine di questo corso? Ci hai già pensato?

Ricorda di rispondere senza la parola "non", dai una bella risposta alla domanda (Sarocosi), poi mettila nel tuo Avataro. E non dimenticare che **non puoi avere come obiettivo qualco-**

sa che implica il cambiamento di *qualcun altro*. Non si può volere il cambiamento di altri, né in meglio né in peggio. **Il desiderio vale solo per la tua persona**. Se vuoi cose materiali, non desiderare soldi, desidera piuttosto di essere una persona di successo!

Continua a provare: vedrai che sarà facile.

Ogni cosa è difficile nella misura in cui tu ti sforzi di farla alla perfezione fin da subito.

Se parti dal presupposto di farla subito alla grande, ti crei un'aspettativa che potrebbe venire delusa e ci rimarrai male. Se invece parti col dire: non l'ho mai fatto, quindi non c'è giusto o sbagliato, non esiste il farlo bene o male. Con calma, dopo un po' di tentativi, verranno i primi timidi buoni risultati.

È la stessa cosa fatta da due punti di vista iniziali differenti; ricordi la lezione sui punti di vista e l'esempio della ruota bucata? Il tempo e il risultato impiegato sono sempre gli stessi, cambia solo il modo in cui ti approcci alla cosa. È così che vuoi imparare ad agire, per tutte le cose della vita. Nessuno fa qualcosa bene al primo colpo, quindi evita di arrabbiarti o deluderti per questo.

Vuoi fare le cose nuove come fanno i bambini, con l'entusiasmo a mille e mille tentativi. Nessun giudizio negativo, solo la *voglia di fare*. Rallenta, rilassati e lascia fluire la vita... se ti viene un dubbio la maggior parte delle volte la risposta è questa: "come vuoi tu, come ti fa stare meglio".

L'essere umano impara per tentativi, il cervello funziona così, prova e riprova, finché non trova la strada giusta. Se una cosa non ti riesce, magari cambia sistema, non ti fossilizzare sul medesimo modo di affrontarla. Vuoi essere il più flessibile che puoi. Chiedi a chi lo sa già fare o rileggi la lezione.

Agendo con questi presupposti nulla ti potrà fermare perché **più nulla sarà considerato un fallimento**, saranno solo tentativi da affinare con l'esperienza.

Il fallimento esiste solo se tu lo pianifichi. Se quando fai qualcosa crei un'aspettativa che riguarda un tempo massimo o un numero di tentativi per riuscirci, succederà che man mano che ti avvicinerai a quel limite crescerà dentro di te la sensazione del fallimento.

Se invece ti tratti bene e non ti importa di quanto tempo o quanti tentativi ci vogliano per riuscire sarà tutto più piacevole e privo di stress.

Ho smesso di fumare, tra le altre cose, perché avevo cambiato approccio. Prima ho provato tante volte a sconfiggere il fumo con la forza di volontà più il senso di colpa, e non ci sono mai riuscito. Poi un giorno ho conosciuto un altro metodo.

Se fai le cose sempre nella stessa maniera, è probabile che otterrai sempre gli stessi risultati.

Non è utile essere presuntuosi, arrendevoli e pensare che non si riesca a fare qualcosa per un motivo specifico. Vuoi essere, invece, umile e tenace insistendo e provando finché non cominci a vedere piccoli successi.

Quindi rileggi con calma le lezioni precedenti. Rileggi con serenità la prima parte dell'esercizio macchina del tempo. Stai tranquillo e riprova. Se già ci riesci, miglioralo ancora di più. Ricorda che lo scopo è provare la sensazione di soddisfazione ed essere fiero di te, fin da subito creando il tuo io felice e sereno di domani. Tutto qui. Prova a dire che è facile, dillo convinto e *diventerà* facile.

Nella prossima lezione parleremo di come risolvere le difficoltà che possono manifestarsi a questo punto del corso. A volte si può cadere in una specie di "sabotaggio".

Adesso, invece, ti spiego perché l'esercizio della macchina del tempo (o come lo vuoi chiamare nel tuo Avataro) è così potente.

L'immaginazione è il più potente dei mezzi di trasporto verso ciò che desideriamo.

Il cervello funziona così: tu gli dai una direzione, immaginando e costruendo pensieri che creano emozioni, e così lui ti porta a destinazione come fosse un navigatore, che è un po' la base su cui hanno sviluppato la teoria della famosa *Legge di Attrazione*! Se quest'ultima non ti ispira molta fiducia allora potremmo parlare di PNL.

Bandler e Grinder, i padri dell'odierna Programmazione Neuro Linguistica hanno scoperto quanto sia vero, studiando:

1. Chi è diventato ciò che è, perché d'istinto si era immaginato così.

2. Facendo contro-prove con gruppi di persone a cui proponevano un esercizio simile alla macchina del tempo.

Mi spiego meglio. Chi ha creato questi sistemi ha cominciato a intervistare tutte quelle persone che hanno successo personale nella vita, che può essere finanziario, sportivo, sociale, eccetera.

Sono andati dall'imprenditore partito da un normale lavoro come lavapiatti a chiedergli cosa avesse fatto per arrivare ad avere una catena di ristoranti, o anche solo uno.

Sono andati dal campione sportivo e gli hanno chiesto cosa pensasse da ragazzino quando si allenava per strada, magari vestito di soli stracci.

Sono andati anche dalle persone "comuni" che sono veramente realizzate, felici con un lavoro normalissimo, una famiglia, una casa o qualsiasi altra cosa le faccia stare bene e le faccia avere un'espressione così serena da essere contagiosa.

Hanno risposto tutti in modo analogo: hanno semplicemente *immaginato*, giorno dopo giorno, il risultato che oggi è diventato realtà. Sono rimaste tranquille, vivendo giorno per giorno, **grate di quello che già avevano nel presente.** Lo hanno fatto sempre convinte e godendosi da subito la sensazione di riuscire prima o poi, senza darsi un limite di tempo o di tentativi.

Queste persone hanno *visualizzato* il loro io del domani come se si realizzasse davvero e immaginando cosa avrebbero visto, sentito e provato una volta arrivati all'obiettivo. Ogni volta che facevano un errore, si correggevano, riprovando o cambiando strategia, senza lamentarsi né prendendosela con sé stessi.

La tua parte inconscia, quella potente, funziona a sensazioni, lei non ragiona, ricordi?

Se provi gioia e soddisfazione per un obiettivo che mostri chiaro e tondo alla tua parte inconscia utilizzando la tua parte conscia, proprio a quel punto l'inconscio ti porterà dove vuoi senza che nessun ostacolo lo fermi. Senza nessuna possibilità di fallimento e senza dubbi. Chi ha studiato l'origine della PNL avrà letto che selezionando dei volontari in diversi campi sociali, lavorativi e sportivi, e dividendoli in gruppi, si è scoperto che i gruppi che usavano l'immaginazione per visualizzare (come da esercizio) l'obiettivo finale, erano poi quelli che più in fretta lo raggiungevano.

L'esperimento che ne seguì è quello che ha ispirato i *mental coach* di tutti gli sportivi professionisti di oggi, che fino a pochi anni fa si allenavano solo fisicamente.

In uno dei tanti test effettuati, sono stati formati tre gruppi di dieci giocatori di Basket che si allenassero a tirare a canestro.

I primi dieci giocatori si sono allenati solo a tirare la palla, tentativo dopo tentativo.

I secondi dieci si sono allenati solo a immaginare, visualizzando di tirare la palla, fare canestro e **gioire di soddisfazione**, quando nella realtà erano seduti per terra, rilassati, con gli occhi chiusi.

I terzi si sono allenati sia fisicamente che mentalmente.

I risultati, dopo un breve periodo, sono stati sorprendenti: non solo chi si era allenato sia fisicamente che mentalmente faceva il maggior numero di canestri, ma al secondo posto si sono piazzati i dieci atleti che avevano fatto solo l'allenamento mentale! Se non mi credi, informati da solo e verifica tu stesso cercando sul web "sport esercizi di immaginazione" oppure "tecniche di visualizzazione guidata".

Tutti gli sportivi di un certo livello, oramai, hanno chi li segue anche a livello mentale, una persona che li abitui a provare il successo con l'immaginazione insieme all'allenamento fisico. Funziona alla grande anche perché aumenta in maniera considerevole la propria convinzione di potercela fare. Più sei convinto e più arrivi al risultato in fretta. È stato ripetuto lo stesso esperimento con altri tipi di sport, e non solo: funziona con tutti i possibili obiettivi della vita, anche quelli non sportivi.

La parola d'ordine è: convinzione!

Hai presente tutte le persone che in qualche modo "spiccano" nella società (gli esempi valgono dal periodo della scuola fino all'età adulta), quelle che a volte ci fanno (o hanno fatto) un po' di invidia e che sembrano bravi in tutto?

Non sono veramente bravi in tutto, né sono più "fighi" degli altri o di te. Semplicemente agiscono d'istinto, con una forte convinzione di base. Non diventano spavaldi *dopo* i successi, ma sono convinti già *prima* di ottenerli! Se falliscono, riprovano senza demoralizzarsi e le loro azioni sono sempre accompagnate dal verbo "volere" e mai dal "dovere".

L'impegno è essenziale, i successi non arrivano dal cielo, ma se sei insicuro dei tuoi mezzi e il presupposto che ti accompagna è quello del *serio* sacrificio, quando arrivi al risultato sei talmente stanco e sfibrato da non godertelo più. È quindi importante *essere convinti* prima di arrivare all'obiettivo. Il nostro inconscio è una macchina potentissima, che può realizzare qualunque cosa, se è in equilibrio e se ha provato *prima* (non dopo) la sensazione che ne guadagna.

Convincendo l'inconscio a stare dalla nostra parte, si farà meno fatica per conquistare qualcosa. Immagina di dover andare da un punto A ad un punto B di un fiume: è più semplice farlo *spinto* dalla corrente o arrivarci *contro* corrente? L'inconscio è quella corrente, e puoi convincerla tu a spingerti invece di ostacolarti!

È per questo che a volte abbiamo la sensazione che le cose "ci arrivino dal destino". In realtà il tuo destino sei (quasi) sempre tu, o meglio lo è il tuo inconscio *convinto* di potercela fare, che ti guida verso l'obiettivo in modalità "pilota automatico".

Mi ricorderò, per tutta la vita, la prima volta in cui grazie alla macchina del tempo sono riuscito a provocare in me un comportamento che ritenevo impossibile da attuare consciamente, durante il corso per uscire dalla mia dipendenza con il cibo. Ed è successo senza che io me ne accorgessi.

C'erano mille modi di risolvere la situazione, dal più drastico e immediato ad uno più lungo nel tempo ma con un impatto più dolce. La persona che ci spiegava queste cose ci disse di non scegliere, ma di lasciare che il nostro istinto decidesse per noi. Non era un dietologo e non ci ha mai detto cosa mangiare, ma solo *come* mangiarla.

Decisi di fare un atto di fiducia e mi lasciai andare, seguendo le sue indicazioni. Un giorno, mentre ero sovrappensiero, feci in automatico una cosa che ritenevo impossibile per me, contro una mia precisa convinzione, che non avevo mai fatto in tutta la vita e non avrei mai pensato di fare, soprattutto senza sforzo.

Ero in un bar a pranzare e siccome cercavo di controllare il mio peso, avevo preso un piatto con più verdure che altro. Non era proprio il mio cibo preferito; fin da bambino non sono mai riuscito a mandare giù qualcosa tipo gli spinaci o le carote bollite senza averle accompagnate con almeno un pezzo di pane, ma quel giorno rimasi a bocca aperta e scoppiai a ridere da solo in mezzo alla gente che mi guardava stranita.

Avevo finito il pranzo e mi resi conto che non avevo toccato il cestino del pane. Sembrerà una banalità, ma ti assicuro che non mi era mai successo prima, neanche quando mi sforzavo di fare la dieta pre-estiva, per la prova costume. Da quel momento capii la potenza di questi sistemi e fu una passeggiata risolvere per sempre il mio problema, cosa che nessun professionista del settore, con costi considerevoli, era mai riuscito a fare. Perché una cosa è prescrivere una dieta e un'altra è quella di insegnarti a non ingrassare più!

Un giorno, proverai una gioia e una soddisfazione molto più grande di qualsiasi previsione.

Un giorno sarai *tu* a raccontarlo agli altri. Provare per credere! In questo corso liberiamo il tuo inconscio dalle manette con cui è imprigionato. Contemporaneamente gli diamo un'immagine da seguire a mo' di bussola. E tutto verrà da solo.

Tutto molto più facile che fare canestro da lontano.

Prima, vuoi fare una bella pulizia delle cattive abitudini mentali, ma farlo piano piano, con i tuoi tempi e con tutto il mio supporto! Vuoi liberare il tuo inconscio da tutto quello che oggi gli procura, in maniera sbagliata, false emozioni che lui ritiene le uniche buone, come le dipendenze create dalla pubblicità o dal condizionamento sociale.

Vuoi eliminare le emozioni negative a cui sei sottoposto tutti i giorni, così da poter evitare comportamenti auto distruttivi per compensarle; perdonarti per i tuoi sbagli passati perché fatti in buona fede e comunque utili ai fini della tua crescita.

Con *calma*, lezione dopo lezione... il corso è appena cominciato! Mi raccomando, ricorda sempre di *rallentare*: non avere fretta, respira e sorridi!

Ci sono persone che vivono nella rabbia, nella depressione, nella paura, nello stress tutta la giornata e poi si rifugiano nell'unico modo che hanno per compensare: cibo, fumo, alcool, gioco d'azzardo, problemi psicosomatici o altro.

Il loro inconscio trova *compensazione* nell'unica maniera che conosce, ma se sapessero che ci sono altri metodi per provare vere emozioni positive, lo farebbero al volo. Basta scoprire questi metodi! Le dipendenze di ogni sorta fanno stare meglio per pochi minuti, per poi far ripiombare nello stato che le ha provocate. In più, spesso carichiamo con il senso di colpa e così si scatenavano circoli viziosi che girano senza sosta nella direzione sbagliata, tirandoci sempre più giù!

Invece da oggi cambiamo direzione, giriamo al contrario. Ieri si scendeva, oggi si risale. Ieri non sapevi come fermare la giostra e farla girare in senso opposto. Ieri era tutto buio e silenzioso, oggi cominci a vedere la luce e sentire una bellissima musica.

Oggi cominci a gestire le sensazioni negative della giornata con consapevolezza e lentezza: si aprono, come per magia, porte che prima non vedevi e si scoprono strade che prima ignoravi. Piano piano cominci a cambiare atteggiamento. Prima la rabbia, la tristezza, la paura e lo stress duravano ore, adesso meno, a volte ti capita addirittura di prevenirle: basta andare più piano, *rallentare*.

Se ti capitava un intoppo, andavi in crisi, non riuscivi a gestire un evento inaspettato. Adesso sì, ci riesci, cominci a capire che se stai male o ti agiti non servirà a niente. Ogni tanto riesci a sdrammatizzare con un sorriso.

Questo è quello che vuoi diventare a breve. Una persona capace di gestire, come un domatore di leoni, tutte le emozioni negative! Una persona che si gode come un bambino ogni attimo di gioia della vita! Una persona finalmente libera da ciò che un tempo le dava un piacere minimo in cambio di un prezzo elevatissimo! Una persona che sa che "tutto si risolve e tutto andrà bene" e se andrà male imparerai a far tesoro di quella esperienza per la prossima volta.

Fallo ora!

È un viaggio, una vacanza in un posto meraviglioso. Non ci sono doti, capacità o talenti che devi avere. Non è una gara. È come decidere di fare una bella escursione per vedere una scultura o un dipinto meraviglioso, un bel fondale marino pieno di pesci coloratissimi, un concerto di musica nuova e celestiale. Devi solo goderti lo spettacolo!

Non c'è niente che devi saper fare e che ti dà la possibilità di dire "io non riesco...".

Non ti insegnerò cose che non siano già dentro di te.

Che non siano già dentro ogni essere umano dall'inizio dei tempi. Il nostro cervello è lo strumento che ieri usavamo male o solo in parte. Era come usare una mazza da baseball per giocare a tennis.

Da oggi lo useremo per lo scopo per cui è stato creato, per il motivo per cui lo abbiamo: vivere in questa vita nel modo più meraviglioso possibile. Perché tutto ciò che oggi ci fa del male è stato creato da noi umani, non è naturale, non fa parte della natura. È fittizio.

Hai mai visto un qualsiasi animale (libero in natura) soffrire di stress? Rabbia continua? Depressione? Scarsa autostima? Drogato e dipendente di qualcosa contro il suo volere?

Se sì, sarà sicuramente colpa di qualche essere umano che lo ha condizionato!

La felicità, la serenità e la libertà che cerchi sono già dentro di te, non sono cose che ti può dare qualcuno con un corso o con un libro... puoi solo imparare a usare quello che hai già.

Sei qui per trovare un sistema che ti tolga le catene, che ti apra gli occhi e faccia smettere quel frastuono assordante. Solo così potrai scoprire le tue reali capacità che madre natura ha dato a tutti e che pochi si rendono conto di possedere.

Spero di averti trasmesso la passione e la convinzione che ho nel cercare di farti conoscere il mondo reale e non quello finto che ci hanno messo davanti agli occhi. Lo hanno fatto così lentamente da fregarci tutti. O quasi. Salvati, ora!

Nella prossima lezione parleremo di sabotaggio e di come risolvere eventuali difficoltà incontrate a questo punto del corso.

Rallenta e fai l'esercizio della *visualizzazione* del tuo io futuro. Se non ti viene naturale all'inizio, non c'è nessun problema: fai anche solo qualche pensiero che ti faccia stare bene. Continua a provare, ricorda che, anche se non la vedi, c'è sempre una via d'uscita. Non mollare e resta collegato!

E soprattutto ricorda che in questo percorso non sei solo.

Non lo sei mai stato.

Lezione 6
Il Sabotaggio

Ero in cantina a cercare un vecchio album fotografico.

Aprivo tutte le scatole che mi capitavano a tiro, non ricordando dove potesse essere; poi mi ritrovai seduto su un baule che sapevo non essere mio. Forzai il lucchetto e il coperchio si sollevò in mezzo a un nuvolone di polvere. Appena riuscii a vedere e a smettere di tossire, scorsi l'unica cosa che conteneva: una lampada ad olio molto antica e sporca. Cominciai a spolverarla, quando all'improvviso la lampada si mise a tremare.

Mi cadde a terra e dal beccuccio uscì una nuvola azzurra dalla quale spuntò un genio, quello di Aladino... Ero eccitatissimo all'idea di esprimere tre desideri, ma fui subito stroncato dal genio, che mi spiegò che la crisi dell'euro era arrivata anche nel regno della magia e purtroppo da tre desideri si era passati a uno. Come, uno solo? Uno è troppo poco, pensai! Erano tante le cose che volevo. E ovviamente non si poteva chiedere di poter diventare geni o di poter moltiplicare i desideri...

Ci dovevo pensare bene, così chiesi al genio un po' di tempo per pensare a qualcosa che non mi facesse pentire in seguito. Non potevo sprecare quell'unica occasione.

Eccoci qui alla sesta lezione.

Oggi parleremo di sabotaggio. Qualcuno di voi, forse, ha iniziato bene e poi durante il corso si è sentito piano piano perdersi in difficoltà che prima non c'erano. Un po' di pigrizia, i soliti stati d'animo che affiorano, le solite cattive abitudini e la conseguente tentazione di arrendersi.

Non succede a tutti, non è un passaggio obbligato.

Tuttavia, se c'è, è la più classica delle reazioni **inconsce** di una parte del nostro cervello, che ha paura di abbandonare il terreno conosciuto per uno sconosciuto.

Anche se la tua parte conscia è convintissima dei benefici che può portare un viaggio simile, deve fare i conti con l'inconscio che è più potente ed è magari convinto di non essere in grado.

Ci si trova ad un certo punto a non riuscire più a *rallentare*, né a provare una gestione diversa a reazioni vecchie e negative, a non riuscire più a fare l'esercizio della macchina del tempo. Ci si convince di dimenticarsi, di non esserne capaci, che tutto sommato non fa per noi.

Scatta un meccanismo mentale molto famoso: la **Resa**! La maggior parte di noi è condizionata inconsciamente da insicurezze portate dal passato, sensazioni di inadeguatezza che ci fanno sentire "non abbastanza" per essere degni di stare su questa terra. Questo presupposto fa scattare il meccanismo di darsi per vinti, arrendersi piuttosto che insistere piano piano continuando a migliorare.

Nello sport questo meccanismo è molto famoso: se un corridore si sta allenando per una gara, può succedere che, arrivato vicino al limite fisico, di colpo si fermi arrendendosi invece di rallentare la corsa per riprendere fiato. In gergo su usa l'espressione "sono scoppiato!". Questo meccanismo difende l'individuo, nella mente, dalla sensazione di non essere forte abbastanza per potercela fare. È un paradosso, verrebbe più facile pensare che darsi per vinti sia peggio che riprovare ma nell'inconscio succede il contrario: **provoca meno malessere arrendersi piuttosto che rallentare.**

Si trova più consolazione nel mollare dando la colpa a qualcosa di esterno o a una presunta incapacità, piuttosto che fare una pausa e tornare a insistere tirando fuori la determinazione necessaria. Questo capita spesso a chi prova a fare una dieta, smettere di fumare o qualsiasi buona intenzione che comincia bene, con molto entusiasmo; poi, alla prima difficoltà, si crolla ricominciando a mangiare, fumare o altro molto più di prima.

Se dovesse capitare, considerala solo una caduta, niente di più, anche se ti sei lasciato andare. In ogni caso, **non dargli il potere di buttare via giorni o mesi di tentativi.** Basta ricordarsi che è solo un pensiero da cambiare. Prova a pensare, rallentando, che è stato solo un episodio, una battaglia persa. Ormai è successo, nessun problema e che domani ricomincerai più forte di prima.

Conosci il detto: "Barcollo ma non mollo"? Se vuoi segnalo sull'Avataro.

Ho ricevuto, nel corso della mia attività, messaggi di persone che pensano di essere "casi particolari", indicando tutto quello che non riescono a fare, senza badare ai momenti di felicità e ai successi che hanno ottenuto. **La vecchia abitudine di fare attenzione solo a quello che non va**, considerando ovvio quello che invece è riuscito, senza tener presente che è passato pochissimo tempo e io ho sempre detto che non ci sono scadenze e nessuna competizione.

Rallenta e facci caso; tutto ciò accade principalmente per due motivi.

Uno è quello di non capire appieno che le emozioni sono la droga più potente in natura. Tutti i nostri comportamenti sono causa di una o più emozioni e sensazioni finali associate, da cui il nostro cervello può rendersi dipendente.

Virginia Satir, una famosissima terapeuta, diceva che il più forte istinto negli esseri umani è fare solo cosa è *familiare e conosciuto*.

Anche se il comportamento causa una sensazione negativa come rabbia, stress, ansia, tristezza, senso di colpa, apatia o altro, l'inconscio dopo un po' ne diventa dipendente e se ne fa una ragione. Se tenti con buoni propositi di dargli altro in cambio, ci potrà essere un piccolo periodo in cui la tua parte inconscia tenterà di resistere, sabotando.

Nessun problema. *Ascolta con attenzione*. Nessun problema!

Sono situazioni che abbiamo vissuto tutti all'inizio: risolverai tutto semplicemente non mollando la presa. Rileggi con calma le lezioni, almeno quelle che ti sono piaciute di più. Non smettere di pensarci, ricorda appena puoi di *rallentare,* prova sempre a fare l'esercizio della macchina del tempo e vedrai che ad un certo punto la resistenza dell'inconscio si arrenderà alle buone intenzioni.

Ricordati cosa c'è in gioco: **la Libertà Emotiva**. Il poter stare bene quando le cose vanno storte e stare benissimo quando fila tutto liscio.

Hai mai visto una leonessa a caccia di una zebra? Una volta raggiunta, le azzanna il collo e aspetta paziente, lì attaccata, che la poverina smetta di scalciare come una forsennata... passassero anche diversi minuti, lei di lì non si stacca. **Non si arrende mai**.

Segui il suo esempio: la posta in gioco è troppo importante per rinunciare, ora che sai qual è la verità. E non c'è nemmeno bisogno di sbranare una zebra!

Ricorda che non c'è un tempo massimo per riuscire a fare i semplici esercizi che conosci. Ognuno ha il suo passato più o meno ingombrante da scaricare nell'immondizia e ognuno decide se farlo ora, subito e tutto di colpo o buttarlo via piano piano. Non c'è una data di scadenza per cui puoi dire "basta, ci ho provato ma non funziona".

Hai mai visto un gattino randagio a cui viene offerto un pochino di latte caldo in una nevosa giornata d'inverno? La diffidenza lo blocca, vorrebbe andare ad assaggiare ma non si muove anche se ti allontani dal piattino. Ha una fame da morire ma il **suo istinto gli dice di non muoversi.**

Come potrebbe fare il tuo!

È solo questione di tempo, stai sereno e stai collegato. Goditi il viaggio e non pensare a nessun arrivo.

Ricordi l'esempio della cella buia e puzzolente? Quando scopri che la porta è aperta e puoi scappare tranquillo, c'è una parte di te che si paralizza dal timore dello sconosciuto. Non è mai stata troppo felice e serena (o non se lo ricorda più) e non sa se potrà gestire un'ondata continua di gioia e serenità da riempire la gola o il cuore fino ad avere l'impressione che scoppino. Chiunque abbia passato molti anni in una vera prigione farebbe fatica a ritrovarsi libero all'improvviso; è assolutamente normale!

Tieni presente che se *questo* è un problema, è un *bel* problema! Fossero tutti così!

Ricordo il racconto, alla televisione, di una persona che aveva vinto sei milioni di euro al superenalotto ed era in preda al panico sul da farsi. Questa persona era sempre stata povera e adesso viveva in un continuo stato d'ansia.

Chi non vorrebbe avere quel tipo di problema? Perché è un *bel* problema...

L'altro motivo per cui potrebbe venir voglia di arrendersi è un pelino più profondo. L'inconscio, come approfondiremo nelle sezioni a venire, ubbidisce ai nostri valori e alle nostre convinzioni e credenze. Quest'ultimi sono i limiti invalicabili oltre i quali, per l'inconscio, non c'è niente.

I valori sono la famiglia, il denaro, l'amicizia, la salute, la carriera, eccetera. Dentro la tua testa sono tanti, hanno una certa grandezza e un certo ordine di importanza.

Ad esempio, se ti dicessero di tradire un'amicizia per una somma di denaro, è la scala di valori (l'ordine) che decide di farti accettare o meno e solo se si supera una certa cifra (la grandezza). Potrebbe anche non esserci un prezzo per cose simili.

Le convinzioni e le credenze, invece, sono i muri che la tua mente non può varcare, ma può spostare o distruggere. Fanno parte di te come regole fisse: se non si sa come cambiarle, dettano legge (inconsciamente).

Se ti dicessi che si può stare in equilibrio su di una fune, a mille metri d'altezza, ma non ne sei "convinto", non riuscirò mai a farti provare davvero. Se ti spiego che bisogna imparare una tecnica precisa, provare sulla fune a soli dieci centimetri da terra e allenarsi per riuscire, potresti decidere di provare. Tuttavia, quando farai gli esercizi, l'impegno sarà poco più che sufficiente per dire che ci hai provato, perché in fondo non credi sia possibile trovare il coraggio di stare sospeso ad un'altezza simile.

La stessa cosa potrebbe succedere con questo libro: **è la tua scarsa convinzione di cambiare *per davvero* a limitare l'impegno.**

Tanti anni fa nessuno era *convinto* di poter volare, perché nessuno lo aveva mai fatto. Nessuno! Ma due signori francesi hanno messo in dubbio la loro convinzione e hanno inventato il primo aereo. Con il passare degli anni altre persone hanno distrutto la loro convinzione solo dopo aver visto con i loro occhi che si poteva fare e che non recava danni alla salute.

Per questo tipo di corso è lo stesso: se a livello inconscio non sei *assolutamente convinto* che si possa cambiare in meglio, continui a sabotarti trovando una scusa qualsiasi.

Poi hai provato a stare meglio, hai visto con i tuoi occhi che si può stare sulla fune senza cadere, senti qualcosa dentro di te che ti spinge a farlo, che ti dice che è la strada giusta.

Anni di ricerca e di esperienza hanno dimostrato che per distruggere una convinzione, anche la più potente, basta insistere e dare tempo all'inconscio di rendersi conto, da solo, di quello che ne guadagna. Affronteremo nei capitoli successivi la parte pratica sulle convinzioni.

La soluzione più immediata, per adesso, è che tu continui a dare retta alla voglia di cambiare in meglio. Non dimenticare come sei arrivato a leggere questa lezione.

Perché stai leggendo? Te lo ricordi?

Volevi uscire da una dipendenza? Volevi smettere di stare male? Volevi scoprire se la vita è solo tutta questione di fortuna o destino? Volevi migliorare, crescere, evolverti?

Un altro modo per vincere è voler fare l'esercizio della macchina del tempo tutti i giorni. Se ancora non ti dovesse venire naturale, insisti un pochino pensando che è normale, non l'hai mai fatto prima.

Inoltre, la semplice rilettura delle lezioni fatte è sufficiente per combattere il sabotaggio fino a che non lo vedremo nello specifico. Tutto si risolverà quando faremo la lezione su come cambiare le convinzioni con una tecnica apposita.

Barcolla pure ma non mollare: ti darò altre strategie e soluzioni a tempo debito.

Ad ogni modo il sabotaggio **non è obbligatorio**, se non hai di questi problemi non badare a queste premesse e non farti condizionare... rallenta e sii saggio!

Un ultimo elemento legato al motivo di non gradire i cambiamenti, anche se positivi, è il male più grande dei nostri tempi: il **Vittimismo.**

Il Vittimismo spinge a voler rimanere nella cella buia, silenziosa e puzzolente; è un meccanismo di autodifesa che l'essere umano ha maturato nei secoli per poter dare la colpa a qualcun'altro o a qualcos'altro per ciò che gli accade. È anche il modo più semplice per attirare l'attenzione da chi vogliamo sentirci amati.

È un lato negativo dell'essere intelligente e cosciente. Accade perché è molto più comodo credere che la colpa dei nostri mali sia esterna, piuttosto che prenderne coscienza e responsabilità. La sensazione che ci regala è molto simile a quella che proviamo se ci sdraiamo pigri sul divano, dopo un ricco pranzo, e qualcuno ci dice: "Dai, alzati, facciamo una bella passeggiata!".

Una storiella divertente racconta di un uomo che pregava Dio incessantemente, lamentandosi di tutto quello che gli accadeva, di tutto quello che non aveva, e di tutto ciò che non voleva più. Lo faceva talmente di continuo e talmente a lungo che un giorno Dio scese da lui e gli offrì il potere di essere o avere ciò che voleva, a un'unica condizione: non avrebbe dovuto lamentarsi più. L'uomo accettò, ma con il passare del tempo tornò a lagnarsi del fatto che non provava più il gusto di conquistarsi le cose, visto il suo potere.

Ricorda che anche chi vince alla lotteria o si trasferisce in un paradiso tropicale alla fine si rende conto che i problemi ci sono lo stesso, perché ha sempre guardato nel posto sbagliato. La nostra natura è un po' così... mettersi sinceramente in discussione è la strada giusta.

A volte **preferiamo** non avere scelta ma **tenerci stretto il diritto di lamentarci**, piuttosto che prenderci la responsabilità e agire liberi.

È più comodo oziare e lamentarci perché niente cambi, piuttosto che tirarsi su le maniche e lottare per quello che vogliamo.

È una cosa che agisce a livello inconscio, contro la tua volontà. Cerca di capire che se hai rallentato i tuoi pensieri a sufficienza, dovresti ormai sapere che l'unico responsabile di come stai ora (e sempre) sei solo tu!

Solo tu!

Le filosofie orientali hanno come presupposto il principio che la felicità va cercata dentro di noi e non fuori. So che può sembrare un concetto difficile da digerire, ma non c'è niente che ti possa rendere più libero di accettare che sia così.

Rileggi questa frase piano piano: **la felicità è dentro di noi e non fuori.**

Tu hai il potere di sentirti bene o male; questa consapevolezza ti darà la possibilità di scegliere cosa fare della tua vita.

La dimostrazione di ciò la puoi trovare guardando le persone serene che non hanno granché, ma sanno gestire la loro vita con tranquillità e forza. Il loro cervello è uguale a tutti gli altri esseri umani del pianeta, e cioè programmabile come un computer. Le sue connessioni cambiano in continuazione, il cambiamento è sempre e comunque, che tu lo voglia o no. E la loro vita è incasinata come la tua, se non peggio, tuttavia le *emozioni* positive che provano (come la gratitudine) portano a *scelte* positive che portano a *cose* positive, e il cerchio si chiude per poi continuare all'infinito.

Il libero arbitrio è la libertà di poter scegliere! Ecco perché esistono persone che hanno molto e sono infelici o persone senza niente sempre serene e sorridenti.

Ed ecco perché esistono persone che quando capiscono questo concetto lasciano tutto, abbandonano ogni bene materiale. Capiscono che la gioia e la serenità sono sempre state dentro di loro e non fuori.

Se la creano da soli, dentro di sé!

Sei riuscito a stare meglio, almeno una volta, leggendo questo libro?

Sei stato meglio durante il *rallentare* o durante l'esercizio della macchina del tempo? Sappi che l'hai fatto tu da solo, nella tua testa. Non sono stato io o il libro. Io non c'ero e leggere è sempre stato facoltativo.

Hai creato *tu* un pensiero che ti ha fatto stare bene... hai scelto *tu* di non arrabbiarti, o rattristarti, in una situazione in cui prima credevi di non avere scelta. Immagina di avere sempre questo potere a disposizione.

Se invece vuoi continuare a pensare di star male perché non hai abbastanza soldi, nessuno ti vuole bene, hai il metabolismo lento, quella droga (o vizio) è più forte di te, è colpa del tuo carattere, sei sfortunato, il destino è contro di te, è colpa dei tuoi genitori, sei nato così e non si può cambiare o gli altri sono brutti e cattivi... be', puoi farlo, ma **hai sempre scelto tu. Sei sempre tu a decidere!**

Ho scritto il libro per far conoscere questi concetti a più persone possibili e dare strumenti e soluzioni per poter risolvere. Tutti dovrebbero sapere che, se vogliono, hanno la possibilità di cambiare, crescere e stare meglio.

Penso che tutti possano avere questa rivelazione. Non si può solo spiegare, è una **rivelazione**, e come tale ti deve nascere dentro, sia dalla lettura di queste pagine che dall'osservazione del mondo esterno. Conosci sicuramente qualcuno che sia cambiato in meglio, e se non ti viene in mente nessuno hai la possibilità di fare una ricerca sul web.

Rileggi e rifletti! Libero arbitrio vuol dire avere la possibilità di scegliere.

Ricorda che il cervello è come un computer: schiacci un bottone e scatta una reazione.

Pensa che ci sono diversi popoli che festeggiano gioiose il decesso di amici o parenti, culture convinte che la morte sia il risveglio da questa vita, come se (oggi) fossimo in un sogno, molto reale e molto lungo.

Altre che non soffrono più la mancanza dei cari defunti, perché riescono a portarseli *sempre dentro* e vivono felici aspettando di raggiungerli. Nella nostra cultura, invece, è molto più *normale* stare male per molto tempo se viene a mancare una persona cara, pur credendo in un aldilà migliore...

Non è la morte (la realtà) ad essere brutta o bella, ma è come la rappresenti nella tua testa.

È una scelta derivata dall'idea che ci siamo fatti sulla morte come concetto, una credenza, un'abitudine di pensiero che un giorno, nella nostra infanzia, qualcuno ci ha installato nel computer che porti dentro il cranio.

Non ti piace parlare della morte? Parliamo dell'amore. Chiedi a due giovani innamorati e fidanzati da poco: com'è l'amore? Ti risponderanno entusiasti, sorridenti, sospesi a un metro da terra che è una cosa meravigliosa. Chiedilo poi a chi è stato appena lasciato o tradito... ti dirà che non ne vorrà mai più sapere in tutta la sua vita.

Non è l'amore ad essere bello o brutto... ma è cosa succede dentro la tua mente quando ci pensi.

Schiacci un bottone e scatta la reazione emotiva. E ognuno ha reazioni diverse condizionate dalle proprie esperienze. Un fiore non ha scelta, non può decidere di essere nient'altro che un fiore: nasce, cresce più che può e muore senza mai conoscere sensazioni come lo sconforto.

Un animale sceglie quasi tutto in base ai propri istinti, senza una scelta ragionata e cosciente. Un animale non conosce l'arte, la musica, la pace di un tramonto... non visualizza sé stesso in un prossimo futuro, vive solo nel presente.

Tu sei un essere umano; non solo hai libertà di scelta, ma sei tu a decidere i tuoi limiti accontentandoti prima o dopo. Sorridi ed esulta, gioisci, canta, balla, ridi, ama! Vai alla finestra e caccia un urlo liberatorio! Magari non *troppo* liberatorio, o i vicini potrebbero spaventarsi.

Se hai una parte cosciente dentro di te, è proprio per farti capire che sei tu che dirigi l'orchestra, tu sei il pittore del quadro, tu hai il potere di decidere come vivere una vita meravigliosa!

Certo, *compresi problemi e momenti bui,* ma utili alla tua crescita. Tutti ne hanno, guai non ci fossero, vorrebbe dire non aver niente da imparare. Tuttavia, sono tanti anche i momenti di gioia che puoi gustarti anche solo guardando la natura, l'arte o ascoltando una canzone: è tutto a tua disposizione!

Decidi se lasciarti trasportare a destra e a manca, inerme come una foglia caduta nel fiume, senza opporre la minima resistenza finché non andrai in un mondo diverso da questo; oppure decidi di ampliare la tua conoscenza, evolverti, migliorare e crescere. Leggerai la lezione su *umiltà e presunzione* che sarà utilissima a superare eventuali difficoltà.

Rifletticci, non fare quella faccia seria! Non credere che per te sia diverso... se senti una sensazione negativa che ti paralizza, sappi che è normale. È la normale *paura di cambiare*!

Renditi conto che se è un problema... **è un bel problema!**

Nella prossima lezione faremo un bel riepilogo, parleremo del programma delle altre sezioni e di tutti gli strumenti e soluzioni che ci saranno nel proseguo del corso. Finora abbiamo solo accennato ad alcuni concetti che svilupperemo pian piano, affiancandoli ad altri esercizi utili al tuo benessere.

Il miglioramento è davanti a te: non ti resta che afferrarlo.

Ci dovevo pensare bene.

Chiesi al genio un po' di tempo per pensare a qualcosa che non mi facesse pentire in seguito. Non potevo sprecare quell'unica occasione.

Avevo pensato ad un sacco di alternative: soldi a volontà, un'isola paradisiaca dove andare a vivere, diventare famoso, l'eterna giovinezza, diventare un supereroe.

*Erano desideri molto allettanti, ma avevano tutti dei lati negativi o erano incompleti. Sentivo dentro di me una sensazione allo stomaco che diceva di non sprecare così l'unica occasione che avevo. Era già passata una settimana e non riuscivo a decidermi, quando finalmente una mattina mi svegliai diverso. Ci avevo pensato talmente tanto da rischiare un esaurimento nervoso, quando la soluzione **arrivò** direttamente dalla pancia, **dal mio istinto**, una precisa intuizione dell'anima.*

Strofinai la lampada e il genio mi chiese se avessi deciso.

*"Il desiderio è questo" dissi. "Non voglio solo una cosa, quindi ho deciso che voglio usare l'unico desiderio per chiederti di dare a me stesso il coraggio, la forza e la consapevolezza di poter essere ed avere tutto quello che voglio! **Da solo**, senza credere di essere vittima della sfortuna, del caso, degli altri. **Voglio che sia tutto nelle mie mani!**"*

E lui obbedì. Fu così che passai il resto dei miei giorni da uomo libero, felice e sereno come non mai. Mi sbarazzai di tutto quello che non volevo più, compreso il mio passato, e mi procurai tutto ciò che avevo sempre sognato.

Molti anni dopo, incontrai il genio in una pizzeria, con moglie e figli. Era andato in pensione a diecimila anni con la minima... e niente più magie per nessuno. Chiacchierando, mi confessò una cosa: quel giorno, quando avevo espresso il mio desiderio, lui non aveva fatto proprio un bel niente, nessuna magia! Avevo fatto tutto da solo.

Forse, nel mio intimo l'ho sempre saputo. Non abbiamo bisogno di nient'altro: solo di **conoscere il modo** *di sfruttare ciò che è sempre stato dentro di noi!*

Lezione 7
Riepilogo

Eccoci nell'ultima lezione del primo blocco!

Sei riuscito a sfruttare queste lezioni per stare meglio? Fosse successo anche solo una volta, ne sarei felice. Felicissimo!

Oggi faremo un riepilogo per riordinare le idee: sono già stati toccati diversi argomenti che sono per lo più contro intuitivi, ovvero non comuni alla nostra cultura.

Il fatto di esprimere gli stessi concetti a ripetizione, mischiati in modo che ti sembri "confusionario" è un effetto voluto che ha un preciso intento: lasciar sedimentare a strati i temi del corso, così che ti rimangano impressi nella mente.

Ci sono moltissimi anni di ricerca alle spalle di tutto questo: ti sei mai chiesto quanti anni di studi, quanto sudore, quante persone e quanti tentativi andati male ci sono voluti per poter creare il computer, che oggi usi come il più banale degli elettrodomestici? Lo sapevi che quello che compri oggi come l'ultimo modello è il frutto di un progetto iniziato anni fa?

Cambi il punto di vista e cambia tutto.

Ricorda cosa ho detto nella prima lezione: sono al tuo servizio per plasmare il tuo personale cambiamento. Questo è il mio compito. Immagina che tu debba dipingere su di una tela bianca, scolpire una statua o suonare una melodia, **a te la creazione!**

Facciamo il punto della situazione.

La prima cosa che hai imparato è la possibilità di *rallentare pensieri e reazioni*. Questo ti servirà tutta la vita, qualsiasi strada intraprenderai.

Si chiama consapevolezza, ovvero l'attenzione di **essere presenti nel presente senza giudizio alcuno.** Di rallentare la percezione del tempo di ciò che accade ora, per goderselo, e se non ti piace... cambiarlo in tempo reale senza giudicarci in nessun modo.

Essere *qui adesso*! Non pensare al tuo passato, neanche a cinque minuti fa. Non pensare al tuo futuro, a cosa hai da fare dopo.

Rallentando si ha il potere di evitare una brutta sensazione o di farla durare pochissimo, di amplificare una bella sensazione godendosela all'infinito senza distrarsi; o ancora interrompere pensieri negativi inutili, smetterla di *pre-occuparsi* di ciò che non è sotto il nostro diretto controllo. Se piove, fregatene, non ci badare. Anzi, pensa che se non piovesse sarebbe peggio. Se ieri ti sei bagnato, impara dai tuoi errori, e porta sempre un ombrello in macchina. Chiediti come risolvere invece di cercare un colpevole.

Hai imparato che non è mai grave come sembra. Se respiri e ti dici: **"Stai tranquillo, tutto andrà bene!"** affronti le cose con molta più serenità, e se ci pensi bene è la verità, è sempre andata così. Alla fine, presto o tardi, si è sempre risolto tutto, o non saresti lì seduto a leggere.

Hai imparato che "libertà" è vivere con quel presupposto, **non sempre, ma sempre più spesso**. Il tutto con il semplice *rallentare*! Non ti ho donato una cosa nuova, era già dentro di te; ti ho solo donato la consapevolezza e la riflessione.

Se riesci a vedere quello che succede in testa... lo puoi cambiare!

Non serve farlo tutto il giorno. Se non ci riesci sempre è normale, non l'hai ancora fatta diventare un'abitudine inconscia. Neanche io lo faccio tutto il giorno... nessuno è perfetto.

L'importante è che tu abbia realizzato che si può fare.

Abbiamo cominciato ad abbozzare la conoscenza della tua parte conscia e della tua parte inconscia, che approfondiremo nei prossimi blocchi di lezioni. L'importante è che tu abbia imparato che l'inconscio non va trascurato, perché è la parte più potente di te. Se sfamerai a dovere il tuo inconscio con emozioni positive, riuscirai a fare qualunque cosa tu desideri.

Abbiamo parlato anche del pensiero.

Questo continuo fluire nella testa di qualcosa che è fatto di "niente", ma che è responsabile di tutto. Azioni, emozioni, strategie, scelte.

Il pensiero è l'origine della creazione. Tu pensi una cosa e tutto comincia a muoversi per far sì che essa si manifesti; senza quello saresti una pianta che nasce, cresce e muore. Una pianta non ride, e non pensa di andarsi a mangiare una pizza, **ma farà di tutto, tutta la vita, per crescere il più possibile.**

E tu?

Sapere come funziona il pensiero, a livello cosciente, è la chiave di ogni segreto. Nessuno ci rende tristi o gioiosi. Nessuno ci dona pace o angoscia. Nessuno studia legge, scienza o storia per noi. Nessuno provoca sensazioni nel nostro cuore, sono tutte *nostre re-azioni* soggettive a fatti oggettivi. Tutto creato da noi nella nostra fantastica mente!

Ad esempio, chi incontra un cane randagio per strada, può reagire in modi differenti: gioendo, accarezzandolo, impaurendosi, scappando e altro ancora.

Non è il cane (la realtà oggettiva) che decide come stiamo e come reagiamo, bensì il nostro pensiero, condizionato dal nostro passato, che parte in una direzione piuttosto che in un'altra.

Non è il cane il problema, non è ciò che accade intorno a noi a farci stare come stiamo, altrimenti tutti avrebbero la stessa reazione.

Noi siamo ciò che pensiamo e non il contrario.

Se dici (pensi) di essere inadatto, sei così, punto! Se domani cambi idea e decidi di essere degno e fiero, cambierai e sarai così, senza dubbio alcuno. Hai sempre ragione tu, scegli!

Quando farai tuo questo concetto, la tua vita cambierà per sempre!

Inoltre, abbiamo capito che il pensiero, se osservato rallentando alla giusta velocità, può essere facilmente guidato. Lui deve passare comunque, ma se siamo noi a dargli una direzione invece che lasciarlo sbandare a casaccio, ci porta enormi benefici. Ci porta a risparmiarci un sacco di brutti stati d'animo e di conseguenza un sacco di comportamenti non voluti che ne deriverebbero.

Un potere enorme, dentro di te, che non devi comprare: ce l'hai già.

Chiediti come si sente Superman mentre fa qualsiasi cosa? Prova ad immaginare di avere i suoi poteri e camminare per la città sicuro, convinto, potente. Ogni contrattempo visto e sentito come un granello di sabbia da togliere dalle spalle. Nessuna paura.

Vivere con la convinzione che tanto tutto andrà bene, o andrà come deve andare. Se posso fare qualcosa per influenzare come andrà, lo faccio, altrimenti guardo avanti e non me ne curo più, imparando che è comunque un'esperienza utile nella vita.

Se lasciamo che rabbia e tristezza si impadroniscano della nostra testa, arriviamo a comportarci come non vorremmo, con reazioni e comportamenti che fanno del male a noi e a chi ci sta vicino.

Se invece impariamo a smettere di vivere nel passato e gestire alla fonte le situazioni giornaliere, abbiamo a fine giornata un resoconto emotivo molto più leggero e pacifico.

Se succede qualcosa che ti fa arrabbiare o ti mette ansia, tristezza, paura, rabbia o angoscia, hai finalmente la possibilità di scegliere se farlo in quello stato emotivo o se fare un bel respiro e pensare cose più utili come:
- "Chissenefrega"
- "Tranquillo, adesso mi passa"
- "Quel tizio è un idiota, meglio lasciar perdere"
- "Rido, che tanto è uguale"
- "È inutile piangere sul latte versato"
- "Forza, togliamoci subito questo fastidio che ho altro di meglio da fare"
- "Come posso risolvere la situazione senza perdermici dentro?"
- "Cosa ci potrebbe essere di buono per me in questa situazione?"

Aumentare, insomma, le possibilità di scelta allargando i punti di vista.

Questi sono piccoli esempi di **pensieri** che generano **sensazioni**. Con quelle sensazioni si creano **scelte diverse** e quelle scelte diventano **azioni,** che saranno più salutari per te e non ti rovineranno più la giornata.

Pensieri → sensazioni → scelte → azioni.

Non sono semplicemente filosofie di vita che prima consideravi appartenere solo a chi ha un bel carattere, ma sono tutti bivi, scambi di binari, strade secondarie, scelte consapevoli che hanno luogo nella tua testa. Vanno solo viste in tempo rallentando e cogliendole al volo!

Se ti colpisci un dito con il martello mentre cerchi di piantare un chiodo, sentirai il dolore atroce e puoi decidere se scoppiare a ridere, dandoti dello sciocco o bestemmiare disperato.

Scegli: è questa la Libertà!

Se ti svegli la mattina giù di morale o già arrabbiato, pensa a qualcuno che ti fa ridere, pensa a qualcosa che farai di bello a breve, pensa a chi vuoi bene, ricorda con gratitudine di tutte le cose belle che hai, guardati allo specchio e fatti una pernacchia!

Prova a ridere, anche se per finta. Provaci davvero, il cervello non distingue la differenza!

Decidi di riprendere una passione che hai abbandonato tempo fa (non interessano i motivi, fallo e basta).

Riprendi a suonare la chitarra, riprendi a leggere o studiare, riprendi lo sport che più ti piace, iscriviti ad un corso di cucina, riprendi la collezione di francobolli, vai a ballare! Fai qualcosa che ti diverte e ti piace, almeno una volta alla settimana. Anche solo una semplice passeggiata.

Rallenta mentre fai qualcosa che ti piace, goditelo di più.

È tutto nelle tue mani: sei tu il creatore e il guidatore di quei pensieri, che siano brutti o belli.

Abbiamo affrontato poi il discorso sulla forza di volontà che, in verità, non serve a niente se non è usata per creare bei pensieri e belle emozioni.

Vuoi sempre di più usare il verbo *volere* e lasciar perdere il verbo *dovere*. Anche quando ti alzi la mattina per andare a lavorare, magari in un posto che non ti piace. Una volta sveglio puoi *scegliere* di continuare a lamentarti e non vedere l'ora che arrivi il fine settimana, camminando gobbo con le braccia penzoloni.

Oppure scegliere di sorridere con la schiena dritta e pensare di andare a lavorare per poi fare quello che più ti piace non appena finito; organizzare qualcosa per il fine settimana, farsi un piccolo regalo, organizzare una cenetta con gli amici. Se non si supporta il proprio lavoro, ci si può rimboccare le maniche e cercare, nel tempo libero, altre soluzioni, qualcosa che ci piaccia di più, che ci faccia svegliare con il sorriso al mattino. Cambiare si può; non vivere nel passato, fai qualcosa per te stesso, subito, adesso.

Allarga i tuoi punti di vista e aumenta le tue prospettive.

Guarda davanti a te la mela bacata e girala dal lato buono! Oggi usa i miei esempi (come ispirazione), domani sarà tutta farina del tuo sacco.

Non parlo di ottimismo o pensiero positivo. Non si tratta di vedere il bicchiere mezzo pieno o mezzo vuoto, ma di **smetterla di guardare il bicchiere!** Prova a cercare la bottiglia, prendila e decidi di bere, tutta quell'acqua fresca, quanto ti pare e piace.

Non pensare che sia difficile: se la pensi così, sarà di sicuro così! **È lo stesso *pensiero* che la rende tale**, ricorda che hai sempre ragione tu! Sei tu che gli dai potere e sei tu che glielo togli. Sei tu che le dai una piccola etichetta grigia con scritto: "È difficile, non ce la faccio" oppure una bella etichetta grande e colorata con scritto: "Ci provo, la faccio facile e lo sarà!"

Non è il cane il problema...

Sono cose che maturano piano piano nella consapevolezza di ciascuno di noi. Oggi no? Domani un pochino di più di oggi. È un viaggio dove nessuno corre perché non c'è un traguardo da tagliare per primi.

Respira, nessuna fretta! Ognuno proviene da anni di pensieri creati in un certo modo e oggi ti può sembrare tutto assurdo. Ti potrebbero venire spontanee domande tipo: Possibile che sia davvero così facile? Perché non insegnano a scuola queste cose? **Possibile che stare bene è solo una questione di scelta personale?**

Domande che ci siamo fatti tutti (anche io) a questo punto del corso. È il bambino dentro di te che si meraviglia di poter stare dritto sulla bici senza cadere né a destra né a sinistra dopo aver tolto le rotelle.

Sta provando la sensazione di scoprire che nessuno lo tiene... fa **tutto da solo.** Ricordi quella sensazione di stupore ed euforia? Ti sembrava di volare? Non frenare quella sensazione... lasciala uscire!

Andando avanti nel tuo personale viaggio verso l'evoluzione, verso il cambiamento, verso lo stare sempre meglio, tutto sarà coloratissimo, suonerà intonato e fresco come la brezza di montagna.

In ultimo, ma non ultimo, abbiamo affrontato la macchina del tempo, la *visualizzazione* del tuo io nel futuro, che si gode felice i risultati delle scelte che hai fatto oggi.

L'inconscio ha bisogno di una direzione, in caso contrario prosegue a casaccio. Una volta gli esseri umani se lo potevano anche permettere, c'era solo madre natura e niente era così pericoloso dal punto di vista emotivo.

Oggi invece ci sono soldi, gioielli, falsi ideali (come la bellezza fisica o il potere), droghe di ogni tipo, cibi artefatti, pubblicità ingannevoli, felicità travestita da automobili, vestiti, telefonini, sesso, l'inganno di guadagni facili e chi più ne ha più ne metta.

Se lasciato allo sbaraglio, il nostro inconscio sceglierà, tra queste, l'emozione che più necessita. Diamogli invece, con la parte conscia, belle e sane sensazioni e la sua fame si placherà fino a scomparire.

Se tu immagini di poter essere migliore, convinto, senza dubbi, scatenerai azioni e scelte che ti porteranno ad esserlo. Ne vuoi una prova? Te lo dimostro.

In questo momento, sei proprio tu la prova tangibile e inequivocabile che è così. Se stai leggendo queste parole, è perché *tu per primo* sei stato alla ricerca del meglio per te.

Hai prima *sperato* e poi *immaginato* che esistesse una soluzione: a quel punto è partita la curiosità, la ricerca di un metodo. Non l'hai fatto consciamente, forse, ma ora sei qui a leggere.

Visualizzazione → immagine (obiettivo) → emozioni (speranza/curiosità) → scelta → azione → risultato.

Hai trovato questo libro perché hai *creato* nella tua testa questa catena di eventi.

Bene, riepilogo concluso.

Continua a fare l'esercizio della macchina del tempo: è importante.

Respiri, ti rilassi, viaggi nel tempo, immagini o pensi al tuo io futuro che ha esaudito i desideri di oggi, ti godi insieme a lui la soddisfazione e ascolti commosso tutti i ringraziamenti del tuo io entusiasta. Lasciati abbracciare, abbraccialo, sii fiero di te stesso e torna nel presente a godere di quella fantastica sensazione di pace che ti darà, oggi, la direzione dei tuoi passi di domani. Godi ed esulta subito.

Rileggi pian piano la lezione, fai tue queste nozioni, poi continua con calma e se ne senti il bisogno, riposati.

Non c'è fine al viaggio, non c'è un risultato che può definirsi "ultimo". Se ti capita di ricadere in vecchi comportamenti, aspetta un giorno e **perdonati** subito senza pensare di arrenderti. "Barcollo ma non mollo"

Qualsiasi cosa tu diventi grazie a questo libro, ricorda che c'è sempre la possibilità di crescere ancora. Non fermarti, queste sono solo tappe per goderti i risultati di oggi e trovare tutta l'energia per domani.

Ti ringrazio di avermi letto fino a qui e di aver avuto pazienza nel seguire questo riepilogo; è importante ripassare e scoprire pian piano nuovi elementi.

Riflettici su.

LIVELLO DUE

Lezione 8
Immagini e Suoni

Ciao e ben ritrovato.

Gli obiettivi di questo blocco di lezioni vertono sul controllo e la gestione delle emozioni.

Imparerai a:

- Liberarti dalla necessità di "quasi tutte" le forme di finto piacere che esistono nel mondo esterno.
- Prenderti il merito "quasi sempre", nel bene e nel male, di tutto ciò che sei, di tutto ciò che hai e di tutto ciò che provi.
- Non scappare più di fronte a tutte le preoccupazioni, le ingiustizie, le sofferenze e quant'altro di brutto la *metà grigia del mondo* partorisce ogni giorno.
- Ricordarti di guardare, gioire e ringraziare ogni giorno per tutto quello che hai di buono e tutto quello che c'è di bello, nell'altra *metà colorata dello stesso mondo*.
- Essere sempre in viaggio verso qualcosa di nuovo, di eccitante, a caccia di qualcosa per migliorare, da conoscere prima e valutare poi se è da tenere nel bagaglio di esperienze o da buttare via.
- Sentirti bene da far stare bene chiunque vicino a te.
- Sapere di essere *imperfetto* e felice di esserlo, volersi bene e accettarsi senza remore, per migliorare ogni giorno di più!

Questo è ciò che impareremo insieme in questo viaggio.

Ricorda che non sono un maestro, non sono un guru e non sono uno psicologo, ma sono solo uno come te che ha fatto questo tipo di percorso un po' prima, che si è appassionato, ha studiato tutto ciò che trovava al riguardo e sta ancora studiando per essere d'aiuto e di supporto a chi si affaccia nel mondo del miglioramento.

Fai conto che io sia un vecchio studente che passa gli appunti a uno nuovo. Sfrutta la mia esperienza per fare meno strada di quella che ho fatto io.

Stai leggendo il libro per creare delle situazioni in cui le belle emozioni aumentano di numero e di intensità; le brutte, invece, diminuiscono o si affrontano per far sì che si levino di torno più in fretta possibile. Così facendo diventerai sereno e sarai in grado di liberarti del tuo passato, che non ti è utile, e da qualsiasi dipendenza. Infine, avrai la convinzione necessaria per decidere come sarà il tuo futuro senza lasciare più niente al caso. Tutto qui!

Io sono il tuo aiutante, tu sei il protagonista.

Ricordati di lasciarti andare quando leggi, cerca di dimenticare ciò che sai già per tua esperienza, leggi come un bimbo che ha la mente aperta al nuovo, non giudicare prima di aver testato qualsiasi concetto sulla tua pelle, sorridi quando leggi. Non è vero che le cose prese sul serio sono le più efficaci.

Fai due bei respiri di pancia prima di iniziare.

Per prima cosa, ti rinnovo i miei complimenti per aver deciso di continuare la lettura oltre il primo blocco: hai deciso di fare qualcosa per te stesso e bisogna festeggiare! Vai a brindare alla salute, tua e di tutti i tuoi "compagni" di corso che da qualche parte, proprio come te, stanno leggendo il libro. Basta anche solo un caffè!

Sii fiero di te stesso.

La mentalità con cui affronti il corso vuole essere come quella di una bellissima escursione mentre sei in vacanza. Una cosa facoltativa, eppure un'esperienza unica!

Non è una gara e non c'è niente di obbligatorio da fare. Tutto quello che fai è perché lo vuoi fare!

Segnalo nell'Avataro, dalle un nome tipo: *Mentalicorso* (la mentalità del corso) o un altro a tua scelta. Se va bene a te, vuol dire che è giusto.

Goditi questa esperienza come fosse una visita in un museo, se trovi una cosa bella, fermati, studiala, provala, non scappare subito per vedere la prossima, guarda con occhi vergini! Vuoi essere strabiliato e stupefatto, con l'unica differenza che qui ti puoi portare via tutto ciò che ti sarà utile nella tua vita.

Tutto quello che imparerai te lo porterai per sempre dentro, come quando hai imparato a leggere e scrivere. Una volta imparato è per tutta la vita, una capacità sempre a disposizione. E soprattutto una cosa che non si può smettere di sapere.

Quindi non mollare e resta collegato. Se hai bisogno di pause, prenditele, ma non ti ci cullare troppo, rigenerati e riparti per il viaggio. Ricorda cosa vuoi. Ricorda perché sei qui. Ricorda cosa vorresti essere domani! Ricordatelo tutti i giorni!

E poi buttati! Non fare le cose pensando che siano difficili. Sono semplici esercizi mentali. Niente di faticoso! Niente di pericoloso! Non essere troppo serio, sorridi!

Fallo così come ti viene, d'istinto, se poi vedi che qualcosa non quadra, aggiusti il tiro subito dopo.

Se hai dei dubbi mettici la risposta "come vuoi tu!" e andrà bene. Se ne dovessi avere ancora, leggi e rileggi la lezione in questione: la maggior parte delle volte dovrebbe bastare.

Ricordi la pubblicità del bimbo che mette il panettone dentro al camino e poi dice a Babbo Natale: "Buttati, che è morbido!"?

Scrivi sull'Avataro questo concetto, chiamalo: **Mibutto**, oppure **Just do it**. Come preferisci.

La prima cosa a cui vuoi fare attenzione, più che mai, è al rallentare. Lo so che pensi di aver già capito, che pensi di aver già letto.

Non fare quella faccia: questa è la base, il punto di partenza. Il cervello riesce a cambiare le cose quando si rende conto da dove vengono, come si creano dentro di lui, che meccanismi ci sono dietro.

Se sei in un labirinto, continui ad andare a destra e sinistra senza cognizione, cerchi di ricordarti se sei già passato di là oppure no. Ma se trovi il modo per salire quanto basta e guardare il labirinto dall'alto... riusciresti a vedere il percorso (il tuo problema), da lassù, senza impazzire a cercare l'uscita!

Sei così in alto che puoi vedere tutta la strada giusta da fare e tutta insieme. Farla con il dito, come sulla settimana enigmistica. Il fatto è che a volte non sai neanche di essere in un labirinto...

Pensa al trucco di un mago. Ti sarà già successo di vedere una magia e di rimanere affascinato. Un trucco con le carte, un gioco di prestigio. Ti sforzi di capire dove è il trucco ma non riesci. Sei stupefatto e ti viene il nervoso, perché sai che il trucco c'è.

Poi se hai la fortuna che il mago ti dica la soluzione e rivedi il giochetto, ti dà gusto, vedi tutto più chiaro, ormai sai dov'è il segreto, ed è tutta un'altra esperienza.

Quello che cerchi quando *rallenti* i pensieri è proprio la consapevolezza.

Vedere il meccanismo da fuori, ben distinto da poterlo smontare e montare come un gioco.

Ricorda cosa ho scritto nella lezione numero sette: la consapevolezza è la prima cosa, ed è quella più importante.

La consapevolezza, ora, è più importante della riuscita di un esercizio. Se già ti rendi conto di come fai certi pensieri, cosa li provoca, che piega prendono, che strada fanno, che immagini fai, che parole senti: è già un successo e spesso basta già a risolvere.

Ricorda che l'inconscio ha bisogno della sua dose quotidiana di belle emozioni, solo così ti aprirà la strada ad una serenità sempre più presente, ogni giorno di più. Non dare mai per scontati i momenti belli della tua giornata e le cose belle che hai come la famiglia, la salute, gli amici, un tetto, un piatto caldo.

Non voglio dire che devi sempre pensare ai bambini dei paesi poveri, ma non ignorarli del tutto. Sii saggio... non stare girato sempre dal lato di quelli che stanno *apparentemente* meglio.

Bene, cominciamo la dimostrazione pratica che sta dietro a queste belle parole, che a qualcuno possono sembrare solo belle favole, perché pensano che nella realtà di tutti i giorni mettere in pratica è difficile.

Come ti ho già accennato, ogni stato d'animo è causato da qualcosa. Le tue esperienze sensoriali riportano quasi sempre un'emozione associata, sono i famosi cinque sensi, tutto ciò che percepisci dai tuoi: occhi, orecchie, naso, bocca, corpo e producono uno stato emotivo o una variazione di esso.

Immagini + suoni + odori + gusti + sensazioni tattili = sensazioni/emozioni (il tuo stato emotivo). Ad esempio:

- **Vedo** un incidente stradale provo paura, panico, tensione, ecc.
- **Ascolto** una canzone e provo gioia, pace, voglia di qualcosa, ecc.
- **Sento** l'odore del cuoio e mi ricorda un episodio passato.
- **Mangio** un cioccolatino e vado in estasi!
- Mi **toccano** facendomi un massaggio, mi rilasso.

Questo vuol dire che ciò che vivi e a cui presti attenzione nella tua realtà provoca una reazione chimica nel tuo cervello, cui è associata una determinata emozione, bella, brutta o neutra. Ricordati e rifletti sul fatto che non tutti hanno le stesse sensazioni agli stimoli esterni, non a tutti piace il cioccolato e non tutti si agitano se vedono un ragno. Quello che tu chiami "realtà" e che credi solida, coerente e indiscutibile... non lo è affatto. **Quella è solo la _tua_ realtà.**

La sensazione è prodotta a livello inconscio, ma è provata in entrambi i livelli (conscio ed inconscio).

Eviteremo di parlare di gusto e olfatto per questioni pratiche e anche perché di norma sono i sensi meno utilizzati. Anche il tatto che percepiamo attraverso le mani ed il corpo lo rimandiamo ad un livello più profondo. Ne parleremo più avanti.

Concentriamoci su immagini, suoni e relative sensazioni associate.

Immagini che vedi + suoni che senti = sensazioni che provi.

Vedo un cucciolo e mi intenerisco. Sento una critica e divento triste. Ogni stato in cui ti trovi è stato causato da qualcosa che hai visto o sentito... dove sta il trucco?

Il trucco sta nel fatto che l'emozione che senti viene anche generata dai pensieri a livello inconscio. Nella tua mente le immagini non sono solo ciò che vedi all'esterno con i tuoi occhi, ciò che vedi in tv o nel computer (virtuale), ma anche ciò che sogni e ciò che immagini volontariamente con la fantasia.

E l'inconscio non riesce a percepire la differenza tra reale, virtuale, sogno, pensiero immaginato o altro, quindi succede che qualsiasi cosa tu veda e senta nella tua mente genera comunque una sensazione.

La parte del cervello dove viene visualizzata l'immagine è sempre la stessa, sia che tu veda veramente qualcosa oppure la immagini. Stessa cosa per i suoni: se senti una canzone alla radio o la canti nella tua testa, il tuo cervello la sente arrivare dallo stesso punto.

Se vedi un incidente dal vivo, provi qualcosa: paura, panico, tensione. Se vedi al telegiornale quell'incidente, la sensazione viene ricreata comunque. Se la sera mentre sei a letto ti immagini lo stesso incidente, oppure lo sogni, la sensazione viene ricreata ancora una volta.

Al tuo inconscio non importa se la situazione è reale, immaginata, proiettata su di una televisione o in un sogno. L'emozione è garantita: bella o brutta non puoi scampare dal provarla.

A livello conscio puoi anche darle più o meno peso, provare a resistergli, rendendoti conto se è una cosa vera o finta. Ma questo lavoro il tuo inconscio non lo fa, lui prova quella sensazione e basta.

Ecco perché i libri, i fumetti, i film, la pubblicità piacciono così tanto. Ecco perché è così importante la colonna sonora di un film! Perché l'emozione viene vissuta al pari di un evento reale. Poi con il tuo conscio/raziocinio puoi anche fare il duro, resistere e dire che non ti tocca, ma dentro la tua mente la creazione dell'emozione è inevitabile.

Se vedi un film dell'orrore fatto bene, con le immagini giuste, la giusta colonna sonora... sarai un pochino teso, e nel peggiore dei casi non dormirai la notte. Puoi aver paura sul momento e poi dimenticartene, oppure ricreare inconsciamente e in continuazione quelle immagini, tanto da non riuscire a prendere sonno.

Per i suoni vale la stessa cosa. Ci sono cose che senti che ti fanno stare bene e altre che ti fanno stare male. Per suoni intendo anche i dialoghi nella mente, quando parliamo da soli o riviviamo il ricordo di chi ci ha detto qualcosa. Oppure immaginando il dialogo con qualcuno che deve ancora avvenire.

Ci sono persone (permalose, sensibili) che risentono in continuazione nella testa ciò che gli è stato detto (magari una critica o un complimento), o si insultano da sole (intolleranti, ipercritiche), oppure costruiscono un dialogo che non è ancora accaduto e che li fa precipitare in uno stato emotivo non utile (timide, insicure).

Esempio: se devo chiedere un aumento al mio datore di lavoro, senza rendermene conto costruisco nella testa il film sonoro di come sarà la discussione; se il film finisce con l'aumento concesso, mi spunta il sorriso e vado convinto. Se il film finisce con un secco no, sarò già teso e insicuro prima di entrare nel suo ufficio.

E ancora, se subisco una critica o un rimprovero non solo sto male subito, ma mentre vado a casa quella voce, quelle parole risuonano costantemente nella mia testa e io continuo a pensare "potevo rispondere così o potevo fare così..." e ne consegue che sto male fino a che non penso ad altro.

Fino a ieri tutto ciò era automatico nella tua testa, da oggi non più! Oggi hai cominciato a conoscere la verità.

I pensieri sono creati da te, conscio o inconscio sei sempre tu, e se tu lo sai (consapevolezza portata dal rallentare) puoi prendere il controllo e guidarli, cambiarli direzione, eliminarli o gustarli! Semplicissimo! Provare per credere.

Mi spiego meglio. Questa è una cosa che vuoi capire al 100%. La consapevolezza inizia dal conoscere cosa fa la nostra mente per poter cambiare ciò che non ci piace e amplificare ciò che invece ci piace.

Se gli stati d'animo derivano da immagini e suoni che recepiamo nella mente, allora possiamo crearne dei nuovi per sostituire quelli che creano emozioni che non ci fanno stare bene... subito dopo o appena te ne accorgi! Anche questa potrebbe sembrarti una cosa facile a dirsi ma poi in contrasto con la realtà, magari credi di essere troppo emotiva o troppo razionale per poterci riuscire... non è così. **È solo che non siamo stati educati a farlo.**

Ti spiego un'altra cosa: non esistono persone emotive e persone razionali. Sono solo persone che controllano di più o di meno i pensieri che scaturiscono da ciò che vedono e sentono dentro o fuori dalla testa. Possono essere persone che si lasciano spesso travolgere da ciò che l'inconscio percepisce perdendo il controllo (emotive). O persone che tengono represse, forzando con la loro parte razionale, le sensazioni che vengono dal profondo (razionali).

Entrambi stanno male, entrambi creano disagi, entrambi possono risolvere e nessuno li ha educati a gestire correttamente la loro parte emotiva istruendole a dovere.

Non si fermano le emozioni sforzando e non ci si lascia travolgere perdendo il controllo! Ma si impara a gestire ciò che le provocano senza giudicarci per la nostra reazione.

Il cervello agisce anche senza il tuo permesso.

Prima ti giudicavi e ti sentivi in colpa per un determinato comportamento, ora sai che **è una reazione della mente da voler controllare**. Non c'entra niente con il fatto di essere "deboli", "inadatti", "sciocchi", avere un determinato "carattere" o qualunque altra cosa pensassi prima.

La persona troppo emotiva dovrebbe usare la sua parte razionale un pochino di più quando non è il caso di farsi travolgere e comandare da ciò che accade intorno a noi.

La persona troppo razionale, invece, dovrebbe usare quella parte un pochino di meno e lasciare andare le emozioni, che sono naturali e vengono create dalla parte più potente della mente.

Nel primo caso potremmo avere una persona che va nel pallone, piange, perdere il controllo. Dopo si giustifica dicendo di essere emotiva. Nel secondo caso potremmo avere il classico tipo di persona "dura", che non si lascia mai andare e non è capace di dire "ti voglio bene" o chiedere "scusa" a chi gli sta intorno.

Ricorda di non lasciare andare a casaccio le emozioni: vivile dirigendole con la tua parte conscia e razionale. Goditi il momento se sono belle, lasciale andare o cambiale se sono brutte.

Non trattenere le emozioni o potrebbe cominciare l'effetto diga; tu pensi di fermare il fiume, ma lui si gonfia accumulando una potenza inaudita e prima o poi la diga cede.

Cerca con saggezza il giusto equilibrio. C'è una bellissima regola comune a moltissime arti marziali che recita: "Se ti tirano, allora spingi. Se ti spingono, allora tira."

Il concetto è ovviamente riferito alla forza fisica. Nella lotta corpo a corpo non conviene opporre resistenza all'avversario ma sfruttare la sua forza per il tuo scopo. Se lui ti spinge, tu gli fai perdere l'equilibrio tirandolo, sfruttando la sua energia.

Le emozioni vanno trattate allo stesso modo. Non opporgli resistenza e non farti travolgere inerme, ma assecondale, sorridigli, accettale, e digli "avanti, prego, entrate pure". Passeranno e se ne andranno, o comunque portai dirigerle tu verso l'uscita.

La cosa che vuoi capire è che ci vuole equilibrio. Il tuo lato razionale e quello istintivo hanno entrambi ragione di esistere e di coesistere. Ognuno ha il suo ruolo, ognuno il suo compito.

Qui si tratta di imparare sistemi da persone che hanno scoperto l'acqua calda! Hanno scoperto che si può andare in bici dritti senza rotelle. Cosa una volta impossibile da accettare e da fare, fino a che qualcuno non ci ha provato e ci è riuscito.

Dopo che tutti sono rimasti a bocca aperta per un po'... adesso pedalano come se fosse una cosa normale. Ma non lo è! Normale è dormire, mangiare, camminare, quello è naturale. Ma andare in bici pedalando dritto senza cadere bisogna impararlo, cadendo più volte.

Ora, obiettivamente parlando, imparare l'equilibrio pedalando senza rotelle è molto più difficile che imparare a governare un pensiero che è fatto da noi, *per noi*, nella nostra testa. Un pensiero è fatto di niente, non è di nessun materiale, non si può misurare, leggere o toccare. Se decidi ora di pensare ad un elefante rosa, lo fai senza difficoltà. Se poi vuoi pensare a dove andrai in vacanza ti metti lì e fantastichi quello che vuoi. Non è difficile.

L'unico scusa che puoi trovare (e che smonteremo subito) è che il bambino che impara (la bici) ha la mente sgombra, si fida cecamente di chi gli dice come fare, non conosce il fallimento ma conosce solo tentativi da perseguire, uno dietro l'altro, con un adulto che lo incoraggia pieno di complimenti e di motivazioni ogni volta che cade (invece di insultarlo).

Noi adulti invece facciamo il contrario... dobbiamo imparare qualcosa serissimi, sudando e faticando, con la testa piena di idee nostre, preconcetti e pregiudizi; se non riusciamo subito ci giudichiamo dei falliti. Tutto da riprogrammare!

Da oggi *imparerai ad imparare* come fanno i bambini. Tutto, non solo quello che leggi qui. Mentalità!

Intanto oggi ti rendi conto che è possibile governare i pensieri e di conseguenza il "come stai", lo stato emotivo che le provocano.

Ricordati che non è una dote o un talento, ma è solo una cosa da conoscere e ricordarsi di fare, (vedi un adulto andare in bici e vuoi imparare anche tu). Resta collegato, sorridi e non mollare!

Imparerai come trattare te stesso, come faresti insegnando ad un qualsiasi bimbo di tre anni ad andare in bici senza rotelle. Saresti calmo e amoroso o spietato e impaziente?

Ti spiegherò come creare dello spazio vuoto nella testa per avere la mente sgombra riguardo l'argomento. E ti farò capire ancora ed ancora che non è una gara a chi riesce, non è una gara a chi fa prima, non esistono fallimenti.

Sono solo cose da conoscere prima e ricordarsi di fare dopo! Sarai tu stesso a guardarti allo specchio e dire: "Bravo, sono bravo, oggi sono caduto pedalando, ma sono stato dritto per mezzo secondo e mezzo metro, domani farò meglio e dopodomani percorrerò i miei primi cinque metri senza cadere!".

Io sono qui tutti i giorni dell'anno a farti vedere che in bici si può andare, che oramai ci vanno in parecchi, con tutto l'amore e tutte le spiegazioni tecniche possibili, ma sei tu che comunque devi fare l'esperienza diretta. Vai in bici, cadi, sbucciati un ginocchio, metti un cerotto, riposati, soffiati il naso e riparti, magari ridendo. Chiaro? Liscio? Suona bene?

Ecco cosa vuol dire una mentalità vincente nell'apprendimento di qualsiasi cosa:

- Per imparare usi la mentalità del bambino: coraggio, gioia e spregiudicatezza.
- Quando sei in difficoltà ti parli nei panni dell'adulto che insegna con amore e pazienza.

Quindi, da oggi, l'esercizio che farai durante il giorno, ogni volta che vuoi, sarà quello di rallentare per notare le emozioni che scaturiscono sia da ciò che vedi e senti nel mondo reale, ma anche da tutto ciò che è in tv, computer o nella tua immaginazione. Nota anche come stai e cosa provi mentre fai un sogno... è l'unica cosa importante!

Immagini che vedi + suoni che senti = sensazioni che provi.

Facci caso da adesso!

Ricordati di fare l'esercizio "macchina del tempo" la sera, che scatena l'emozione di andare a trovare te migliorato nel futuro, che per te è il Sarocosi!

Insisti se non sei riuscito ancora, non dev'essere perfetto, non stare a curare troppo i dettagli, devi solo sentirti bene: buttati!

Ricordati di abbracciare il tuo io futuro, sei fiero di te e quindi abbraccialo, hai capito che questa è la strada che ti porterà a quella condizione e quindi sei già felice oggi perché vedi il risultato prossimo.

Sei già felice oggi.

L'abbraccio non è un'invenzione umana... Tutti i mammiferi cercano il contatto fisico. Se non ricordi l'ultima volta che qualcuno ti ha abbracciato comincia a farlo tu a te stesso. Se ne hai l'occasione, abbraccia qualcuno!

Se vuoi, a questo punto è utile ripassare le lezioni quattro e cinque. Non dimenticarti di provare a goderti momenti belli, piano, pianissimo. Affrontare i momenti brutti senza scappare o farsi travolgere. Trova qualcosa o qualcuno che ti faccia ridere nei momenti no! Togli i sensi di colpa dalle brutte abitudini. Non dimenticare quello che hai letto finora e andiamo avanti!

Nella prossima lezione tratteremo più nel profondo il discorso delle dipendenze. Rileggi con calma che i concetti. Ricorda che siamo appena partiti... non avere fretta e sorridi.

Alla prossima lezione.

Lezione 9
Dipendenze

Eccoci di nuovo qui!

La nebbia comincia a diradarsi e cominci a vedere che c'è qualcosa di più oltre l'orizzonte... cominci a percepire che il gioco si fa interessante? Senti una nuova musica nascere dentro?

Bene bene, avanti così, siamo solo all'inizio.

Allora, per prima cosa ricordiamo un attimo l'Avataro e tutte le parole chiave che hai scelto. Ovviamente io userò quelle che ho suggerito, tu ripassa pure usando le tue parole, immagini o disegni.

1. Rallentare, **STOP!**, libertà di scelte consapevoli, libero arbitrio.

2. **Macchina del Tempo** (esercizio serale)!

3. **Mentalicorso**, come vuoi vivere questa esperienza, la mentalità di una bellissima gita/escursione con amici e parenti: facoltativo, illuminante, da potersi arricchire senza alcuna competizione.

4. **Mibutto**, sensazione di quando fai le cose di getto, senza esitare, senza paura, senza pensare. Ti butti, poi semmai aggiusti, senza paranoie o pensieri a priori. Nessuno ti giudica se sbagli, mentre se esiti e ci pensi troppo potresti sabotarti da solo. Ovviamente stai attento a non danneggiare cose o persone che ti stanno intorno...

5. **Sarocosi**, immagine del tuo io del domani, di te stesso alla fine del corso, legato alla macchina del tempo, alla grinta e alla determinazione.

Durante la lezione precedente abbiamo capito che le nostre sensazioni sono provocate da tutto ciò che il nostro cervello *vede* e *sente* a livello inconscio.

Immagini reali, televisive, virtuali, sognate ed immaginate con il pensiero (presente). Cose viste da un ricordo (passato). Cose che immaginiamo debbano succedere e ci mettono ansia o paura (futuro). Stessa cosa per tutto ciò che sentiamo con l'udito, ci diciamo nella testa, o costruiamo a livello di suoni o dialoghi immaginati. Sia cose che hai sentito e che ricordi, sia cose che pensi debbano succedere e ti fanno preoccupare.

Pre-occupare vuol dire occuparsi prima di qualcosa, cercare di risolvere prima ancora che succedano fatti o situazioni, molte volte senza nessuna prova tangibile che possano verificarsi.

Ad esempio, stare male prima di leggere l'esito di un esame *pre-occupandosi* dell'eventuale risultato negativo; stare male prima pensando che qualcuno ci possa dire "no"! O ancora farsi immagini o dialoghi tragici fantasticando una brutta notizia se qualcuno è in ritardo.

Pensa alla gelosia, scatenata proprio dell'immagine del proprio partner che sta con qualcun altro, anche solo a livello inconscio... Insomma, stare male *prima* senza motivo.

Il nostro stato emotivo, la nostra sincera risposta alla domanda "come stai?", è data dalle immagini e dai suoni che passano per la nostra mente la maggior parte del tempo, da ovunque arrivino.

Durante il corso imparerai a dirigere, cambiare, spostare dove ti pare immagini e suoni a tuo piacimento. Così da stare bene sempre più spesso... Hai presente un vigile urbano nel traffico della mente piena di pensieri? Tu vai di qua, tu vai di là, tu esci dall'orecchio, tu accomodati pure e rimani quanto vuoi.

È questo il potere che cerchi e che avrai.

Ricordo che, anche se le emozioni si creano a livello inconscio, anche la tua parte conscia le sente. Se guardi un film dell'orrore provi tensione sia a livello inconscio che conscio: la parte conscia se lo giustifica dicendo che è tutto finto, ma entrambe percepiscono le sensazioni!

Ora, siccome il nostro bravo inconscio è affamato di emozioni e di variazioni di stato emotivo, la nostra parte conscia deve provvedere al suo fabbisogno quotidiano, altrimenti l'inconscio affamato andrà in giro a cercarsi il cibo da solo. E là fuori ciò che troverà non è sempre salutare...

Nel nostro strano mondo ci sono tentazioni di ogni genere: tabacco, alcool, droghe, cibo, pasticche, social network, sesso facile, giochi d'azzardo e non, shopping, internet, tv, apparecchi elettronici, adrenalina (sport pericolosi), manie compulsive, problemi psicosomatici e tanto altro.

Alcuni di questi sono elementi dannosi fin da subito, altri dannosi se usati o sfruttati in eccesso. Ovviamente non parleremo di droghe pesanti, perché ritengo ci siano persone e luoghi più specializzati per farlo.

In tutti questi casi l'inconscio comincia a sfamarsi dell'emozione *associata* ad una o più di quelle situazioni, o sostanze, e ne diventa schiavo.

Chi guadagna i soldi vendendo quei sistemi ha capito come farti provare (inconsciamente) l'emozione che cerchi senza rendertene conto. Quando cominci ad accorgertene, sei oramai dipendente da quello che hai scelto.

Ma non è la dipendenza in sé a non farti trovare la forza per sganciarti e smettere, bensì è l'emozione che il tuo inconscio vuole e senza non riesce a stare! Alcune dipendenze, poi, hanno anche una sostanza chimica a cui il nostro fisico si abitua e vuole in continuazione!

Devi sapere che il cervello è immerso in un bagno chimico, in un liquido. Questo liquido cambia composizione in base al nostro stato d'animo. C'è una parte del cervello che produce sostanze chimiche per cambiare la composizione del liquido. Tutte le emozioni e sensazioni sono causa della produzione di queste sostanze nel cervello. La mente è una mega farmacia capace di produrre sostanze chimiche di cui il cervello si *sballa* (letteralmente) e ne potrebbe diventare dipendente.

Detto in parole povere ad ogni stato d'animo il tuo cervello è immerso in un liquido diverso. Se sei allegro è in un modo, se sei arrabbiato tutto in un altro. Ecco perché prima di leggere questo libro molto probabilmente non sapevi come liberarti dalle tue personali manie e dipendenze.

Non eri consapevole del fatto che è il tuo inconscio a cercare emozioni che scarseggiano e per compensare quelle negative.

E poi ti chiedi come mai non riesci a smettere. Ora sai che contro il tuo inconscio non puoi vincere, è la tua parte forte e lei ha sempre ragione. Capisci che se ti avessi detto una cosa del genere alla prima lezione mi avresti preso per pazzo?

Capisci perché ci vuole un percorso per digerire cose mai sentite prima, bisogna rallentare i pensieri e capire come funziona la mente, prima di accettare una verità così diversa dalla nostra cultura e istruzione piena di matematica e italiano, ma scarsa di concetti che servono nella vita vera: educazione emotiva allo stato puro, imparare come pensare per vivere meglio.

Imparare a usare la tua mente per eliminare (o combattere) l'inquinamento sociale che ci è stato imposto dall'era in cui siamo nati. Cercare di ricordare quello che madre natura ci ha fornito per vivere dignitosamente.

Ricorda la formula: immagini + suoni = emozioni.

E, se le emozioni che produci non sono nel complesso positive e varie, ci sarà qualcos'altro di cui avrai bisogno per crearle o compensarle, diventando una dipendenza. Più sarai sereno e meno avrai fame di qualcosa dall'esterno.

Anche stati continui di ansia, stress, noia, rabbia, tristezza, insicurezza, manie varie (ipocondria, tic nervosi o eccessiva igiene) creano nel nostro cervello continui bagni di sostanze chimiche che, se pur sgradevoli, intossicano il nostro fisico tanto da farlo stare a suo agio solo in quelle determinate condizioni. Tossicodipendenza, appunto.

Ecco perché non si vuole lasciare un terreno conosciuto di malessere per uno sconosciuto anche se decisamente più piacevole. Ecco perché ci si affeziona alla nostra cella buia, silenziosa e puzzolente.

Le emozioni sono la droga più potente del mondo!

Se sarai tu a produrle consciamente, sarai in grado di averne talmente tante e talmente diverse da non dipendere da nessuna. Libertà! Se lasci le cose al caso l'inconscio si arrangerà come meglio può e con quello che trova in giro!

Come quando si dice ai genitori di non lasciare i figli allo sbando per le vie della città, perché le tentazioni negative sono dietro ogni angolo. Fategli fare sport, iscriveteli a gruppi conosciuti, fategli suonare uno strumento o un qualsiasi interesse per tenerli lontani dalle brutte compagnie.

Così vuoi fare con te stesso a livello inconscio. Ecco perché **devi eliminare il senso di colpa, il giudizio su te stesso**: non eri consapevole che è così, non sei una persona sbagliata. Un bimbo che sbaglia non si deve condannare, ma perdonare ed educare facendogli capire dov'è l'errore.

Facciamo un po' di esempi di dipendenze. Mi raccomando, leggi piano, con calma.

Quando sei allegro, stai bene e sei di buon umore, il tuo cervello produce una sostanza chimica chiamata serotonina. La pasta, la pizza, i grassi, gli zuccheri... sono tutti responsabili della produzione della stessa sostanza. Se durante la tua giornata sei continuamente arrabbiato o triste, è probabile che poi la sera avrai bisogno di sfogarti con il cibo.

Le sigarette invece danno in continuazione, sempre a livello inconscio, la sensazione che ti ha portato ad accendere la prima tanti anni fa e che continua a mancare nella tua vita.

- Sensazione di potere (uomini potenti e donne sicure di sé);
- Fascino del proibito, fare qualcosa che trasgredisce le regole per sentirsi importanti;
- Gratificazione, concedersi un premio per lo stress e le fatiche giornaliere;
- Effetto stampella, una scarsa autostima ci fa provare la sensazione di non poterne fare a meno in alcune circostanze;
- Sicurezza (i "fighi" a scuola fumavano per sembrare più grandi);
- Eccitazione, emulazione di miti (film di personaggi forti che fumano o sport di velocità);
- Intelligenza, concentrazione (vedere intellettuali o persone importanti concentrate a fare qualcosa di difficile fumando);

- Sensazione di benessere e relax (sigaretta dopo cena, dopo il sesso o come ultimo desiderio prima di morire. Chissà perché nei film l'ultimo desiderio non è mai una bella donna, un bell'uomo o una torta di panna e cioccolato...).

L'astinenza fisica dalla nicotina è molto facile da eliminare. Il vizio del fumo è per il 90% nell'associazione emotiva che la sigaretta rappresenta.

Ed ecco perché anche i dottori, che sanno meglio di tutti i danni salutari causati dal fumo, non riescono a smettere. Anche loro hanno un bisogno emotivo da soddisfare più potente di qualsiasi nozione medica, o intelligenza razionale!

Queste sono le due dipendenze più diffuse.

La terza è lo "sballo" classico (una droga qualsiasi) compreso l'abuso di alcolici (droga legalizzata). Anche qui l'inconscio prova, in continuazione, la sensazione di cui hai bisogno. Quasi sempre legati all'emozione dell'ignoto, del trasgressivo, dell'eccitante, del proibito! Amplificate da chi le proibisce. Essenzialmente il pensiero che ci passa per la testa in questi casi è: "Non si può fare? E io lo faccio lo stesso, tiè!"

Tutte emozioni che da giovani (insicurezza) dovevamo provare in qualche modo per dimostrare ai nostri genitori o al *branco* che noi eravamo "qualcuno" e oggi ne siamo ancora dipendenti. Difficilmente ci si inizia a drogare in età avanzata.

Oppure sono modi per sfuggire all'errata (presunta) incapacità che abbiamo di gestire la vita, guardandola sempre dalla parte sbagliata... e dimenticandosi la parte sana!

Ci hanno insegnato l'insicurezza!

E ci crediamo, inconsciamente o no, inadatti, incapaci di gestire una vita normale, cioè con momenti belli e momenti brutti senza l'ausilio di qualcosa dall'esterno.

Un giorno potrebbe capitare qualcosa di brutto che non riusciamo a gestire, non riusciamo a vedere la cosa da fuori, non riusciamo a capire che è già successa ad altri, che c'è di peggio. Ci lasciamo travolgere e, inermi, cominciamo ad affondare nelle sabbie mobili. Tutti incontrano ostacoli e tutti hanno difficoltà, per tutta la vita. Pensavi di essere solo e magari hai fatto scelte non proprio salutari.

Da oggi non più!

In ultimo ci sono problemi psicofisici di varia natura. Tutto creato dal nostro inconscio per mascherare con una falsa sensazione di sicurezza (sempre a nostra insaputa), un giudizio errato su noi stessi. Pensare di non valere abbastanza, pensare di essere meno di altri o altro; perdersi in queste bugie porta la nostra mente a salvarsi in qualche modo, creando finte malattie o manie di ogni tipo, per sentirsi vittima di qualcosa e per farsi consolare dagli altri dicendo: "povero me".

Mio nonno mi diceva sempre di non preoccuparsi, che tutto si risolve, io ero piccolo e non capivo che aveva ragione. Adesso faccio io la parte del nonno!

Il gioco d'azzardo dà una sensazione di poter raggiungere soldi facili e di farlo subito: soluzione rapida a tutti i problemi, vinci la felicità, per compensare l'errata sensazione di non riuscire a cavarsela da soli (insicurezza nei propri mezzi).

Sesso, perversioni e trasgressioni, sport pericolosi e adrenalinici, elettronica, acquisti compulsivi... tutto porta a un'eccitazione allo stato puro. Compensa il pensare di avere una vita piatta e di meritare qualcosa che la smuova dalla noia continua.

Falso, falso e ancora falso.

Basta cambiare punto di vista e il panorama, da piovoso, diventerà soleggiato!

Riassumendo in una frase:

Le dipendenze sono sostanze, prodotti e comportamenti che producono a livello inconscio un'emozione che di solito manca nella nostra vita, oppure per compensarne una negativa e contraria.

Adesso segna la tua dipendenza (se ne hai più di una segna quella che vuoi sconfiggere per prima) sull'Avataro e dalle questo nome: **Spinaneldito.**

Passiamo alle possibili soluzioni.

Per esempio, l'eccitazione (cosa comune a molte dipendenze) è un premio che la mente vuole per sentirsi coccolata a fine giornata o settimana. Qualcosa di nuovo da fare per spezzare la routine, come delle passeggiate all'aperto; qualcosa per cui alzarsi volentieri dal letto la mattina, organizzare il fine settimana, un hobby, uno sport, una passione da coltivare. Suonare, dipingere, leggere un romanzo, accrescere la propria cultura, aderire ad associazioni di vario tipo, fare un puzzle, dedicare del tempo a sé stessi, coccolarsi con cose salutari come il volontariato, eccetera.

Se non diamo un po' di sana eccitazione alla nostra giornata o settimana con interessi vari, l'inconscio potrebbe prendersela con droghe tipo cibo, alcol, sesso facile, giochi d'azzardo in genere, giochi elettronici, shopping, abuso di internet, tv, social network, adrenalina (sport pericolosi), ecc.

Parlando di cibo: se siamo spesso di buon umore produciamo da soli sostanze che tengono lontana la voglia di dolci, grassi, pane e pasta. Infatti, è sempre più conosciuta la cosiddetta "fame emotiva".

Chi dice di non voler rinunciare ad un piatto di pasta o a un dolcino perché è bello fare festa o vuole premiarsi... ha ragione. Sacrosanta ragione!

Ma se lo fa tutti i giorni, a pranzo, a cena, a merenda, a colazione e tutte le sere guardando la tv, poi non si sta bene con il proprio corpo. Il tutto può essere riconducibile al cibarsi solo per compensare giornate stressanti o emozioni negative come rabbia, tristezza, noia e malumori in genere. C'è anche chi si alza di notte per vedere in frigo cosa c'è!

Un classico che puoi trovare in molti film (e pure nella realtà!) è quello di ingozzarsi di gelato dopo la fine di una storia d'amore. Ecco l'esempio di "fame emotiva"!

Anche ai magri piace mangiare cose buone, premiarsi e fare festa in compagnia, ma non lo fanno più volte al giorno o tutti i giorni... esistono anche frutta, verdura, legumi.

Hai mai pensato che chi mangia leggero si sente gratificato e premiato dal fatto di sentirsi in forma, sano e senza una digestione lunga quattro ore? Esiste anche chi mangia solo la quantità di calorie giuste per il ritmo di vita che ha. Un impiegato di banca, senza problemi di peso, mangerà meno di un muratore sempre senza problemi di peso. Il metabolismo lento e la costituzione sono diventati una menzogna e un alibi. Sono ormai considerate la causa della malnutrizione mentre invece **sono la conseguenza** di essa. Il tutto esasperato volutamente per darvi una scusa ed ingrassare tranquilli. Chiedilo ad un vero dottore dietologo.

Anche la sigaretta potrebbe essere il "premio consolatorio" per una giornata nera, considerata la ciliegina sulla torta di una bella cenetta o **l'unico modo** per prendersi una meritata pausa dallo stress.

Se tu sei sicuro di te stesso, di essere abbastanza per te e per il mondo, se ti vuoi veramente bene, se ti rispetti e non hai bisogno di dimostrare niente a nessuno, te compreso... non troveresti difficile smettere di fumare o altro (volendo e non forzando).

Dopo una settimana di astinenza il corpo si è già riabituato al nuovo stato e ti ringrazierà donandoti un'energia e una voglia di spaccare il mondo che non ti farà mai più desiderare di mettere in bocca quella fialetta piena di veleno amaro e marrone!

L'insicurezza o la scarsa stima di sé sono una gravissima malattia di noi occidentali, ma in quanto tale si può guarire. È lei che ci fa diventare dipendenti da fumo, alcool, droghe, pasticche, manie varie, malattie psicosomatiche, eccetera. È lei che ci fa vivere sempre di malumore, arrabbiati, tristi, noiosi, insicuri. E indovina come mai è così diffusa?

Perché noi (occidentali) siamo abituati a fare di tutto una competizione; sempre alla ricerca di essere più belli, più ricchi, intelligenti, bravi, alti, formosi... e mai contenti. Ecco cosa ci insegnano. La nostra educazione è stata quasi sempre improntata con il concetto: "Puoi fare di più, se hai fatto bene hai fatto solo il tuo dovere; adesso sbrigati a fare ancora meglio...".

Come si può essere sereni e felici con questo ritornello nella testa? Questo modo di pensare ce lo hanno conficcato (con tutte le buonissime intenzioni) nel cervello fin da bambini e con quel presupposto facciamo tutto. Non siamo mai abbastanza per gli altri e per noi stessi. Sempre da migliorare senza mai godersi i risultati. Sempre a dirci puoi fare di più e sempre a sottolineare tutti i più piccoli errori con la penna rossa... magari umiliati davanti a compagni, amici e famiglia.

Tutto sbagliato! Questo concetto porta a una tale insicurezza che poi si sfoga con malumori e dipendenze. Se stai pensando che dico tante belle parole ma poi in realtà *la vita è dura* e non è una favoletta per bambini... è normale. Sono il primo a non credere al pensiero positivo fine a sé stesso.

Facciamo una prova, d'accordo?

Fai una lista veloce delle prime cinque persone che ami, tra amici e famiglia. Dai, prendi carta e penna, prova. Non continuare a leggere, fai prima la lista. Pensaci un attimo, se non hai voglia di scrivere! Fatto? Non leggere il seguito fino a che non ricordi almeno cinque persone a cui vuoi bene.

Ora, chiediti: quante di queste persone non sono abbastanza bravi, belli, intelligenti o altro per te? A quanti, tra questi, vorresti più bene se fossero più bravi, belli o intelligenti?

Rileggi la domanda...

A quanti, tra questi, vorresti più bene se fossero più bravi, belli o intelligenti?

Nessuno, giusto? Magari potresti dare dei consigli se vedi qualche tuo caro che prende una brutta strada, ma non influenzerà mai **l'amore che provi per lui.**

E allora perché non tratti te stesso con lo stesso sistema? Perché credi che gli altri ti accettino di più se **tu** fossi più bello, bravo o intelligente? Anche tu sei nella lista delle cinque persone care dei tuoi amici e parenti, e quindi anche tu puoi autodistruggerti o diventare presidente degli Stati Uniti, ma riceverai sempre lo stesso affetto. Ne consegue che essere bravo, bello ricco o intelligente non influenza la quantità di amore e stima ricevute. Ci sono moltissimi personaggi famosi, bravissimi nella loro professione artistica o sportiva, disprezzati nella vita privata per il loro comportamento. Questo per ribadire che l'amore e la stima dei tuoi cari non è influenzata dal successo personale, quindi è saggio che anche tu, verso te stesso, utilizzi lo stesso presupposto.

Leggi ad alta voce: "Io mi voglio bene così come sono, non me ne frega niente di essere chissà chi. Se devo migliorare in qualche cosa, sono pronto per impegnarmi a farlo, ma parto dal presupposto che mi voglio bene già oggi. Non domani quando risolverò i miei problemi".

Leggilo davvero, però. Adesso, ad alta voce. Facile, cambi punto di vista e cambia tutto. Tranquillo, tu pensa solo a stare collegato, non mollare la presa e ripassa ogni tanto. Quelle qui sopra sono piccole risposte.

Adesso, qualche soluzione: una è riflettere durante la giornata su quello che ti dico. Capirlo, digerirlo, accettarlo. Leggere con la calda sensazione Mentalicorso e fare gli esercizi con quella Mibutto!

L'altra soluzione è l'esercizio della macchina del tempo, un esercizio molto potente. Potresti già provare i primi effetti inconsci di quella tecnica. Comportamenti e sensazioni belle che aumentano e piano piano andranno a consolidarsi.

Immagina come sarai fiero di te una volta liberato da una tua dipendenza.

Quell'esercizio ti può portare davvero ovunque. Oggi non immagini la potenza che hai nel tuo inconscio e la possibilità di dirigerla con un semplice esercizio mentale dove provi la sensazione finale del risultato che cerchi. Domani riderai a crepapelle quando ti renderai conto di quanto oggi si sottovaluti questo potere.

Ti ho detto che tra devo e voglio vince sempre il *voglio*.

Quell'esercizio lo fanno e lo hanno fatto (anche solo inconsciamente) tutte le persone di successo che conosci; dal ricco imprenditore creato dal nulla, ai campioni di qualsiasi sport o tutte le persone non famose ma veramente realizzate e serene. Obiettivo immaginato, sensazioni positive provate *prima* e risultati assicurati. Il tutto condito dall'amore per sé stessi presente da subito.

Non puoi smettere di avere la tua Spinaneldito (la dipendenza) con la forza di volontà; l'inconscio si sveglia e ti riporta indietro al punto di partenza. Come gli ex-fumatori che sono mesi che non toccano una sigaretta ma ne vorrebbero una ad ogni occasione di festa, relax, sesso, concentrazione o consolazione. Hanno deciso di resistere con la forza di volontà tutta la vita.

Quella non è libertà, ma la stessa schiavitù ribaltata.

Uno fuma e vorrebbe smettere, l'altro non fuma e vorrebbe iniziare di nuovo. Rileggi e fatti una risata!

C'è poi chi non vuole andare alle feste o al ristorante perché è a dieta. Non è vita, quella! Purtroppo, loro non conoscono un altro sistema che non sia quello di sudare e faticare, sacrificio e dolore per conquistare qualcosa. Tu sì.

Trattenersi con le unghie al muro fino a veder sanguinare le dita, dalle diete massacranti alla lotta per resistere a qualsiasi cosa; forza di volontà, frustate, ancora e ancora, *devo, devo, devo...*

Falso, falso e ancora falso.

Sto parlando del fumo e del cibo, ma considera che questo discorso vale con qualsiasi dipendenza. Che razza di cultura è la nostra? Possibile che sappiamo creare opere d'arte, tecnologie e marchingegni strepitosi, perfino andare sulla luna... e poi ci riduciamo così?

Vogliamo cambiare e lo vogliamo fare in modo vero e definitivo: chi ha smesso di fare cose autodistruttive o non desiderate con questi meravigliosi sistemi ha smesso senza forza di volontà e per sempre.

Soprattutto perché, pur impegnandosi, non ha fatto nessuna fatica e si ricorda quanta ne faceva prima con il vecchio sistema... Prova a stringere i pugni, i denti, strizza gli occhi e grida: "Voglio, voglio e *voglio*, e mentre lo faccio, sorrido pure!"

Garantito, soddisfatto o rimborsato! Continua a ripetertelo. Fallo e senti la sensazione di convinzione che sale dallo stomaco, dalla gola o dal petto... sentila, percepiscila, abbracciala!

Le soluzioni qui sopra esposte sono solo un assaggio di come fare per risolvere. Vanno tutte esaminate una per una per capire meglio i passi da fare. Tu continua a fare attenzione a quello che fai e a quello che leggi qui in questo libro. Per adesso non tentare di resistere con la forza di volontà quando hai bisogno di cedere a comportamenti poco utili, dannosi e che vuoi eliminare, a meno che già non ti riesca senza sforzo.

La tua Spinaneldito, per adesso, guardatela tranquillo!

Comincia a lasciarti andare, ma con consapevolezza. Quando ti comporti come non vorresti, fallo piano, alla velocità di una tartaruga, guarda quello che fai mentre lo fai, goditi quel momento secondo per secondo. Non ti assentare con la mente perché, magari, ti vergogni. Fuma tranquillo, mangia pianissimo, libera la tua Spinaneldito senza giudicarti. Però ricorda di farlo lentamente, rallentando. **STOP!** È importante, ricordalo. Comincia a sentire quale sensazione il tuo inconscio chiede a quella droga con consapevolezza.

Guardati dentro e pensa sereno che stai facendo un corso per smettere. Sorridi senza giudicarti. Non ti sentire in colpa.

Il senso di colpa è una brutta sensazione e noi dobbiamo eliminarle tutte per riuscire a fare tutto. Semmai il senso di colpa fallo arrivare *prima* e non *dopo* il comportamento indesiderato. Sii presente, non viaggiare altrove con la mente, stai da solo mentre lo fai.

Prima succedeva che cercavi di resistere con la forza di volontà alla tua dipendenza, aumentando la voglia. Poi cedevi e stavi male perché ti consideravi debole. L'indomani ricominciavi a resistere fino alla prossima volta in cui cedevi: un circolo di emozioni negative senza fine.

Sei riuscito a smettere con quel metodo? Forse per un po'. Mai definitivamente.

Oggi prova a fare il contrario, togli il proibito e i sensi di colpa. Se vuoi una cosa, falla subito senza resistere, però fallo alla velocità di una lumaca. Tranquillo, non perderai il controllo se lo fai piano piano e consapevolmente. Viviti il momento e guarda come è ridicolo il tutto, ridici sopra. Stai lì, non ti distrarre, non guardare la tv, stai da solo, sii presente. Consapevole.

Io ero un fumatore, mangiavo e bevevo più del normale. Sarò sincero: non erano le mie uniche dipendenze. So di cosa parlo, da ex-tossico e non da psicologo!

Ricordo le mie ultime sigarette fumate tanto lentamente da vedere il catrame addensarsi nella cartina... avevo l'immagine disgustosa di me che beveva una fialetta di veleno marrone, amaro e caldo.

Pensa che stai provando un sistema nuovo; fatti dei gran bei complimenti ogni volta che riesci a fare qualcosa di imparato qui, dal provare una bella emozione, al *rallentare* e al fare l'esercizio macchina del tempo.

Guardati allo specchio e sii felice per quanto di buono fatto oggi. Impara ad andare a dormire contando le cose positive che hai fatto durante il giorno.

Io la chiamavo **La conta dei più** (l'avevo scritto nel mio Avataro).

Immaginavo degli enormi simboli a croce verdi, che consideravo dei giganteschi più. Uno per ogni cosa o sensazione positiva fatta o creata durante la giornata. Il solo *rallentare* l'abuso di una dipendenza facendoci più attenzione possibile, era un più. Anche se non diminuivo la quantità effettiva, bada bene. E mi facevo dei grandi complimenti perché stavo migliorando ogni giorno.

La sera prima di dormire contavo quanti erano e dopo la macchina del tempo mi addormentavo con il sorriso. Le cose negative non le consideravo e mi dicevo che domani avrei fatto meglio di oggi. Attenzione, però: non sto parlando di ingannare il cervello, ma solo di sincerità. Vuoi credere sinceramente di migliorare ogni giorno di più.

Nella macchina del tempo immagina il tuo io futuro che sì è liberato dalla tua Spinaneldito.

Devi essere compassionevole con il te che si è cacciato in quella brutta abitudine, perdonati e promettiti che domani migliorerai un passo alla volta fino a smettere, perché lo *vuoi* e non perché devi. Oggi hai scoperto in te stesso il potere che prima non pensavi di avere, un metodo nuovo per sfruttare la potenza del tuo cervello facendo andare d'accordo conscio ed inconscio.

Tu vali di più di quello che pensi.

Tutti commettono errori nella vita e l'unica cosa che è sbagliata... non è sbagliare, ma giudicarsi in malo modo. Non agire come se volessi essere perfetto o il più vicino possibile a questa parola. Smettila di voler avere tutto sotto controllo.

Perdonati.

Guarda il bambino dentro di te che cade dalla bici e digli che va tutto bene, digli di alzarsi e di riprovare, nessuno lo sgriderà. Dai a te stesso il diritto di vivere questa vita con la stessa benevolenza che ci metti per i tuoi cari. Non fare differenze tra te e loro. Vuoi bene a entrambi allo stesso modo!

Tranquillo, sereno. Se oggi consumi la tua dipendenza lentamente e con buone emozioni sarà molto più facile smettere domani. Via i giudizi e la vergogna. Accetta il fatto e domani migliora. Non ti criticare e non parlarti duramente. Piangi felice, gioisci e sputa quel groppo che hai in gola!

La tua Spinaneldito la devi estirpare con gentilezza e grazia; se ti agiti, t'arrabbi o ti deprimi, lei va più in profondità e la tua pelle le si stringe forte intorno. Se invece tu le sorridi e le chiedi per favore di levarsi da lì, la tua pelle rilassata smetterà di stringerla e verrà via, piano piano, con il minimo sforzo.

Ricorda che io non ho inventato niente, che i ricercatori di questi sistemi hanno un'esperienza di moltissimi anni. Ho solo raccolto, rivisto e spiegato a modo mio ciò che ritengo più utile togliendo tutti i paroloni scientifici e accademici.

E ricorda sempre che al primo posto delle tue priorità vuoi metterci il *rallentare* tutto quello che fai, cominciare a notare immagini e suoni che ti passano per la testa e ti fanno stare bene, male o che non ti provocano effetti. Vivi le belle esperienze consapevole, senza distrarti, godendo al massimo.

Vivi lentamente quelle brutte, come i malumori e la tua Spinaneldito senza giudicarti. Ti renderai conto di come nascono e riuscirai a mantenere il controllo.

La sera, prima di addormentarti, fai l'esercizio della macchina del tempo, esagera pure il tuo Sarocosi, fallo con la sensazione Mibutto, credici, abbracciati e stimati! Goditi la sensazione che provi e portatela nel presente. Fai la conta di tutto ciò che di buono fai durante la giornata. Se pensi di non aver fatto niente, ripensaci bene o pensa che ti sei preso un giorno di ferie e domani farai meglio.

Vedrai, il tuo inconscio comincerà a premiarti... e comincerai a vedere la potenza che porti dentro.

Lezione 10
Emozioni, Azioni e Circoli Viziosi

In questa lezione i concetti non sono molti, ma cominciano a essere profondi e quindi possono creare un pochino di confusione. Quindi cominciamo con il primo: cosa ci fai tu qui?

Stai facendo un corso per imparare a gestire ciò che causa le tue emozioni. Sapere che esiste questa possibilità e imparare a usarla. Tutto qui!

Serve ripeterlo per tutti, ma più per quel qualcuno che ha il vizio di addentrarsi talmente tanto nei concetti che legge da renderli arzigogolati. Queste persone hanno un'intelligenza molto fine e sviluppata ma la usano per aggrovigliare un gomitolo di per sé già ordinato.

Ricorda che è nella tua testa che le cose cambiano, non fuori! È la tua convinzione che sia facile o difficile a rendere questo percorso facile o difficile.

Se non riesci a pensare davvero convinto che sia facile, almeno usa un pensiero dubbioso. Senza essere sicuro, usa il forse, il probabilmente, soprattutto quando si parla di argomenti che ti precludono strade e porte. Non è utile pensare "questa cosa è difficile", è utile pensare invece *"forse questa cosa è semplice, non lo so ancora perché non ho mai provato. Prima provo e poi valuto."*

Inoltre, non bisogna aspettare che le cose diventino come vorremmo per poi esserne felici e gustarcele. Le cose non *sono* belle o utili di per sé! Sono come il tuo pensiero le vede, le ascolta, le percepisce. Ti ricordi l'esempio del cane, dell'amore e della morte?

Quello che c'è là fuori, nel mondo che tu chiami reale, non è mai bello, brutto, neutro. Ma è come lo percepisci tu nella testa. Qualsiasi cosa diventa **una tua personale emozione** quando la osservi e ne fai esperienza diretta.

Vedi... anche adesso sei di nuovo serio mentre leggi.... Sorridi tranquillo.

Alcuni corsi che insegnano a insegnare partono con questa regola: "Se una cosa è divertente e/o presa allegramente, entra nel cervello come una freccia nel burro."

Infatti, se ti ricordi, gli insegnanti migliori che hai avuto erano quelli che ogni tanto scherzavano e rendevano le lezioni un po' più leggere; tutt'altra storia sono i musoni intellettuali, non è vero?

Dicevo: se vedi un cane, se pensi all'amore, se qualcuno muore, non è il fatto in sé che ti fa stare male o bene, ma è l'associazione nella tua testa, condizionata dal passato.

Tu sei felice di vedere qualcosa che magari a un'altra persona crea disagio. Qualcosa che a te fa incavolare potrebbe non creare nessuna variazione emotiva in un altro individuo.

Quindi dov'è la differenza? Dov'è la distinzione che facciamo? L'equazione che hai letto già nelle lezioni precedenti.

Immagini (che vedi o crei nella testa) + suoni (che senti o crei nella testa) = come ti senti (emozione che provi).

Se nella tua mente una cosa, ad esempio questo corso o un esercizio che ti ho spiegato, la rappresenti difficile e complicata, ti crea uno stato di sfiducia e di scoraggiamento e cominciano i pensieri negativi: "Non ce la faccio", "È più forte di me", "Forse non sono abbastanza", eccetera.

Invece cerca di prendere la cosa che hai di fronte in modo diverso; pensala bella, colorata, chiara, leggera, melodiosa, gustosa, facile... e quasi per magia cambierà l'emozione associata e comincerai a pensare: "Ok, lo faccio, Mibutto e capirò; in caso contrario rileggo con serenità, nessuno mi corre dietro. Schiena dritta e fiera, sorriderò così da assorbire tutto quello che ha da dire questo ripetitivo rompiscatole. Che sarà mai?".

Cambia l'immagine, il suono, la sensazione che provi quando vivi qualsiasi cosa e cambierà come ti senti al riguardo. Ieri era automatico non pensarci, oggi invece guidi tu la tua mente.

Non è che vedi il mondo grigio perché sei triste. Sei triste perché "vedi" il mondo grigio! Non cammini gobbo perché sei depresso. Sei depresso perché cammini gobbo! Non sei una persona allegra perché non hai problemi. Non hai problemi (o fiducia che si risolveranno) perché sei una persona allegra!

Tu non sei qualcosa... tu *fai* qualcosa (nella testa)! **Tu sei la causa** delle tue emozioni, non il mondo esterno!

Per quanto mi riguarda, ho metabolizzato il concetto (e utilizzato su me stesso) dopo più di un anno di consapevolezza. Quindi resta collegato e non mollare. Ad un certo punto tutto apparirà chiaro nella tua testa, diventerà un suono familiare, e sarà un sorriso a trentadue denti che ti farà essere sicuro di aver capito.

Si chiamano *Rivelazioni*. Sono quelli i momenti in cui benedici te stesso per aver deciso di non accontentarti di quello che eri e di quello che avevi. E dopo aver capito ti ritrovi, di colpo, davanti una discesa da percorrere a tutta forza e tutta velocità.

Bene, ora andiamo avanti con la lezione.

Oggi parleremo delle azioni (o scelte) che fai e delle domande che ti poni di fronte alle situazioni. Abbiamo capito che ciò che il nostro inconscio vede e sente nel cervello causa una emozione.

Immagini + suoni = sensazioni.

Ora andiamo avanti nella formula.

Immagini + suoni = sensazioni che provi → azioni che fai (o non fai).

Ricorda che gli stimoli vengono sia da fuori (quello che vedi e senti), sia da dentro creando pensieri come immagini e suoni.

Quella freccetta che punta la parola "azioni" ti vuole far capire che dopo la sensazione associata a quello che vivi o pensi consegue uno stato emotivo qualsiasi (arrabbiato, felice, stressato, annoiato, gioioso, grintoso, depresso, impaurito, fiducioso...) e in base al "come stai" reagisci in maniera più o meno utile davanti alle scelte della tua giornata, settimana, eccetera, appunto alle tue azioni! Se sei felice e gioioso la tua Spinaneldito (dipendenza) non farà alcun male e non cadrai in nessun comportamento non desiderato, se sei arrabbiato o depresso, magari sì.

Se sei felice quelli intorno a te lo percepiscono e stiamo bene tutti quanti, addirittura sei contagioso, fai le cose con tutto un altro spirito, ti viene tutto facile e vai a letto la sera con un bel sorriso ed il pensiero: "Che bella giornata, oggi!".

Per questo è importante che tu vivi il 99% della tua giornata in uno stato emotivo positivo. Così qualsiasi scelta o decisione sarà presa per il tuo bene e con molta più consapevolezza.

Sono classiche le situazioni in cui facciamo delle scelte che ci fanno pentire *dopo* averle prese. Tuttavia, se ci pensiamo bene eravamo di sicuro arrabbiati, tristi, stanchi o negativamente condizionati per scegliere la strada sbagliata. Ed è come una giostra che gira.

Dopo un qualsiasi evento, se pensi qualcosa che in automatico tira fuori un'emozione brutta tipo tristezza o rabbia, allora le decisioni da prendere in quello stato hanno un'alta probabilità di essere quelle sbagliate per te o per gli altri; e a volte portano sensi di colpa o altro di negativo che portano a loro volta altri pensieri brutti, altre azioni sfavorevoli. Gira che ti rigira la giostra è buia, puzzolente e chiassosa.

Ecco cosa sono i circoli viziosi, un continuo inseguirsi di cose negative che producono sensazioni e azioni negative in una spirale infinita che porta giù, sempre più giù.

Invece da oggi conosciamo la spirale che sale su, grande, colorata, luminosa con quella canzone che adori tanto ascoltare, ti senti leggero e voli su, su, sempre più su.

Se vedi o senti le cose in maniera positiva, stai bene, prendi buone decisioni e fai ottime cose che scaturiranno belle sensazioni (perché sei fiero di te, contento), che ti faranno vedere il mondo in maniera positiva e avrai pensieri positivi che ti faranno stare bene e prendere altre decisioni vincenti, e gira che ti rigira la giostra ha cominciato a girare nel senso giusto e sarà sempre così.

Ricorda, mentre leggi e provi gli esercizi (o qualsiasi cosa fai), di trattare te stesso come tratteresti un bimbo a cui insegni una cosa nuova. È molto importante che cambi punto di vista quando si tratte di te.

Se imparerai a trattarti come tratti qualsiasi persona a cui vuoi bene e che stimi, ti si aprirà un mondo di possibilità che adesso non puoi immaginare neanche.

Facendo così, un'altra fonte di belle sensazioni sostituirà una fonte negativa. La maggior parte dei "nuovi" di questo corso aveva l'abitudine di parlarsi in malo modo, ad esempio guardandosi allo specchio e dirsi: "Non valgo niente", "Sono un fallimento", "Guarda come mi sono ridotto", "Che schifo questo mondo", eccetera.

Oppure si aveva nella mente un'immagine di sé stesso che non piaceva, non stimavano, criticavano in continuazione da non vedere niente di buono. Anche questa era una realtà *soggettiva* nella propria testa.

Se ti percepisci in malo modo, non ti piaci, non ti stimi, non ti dai la possibilità di sbagliare e di essere imperfetto, crei delle emozioni negative dentro di te che causano azioni non utili, malumori in generale e si innesca la giostra, quella brutta.

È la nostra cultura, ed educazione occidentale, a farci credere che chi si dà sempre addosso e si critica lo fa per stimolare un miglioramento. Niente di più falso! È solo un buon proposito fallimentare.

Essere spronati è quasi sempre un modo di creare un'aspettativa, che se poi viene a mancare produce una delusione e senso di colpa.

Ad esempio, se un genitore (con tutte le buone intenzioni) dice al figlio: "Fai questo, che è per il tuo bene" e poi il figlio non riesce (perché non *voleva* ma *doveva*), al genitore può non importare granché (perché gli vuole bene comunque), ma se non ben specificato, il figlio potrebbe sentirsi in colpa e pensare di aver deluso il genitore stesso.

Il miglioramento e il benessere si ha con il verbo *voglio* e non con il *devo*, ricordi?

Vuoi trattare te stesso come faresti con tuo figlio piccolo.

Riprendiamo di nuovo l'esempio militare della lezione 3. La tua parte conscia è paragonabile a un Generale dell'esercito e il tuo inconscio è l'esercito di un milione di soldati. Trattarsi male è come avere questi soldati scontenti e sfiduciati che lottano e vanno in guerra tristi, demotivati o rabbiosi. Se quel milione di soldati (inconscio) vengono trattati male dal loro Generale (conscio), che li insulta in continuazione e li scoraggia, disprezzandoli, non si vincerà nessuna battaglia e tanto meno nessuna guerra.

Se invece il Generale è stimato, apprezzato, si pone sempre davanti alla truppa prendendosi la responsabilità delle battaglie perse e vinte, dicendo convinto che la prossima volta andrà meglio, che non si può sempre vincere, che si è fatto del nostro meglio,

che ci possono essere le giornate storte, che si era solo un po'
stanchi... allora verrà adorato dai soldati e quando ci sarà da
combattere lo spirito sarà quello imbattibile dell'esercito de "Il
Gladiatore" o degli amici di Frodo nel "Signore degli anelli".

La tua parte conscia ha il potere decisionale, può decidere di
non fare niente o voler fare qualcosa e come. Ma la sua forza sta
nella truppa, è lei che poi fa il lavoro vero.

Tutti compatti e uniti verso la meta, nella lotta verso la libertà
emotiva: non ci sarà nessuno sconfitto, ma solo vincitori. Non essendo una gara non si può perdere, si può solo partecipare o non
partecipare, stare fermo dove si è o decidere di spostarsi in una
situazione nuova.

Nessun tipo di fallimento è possibile pensandola così! **Comincia a volerti bene, sempre.**

Ecco un piccolo esercizio, fallo e vedrai i risultati. Guardati allo
specchio e parlati così:

*Ok, partiamo da zero: oggi sono così, mi accetto per quello
che sono e voglio iniziare a migliorare, punto. Troverò il sistema
più adatto a me e giorno dopo giorno cambierò fino a diventare
ciò che ho sempre desiderato. E nessuno potrà fermarmi!*

Potrà sembrarti ridicolo, lo so. All'inizio lo sembrava anche a
me. Se ti viene da ridere quando ti parli allo specchio, ridi di gusto, fatti venire le lacrime. Sorridendo a me stesso e pensando
queste cose, però, le cose sono cambiate per davvero. Perché questo è un bellissimo dialogo interno che produce un'emozione
chiamata grinta, *determin-azione*, fiducia, eccitazione, amore,
gratitudine e il tutto porterà ad una azione *consona*.

Ad esempio, leggere con entusiasmo, sorridendo; provare tutti
gli esercizi con coraggio, buttandosi e senza paura di sbagliare. Ti
sentirai meglio, anzi stai già meglio! Oggi stai bene e domani di
più, ma oggi è importantissimo... Gioisci e festeggia!

È questo l'entusiasmo che vuoi usare quando fai l'esercizio
dell'immaginazione serale "macchina del tempo" (senza il non, ricordi?), quando ti capita un pensiero brutto, quando senti arrivare la tua solita brutta sensazione, quando stai per cadere nel tuo
solito comportamento...

Piccoli successi, fosse anche solo uno piccolo: è la dimostrazione che si può fare, che ho ragione e che tu stai facendo la cosa giusta! Sei già riuscito a stare meglio almeno una volta dall'inizio del corso? Hai provato una buona sensazione per merito dell'esercizio serale?

Una sola volta è la prova che quello che cerchi è dentro di te, non fuori. Hai dimostrato a te stesso che si può. Oggi devi convincerti che è solo questione di ricordarsi di applicare ciò che leggi e che ti piace e domani sarà diventata abitudine. Ecco perché devi ripassare ogni tanto, ecco perché sono ripetitivo.

E sappi che il merito di tutto è tuo, non mio: io ti fornisco solo gli attrezzi da usare, sei tu che fai tutto il lavoro vero. *Rallenta* e provaci sempre, non mollare e resta collegato.

Ricordati che il vittimismo è falso. È solo un meccanismo nella tua testa che cerca, in ogni modo, di trovare un motivo per dare la colpa a qualcosa o qualcuno del tuo disagio, del tuo sentirti fuori luogo, di ciò che fai e non vorresti fare. Vuole trovare un perché invece di pensare al come risolvere!

Molte volte, anche gli psicologi più tradizionalisti, cercano (in buona fede) nel perché delle cose una soluzione. **Non è capendo l'origine del tuo stato riuscirai a uscirne.**

Servono strategie per risolvere, il *come* uscirne, metodi e soluzioni per risolvere i problemi. Chi (o cosa) li ha causati non ci interessa se non per curiosità. Se hai paura dell'acqua perché da piccolo sei caduto in mare e stavi affogando, anche se te lo ricordi benissimo, non servirà a niente per sconfiggere la paura!

La tua parte conscia sa perché stai male, sa che è una stupida fobia, vede gli altri nuotare tranquillamente e divertirsi come pazzi, ma non ha la potenza di portarti alla soluzione. L'inconscio invece sì, e a lui sapere il perché sta male non importa niente, è incapace di ragionare, il suo ruolo è l'azione legata all'emozione.

Soprattutto nei casi di Traumi e Fobie, la parte Conscia non deve agire, deve far star bene la parte Inconscia fino a che quest'ultima entrerà in azione.

Prova a fare quest'altro esercizio.

Ogni volta che ti senti male o fai qualcosa di non desiderato o negativo per te, ti verrà automatico chiederti di chi è la colpa. E forse le risposte assomiglieranno a una o più di queste: "È colpa del mio capo, del mio lavoro, dei miei genitori, del mio passato, del mio amico o amica, della pioggia, del mio segno zodiacale, del mio carattere, del mio compagno o compagna, dei miei suoceri, dovevo fare scelte diverse, del fatto che è più forte di me, sono fatto così e non ci posso fare niente". Oppure scusa più strampalate, come "è colpa del gatto dello zio di mio cognato, che è morto al matrimonio della vicina della nonna di mia zia".

Quando ti scopri a trovare una scusa che assomiglia a una di queste: **STOP!** Fermati, rallenta e prendi in mano la situazione facendoti quest'altra domanda: "Mettiamo il caso che io mi sbagli e che veramente abbia il potere di far andare le cose come vorrei, di sentirmi come mi piace! **Cosa** potrei fare in questa situazione? Cosa mi tirerebbe fuori da questo pasticcio? Cosa mi serve per superare questo momento? **Come** posso salvarmi? Come posso sentirmi meglio, subito, ora, adesso?"

Fatti delle domande per come risolvere le situazioni e non che spieghino perché ci sei dentro. Non cercare i colpevoli, cerca le soluzioni.

Ecco che si apriranno porte che non avevi mai visto, sarai inondato di splendide e melodiose nuove possibilità. Non l'hai mai fatto ieri... prova oggi!

Rallenta e gira a destra, oggi, non andare dritto nel posto che conosci a memoria e che non ti piace, frena e gira quel volante! Rallenta il pensiero, cambia la sensazione! Guida tu. Che libertà proverai?

Unisci questo esercizio agli altri!

Riepiloghiamo:
1. Vai piano quando pensi, **rallenta** facendo le cose belle, gustale al cento per cento.
2. Le cose brutte, invece, vivile talmente al rallentatore da vedere tutto nei minimi dettagli. Non cercare di fermare forzando con la mente. Deve essere una deviazione, sana e naturale. Sorridi alle situazioni. Usa lo specchio! Quando ti capita qualcosa che non ti fa stare bene, cerca subito una soluzione alternativa, cerca subito di guarda-

re la cosa da un altro punto di vista, allena questo potere.

3. La sera fai la **Conta dei più**, fai il riepilogo mentale di cosa è andato bene e fregatene di cosa è andato storto, domani farai un pochino meglio di oggi.

4. Dopo la Conta tocca alla **Macchina del tempo**: abbraccia il tuo io di domani e dagli la buonanotte. Togli il senso di colpa che è una brutta sensazione e sostituiscila con "domani migliorerò ancora di più".

5. **Sdrammatizza e ridi** dei problemi durante il giorno. Se puoi risolverli... fallo! Cerca una soluzione e adottala, agisci. Se soluzione non c'è spostalo e vai avanti.

6. **Ringrazia** spesso delle cose che hai, sono tante se vuoi contarle... anche questo è un modo per creare una buona sensazione.

7. **Cambia punto di vista e cambia la sensazione associata**. Non vedere i problemi come fossero grandi, pesanti, neri e stonati. Ma rimpiccioliscili, rendili leggeri, spostali dalle tue spalle, non ci stare sotto, dagli un calcio, colorali e mettici in sottofondo una musichina da cartone animato.

8. **Fatti le domande su "come" risolvere le situazioni, non cercare il "perché" accadono**. Se le risposte non ti arrivano è solo perché sei all'inizio oppure non sono sotto il tuo controllo e quindi passa oltre.

Vuoi fare il corso come se fossi all'inizio (che è la verità) e non come se fosse già avanti chissà quanto, aspettandosi chissà che cosa. Abbiamo ancora tanto da imparare.

Oggi ti voglio lasciare condividendo qualcosa con te. Nei giorni in cui ho scritto questa lezione ho detto a una mia cara amica che è "appiccicosa" e lei si è offesa perché ha pensato ad una cosa fastidiosa come la ceretta o a qualcosa di brutto che ti vuoi levare di dosso (immagini che fai = come ti senti).

Allora io le ho detto che se pensassi davvero così non la frequenterei di certo. L'appiccicosa che intendevo io era in positivo, una cosa simile al miele, "dolcemente appiccicoso" e lei dal sentirsi offesa e triste è scoppiata di gioia. Ha capito che ci sono diversi modi per percepire qualcosa che arriva dall'esterno.

Ti suona familiare? Alla prossima lezione!

Lezione 11
Tu non sei, tu fai!

Innanzitutto, devo chiederti una cosa.

Hai provato a farti una domanda utile durante un qualsiasi episodio della tua giornata?

Se ti succede qualcosa che non ti piace, se fai qualcosa che non vuoi fare, se ti dicono qualcosa che ti fa stare male o ti manda in bestia, se sei nel mezzo di qualcosa che non vorresti... prova a chiederti come uscire fuori da quella situazione fregandotene della causa. Che sia colpa tua, di un altro o del destino, dimenticatene. Piuttosto, pensa:

1. Come posso uscirne il più in fretta possibile?
2. Cosa posso guadagnare da questa esperienza?
3. Quali pensieri posso creare per sostituire quelli brutti?
4. Cosa posso fare di diverso e piacevole?

Ricorda la potenza del tuo inconscio e il fatto che abbia bisogno di una direzione da seguire, quelle che gli dai con l'esercizio della macchina del tempo e quelle che gli dai facendoti le domande giuste.

Ti racconterò un aneddoto personale: un giorno mi venne in mente il mio compagno di banco delle elementari, Massimo. Mi sarebbe piaciuto sapere che fine aveva fatto, se abitava ancora lì. Erano passati più di vent'anni dall'ultima volta che l'avevo visto. Ogni tanto ci pensavo e immaginavo che piacere sarebbe stato di incontrarlo per caso. Non ci crederai, ma dopo pochi giorni incontrai una persona che lo aveva visto, mi raccontò che stava bene ed era andato ad abitare in Liguria.

Capita spesso che si manifesti nella nostra vita qualcosa a cui si pensi intensamente anche in modo inconscio: c'è chi le considera solo coincidenze date dal fatto che su miliardi di avvenimenti è possibile che ogni tanto si "incastri" qualcosa di incredibile. Chi crede in un Dio che esaudisce le nostre preghiere, chi crede nella Legge di Attrazione o nel destino. C'è addirittura chi ipotizza che questa realtà sia solo un'esperienza virtuale di vita terrena, come nel famoso film Matrix, una specie di enorme sogno dal quale ci si svegli con la morte e quindi molto manipolabile dal nostro inconscio, al pari dei nostri sogni notturni. Non importa in quale gruppo ti identifichi, sta di fatto che a volte succede.

Se fosse vero che noi in qualche modo influenziamo questi eventi, sarebbe saggio avere almeno il dubbio che sia così, non si sa mai...

Ora torniamo al fattore emotivo della questione. Se ti chiedi *come* o *cosa* fare per risolvere, troverai le soluzioni e le risposte giuste.

Se ti chiedi *perché*, camminerai verso tutto ciò che giustifica quello che sei, che hai, che fai (vittimismo)! Se pensi sempre alle malattie, sarai sempre malato. Se pensi sempre alle ingiustizie del mondo, troverai sempre conferme e notizie al riguardo. Se pensi sempre che sia colpa di qualcuno, troverai sempre qualcosa in più che ti darà ragione in merito.

Madre Teresa di Calcutta diceva di non voler partecipare a manifestazioni contro la guerra ma a quelle in favore della pace, perché era convinta del fatto che le nostre energie vanno in direzione di ciò a cui facciamo maggiore attenzione. Gli anglosassoni dicono "where the focus goes, energy flows" (le energie vanno dove si pone maggiormente l'attenzione).

Se pensi che tutto andrà bene, troverai la tua via d'uscita.

L'inconscio cerca quello che gli chiedi, quello a cui pensi maggiormente... tu non te ne rendi conto ma, *inconsciamente*, siamo sempre alla ricerca di tutto ciò a cui prestiamo più attenzione. Il meccanismo nella mente si chiama *Sistema di Attivazione Reticolare* ed è lo stesso che ci fa vedere di continuo il tipo di macchina che abbiamo deciso di comprare, oppure che fa notare a una neomamma tutte le donne incinta che prima non notava. Prima non ne vedevi neanche una, ora le vedi dappertutto.

Quello delle domande sul *come* risolvere invece del perché è un bell'esercizio che ha bisogno di essere iniziato affrontando la situazione più lentamente possibile. Se *rallenti* a sufficienza potrai avere l'occasione di deviare qualcosa che di solito andava in automatico verso una brutta direzione, mandandolo invece dove vuoi tu.

Con questo non voglio dire che tu debba per forza anticipare gli eventi. Anzi! Non crederai mica che io (o qualsiasi altro) non sia mai arrabbiato o triste? Voglio solo dire che se rallenti e ti fai le domande utili, puoi **uscire più in fretta** del solito da stati d'animo negativi causati da... ecco, non ci interessa da chi o cosa!

Provaci e ricorda sempre che l'allenamento consiste nell'arrivare a fine giornata evitando una o più emozioni negative. Oppure nel rallentare talmente tanto da vedere con chiarezza cosa succede dentro la tua testa!

Ricorda che è facile, se lo *vuoi*.

Un giorno, mentre stavo prendendo il caffè al lavoro, arrivò un mio collega che io non sopportavo proprio. Hai presente quando una persona ti causa l'orticaria e la sua sola presenza ti cambia l'umore? Ti innervosisci solo a vederlo arrivare, e pensi subito che non avresti voluto incrociarlo.

Quel giorno ero anche di cattivo umore e quindi speravo con tutto me stesso che almeno non mi rivolgesse la parola. Invece non solo si mise a parlare con me, ma mi provocò pizzicandomi su argomenti lavorativi cui ero particolarmente suscettibile. Non ci ho più visto... ho cominciato a insultarlo ad alta voce e me ne sono andato via urlando come un pazzo. Dopo cinque minuti, mi è venuto in mente tutto quello che stavo imparando da questi corsi e mi sono fatto la domanda giusta: come posso uscire da questo stato di rabbia? E così ho realizzato che ero io ad aver creato quella sensazione.

Feci due respiri profondi, di pancia, pensai che quel collega era un poveretto che aveva bisogno più di compassione che di calci nel sedere. Ho capito anche che se me mi ero arrabbiato così tanto era perché c'era un fondo di verità che io non volevo ammettere, e all'improvviso mi spuntò un sorriso e mi misi a ridere da solo.

Da quel giorno non mi accadde più. Quel collega ora mi fa tenerezza e anche un po' pena, ma rabbia no! Non più!

Non importava esserci arrivato dopo essermi già arrabbiato tanto. Ne sono uscito più in fretta che potevo ed ho goduto di quel successo senza pensare che potevo arrivarci prima e addirittura anticipare la sfuriata.

Ricordati di godere dei piccoli risultati senza guardare mai a quanto potevano essere migliori. Domani ti ricorderai di fare meglio, ma oggi si festeggia. Tutti i giorni!

La rabbia, la tristezza o altro sono sensazioni che creiamo noi, dentro di noi. Se ti convinci di questo capirai anche che se sei tu il creatore allora puoi scegliere di creare dell'altro.

Ieri mangiavi sempre pane amaro e bruciacchiato perché credevi di non essere tu il panettiere. Bene! Questo è un corso per Mastro Fornaio! Impasta e inforna il pane più buono che ti viene e mangiatelo con gusto, anche se ogni tanto lo dimenticherai nel forno bruciacchiandolo. Ogni giorno che passa toglieremo un ingrediente che non ti piace sostituendolo con uno che ti piace. E giorno dopo giorno il gusto diverrà sempre più adatto a te.

Come ho accennato altre volte, spesso la psicologia più antiquata e tradizionalista tende (sempre con tutte le buone intenzioni del mondo) ad *etichettare* le persone con cartelli luminosi e lampeggianti, tipo l'insegna di quella pizzeria vicino casa tua.

Le etichette potrebbero dire che tu sei depresso, bipolare, paranoico, irascibile, insicuro, pessimista, autolesionista, egocentrico, antisociale, eccetera.

Se ho dimenticato la tua etichetta, scusa ma ce ne sono davvero tante. Guardati allo specchio, dovrebbe essere appiccicata su di te, da qualche parte... Anche noi stessi siamo abituati a dirci "cosa" siamo sotto forma di etichette. Giudizi...

Quello che devi sapere è che le persone non sono "questo" o "quello". Per fortuna è stato verificato che la gente non è, ma fa! È errato affibbiare titoli e definizioni. La gente pratica quelle cose, non ci diventa, al massimo si immedesima. Si usa il verbo fare, non essere!

Attenzione, leggi piano ed attentamente, magari con il sorriso, non perché sia un concetto difficile ma proprio perché è una cosa semplice e potresti tendere a non farci molto caso, a non darci la giusta importanza.

Dicevo che le persone non *sono* una determinata cosa ma *fanno* una determinata azione.

Non esiste una persona "depressa". Esiste una persona che compie azioni e crea pensieri che la conducono in uno stato di tristezza continua.

Non si è depressi ma si pratica l'arte del sentirsi tristi!

Non esiste una persona "antisociale". Ma esiste una persona che compie azioni e pensieri che la conducono in uno stato di solitudine continua.

Non si è antisociali ma si pratica l'arte dell'isolarsi di continuo!

Stessa cosa per la rabbia e le altre condizioni negative. Sono emozioni che creiamo nel nostro cervello, facendo pensieri che richiamano quella emozione o dando una particolare immagine e suono a qualcosa che capita nel mondo esterno.

Chiara la differenza?

Tu pensavi di *essere* qualcosa di negativo, non sapevi che sbagliavi a considerarti tale. La verità è che tu *fai* quella cosa talmente bene che ti ci immedesimi e ne diventi un esperto.

Il nostro cervello è così complesso che da quando siamo nati crea e modifica miliardi di connessioni al minuto. E se è allenato a sufficienza, alcune connessioni rimangono più a lungo di altre, automatizzandosi.

Come imparare a suonare uno strumento musicale a due mani: flauto, pianoforte, chitarra, batteria, eccetera.

Chiunque inizi a voler suonare qualcosa che implica l'uso diverso delle due mani all'inizio non riesce perché il cervello non ha ancora connesso i neuroni in maniera tale da farlo senza pensarci. Chiunque suoni da molto tempo non bada più ai due diversi movimenti, può benissimo pensare alle "bollette da pagare" mentre suona!

Le connessioni oramai sono consolidate e per disimparare a suonare deve impegnarsi più che per imparare, sul serio! Prova a smettere di saper correre, o leggere.

Questo per farti capire che chi suona la chitarra lo fa talmente bene che dice "sono un chitarrista", ma non è così. Lui "suona bene la chitarra": sembra la stessa cosa, ma non lo è!

Questa differenza è la nostra salvezza.

Non esistono definizioni che possano catalogare un essere umano, un essere così complesso e così diverso da tutti gli altri.

Non è possibile renderlo *simile* ad altri, perché è *unico* nella sua personale esistenza e per di più in continuo cambiamento.

Questo anche grazie ad un organo così complesso come il cervello, nato per imparare a fare tutto ciò che vuole. L'essere umano impara quasi tutto per imitazione: comincia a copiare la mamma e il papà e via via sceglie i suoi modelli (figure di riferimento) da seguire e cui assomigliare, ma sempre rimanendo una perla rara, qualcosa di unico e impossibile da riprodurre tale e quale.

Il nostro cervello è in grado di imparare a farci fare ogni cosa tu gli chieda (con il voglio). Sì, ogni cosa!

Tuttavia, c'è chi impara a suonare la chitarra in due giorni e chi ci mette due mesi. Ma se dai al cervello una motivazione, una direzione ed una strategia giusta non hai scampo: suonerai la chitarra, punto!

A fronte di questo gli studiosi di tutto il mondo oggi si rendono conto che le definizioni non esistono se non per comodità di fraseggio. "Io sono un chitarrista" è più comodo che dire "io sono un esperto a suonare la chitarra".

Gli stati d'animo continui hanno la stessa natura cerebrale! Sono connessioni nella testa fatte da chi è molto bravo a creare le condizioni per provare quella sensazione giorno dopo giorno per mesi e anni.

Se tu credi di essere depresso, paranoico, irascibile, insicuro, pessimista, autolesionista, egocentrico, antisociale, eccetera... sbagli.

La verità è che tu sei un esperto a praticare ciò che credi di essere. Diventa quasi una professione!

Ripeto... *praticare* vuol dire che tutto ciò che credi di *essere* è invece una serie di *azioni che fai* e una serie di pensieri (immagini, suoni, sensazioni) che crei in modo automatico. Si tratta in ogni caso di un **processo** che puoi imparare a controllare (e magari, dopo, a pensare alle famose bollette mentre lo fai!).

Rileggi piano questo concetto: non è complicato, è solo straniero alla nostra cultura e per questo non ti è familiare.

Ora potresti prendere uno dei giudizi che ti dai come persona e verificarlo con uno di questi due metodi. Mettiamo il caso che ti giudichi "permaloso" (al posto di permaloso mettici un'etichetta che preferisci) e prova uno di questi:

1. Chiederti come (e cosa) fai per stare nel tuo stato. Ad esempio, se credi di essere irascibile o depresso chiediti come fai ad esserlo, e cosa fai per esserlo; a ogni risposta rifai la domanda. Chiediti in continuazione come lo fai, e cosa fai! Come lo faccio? Cos'è che faccio? In continuazione!

2. L'altro modo è immaginare di insegnarlo a qualcuno.

Quest'ultimo è uno spasso: fa morire dal ridere. Immaginare che qualcuno ti suoni alla porta e ti offra dei soldi per un corso di ciò che tu pensi di essere (in negativo) è molto divertente, provare per credere.

Pensi di essere *insicuro*, o qualsiasi altra etichetta negativa? Immagina di conoscere il signor Rossi che ti offre un milione di euro per insegnargli come fare a esserlo, e che non ti molli fino a che tu non cedi. Non ti puoi rifiutare e ti devi fare la scaletta di tutto ciò che serve fare e come fare per farlo diventare un bravissimo insicuro.

Analizza per benino quello che fai quando arrivi nello stato in questione, fai una lista, cerca di essere pignolo nei dettagli, usa le domande "come faccio e cosa faccio con il corpo e con la mente" per scoprire come spiegarlo a qualcuno che non sa come né cosa fare per esserlo.

Immagina. Coraggio, insegnagli: è per soldi! Fallo, provaci... vedrai che risate che ti farai!

Questo è l'esercizio della lezione, prova almeno per gioco.

Nella prossima ti spiegherò a cosa serve capire, sapere e rendersi conto che il tuo stato d'animo, la tua "etichetta", è la conseguenza di azioni o pensieri.

Tu non sei, tu fai!

Comprendo che tutti questi concetti, per quanto possano sembrare banali o contro-intuitivi, possano confonderti o farti storcere il naso in alcuni casi. Non devi sforzarti di credermi o di fare tuo subito ogni concetto che esprimo.

Se qualcosa non ti è chiaro o se semplicemente non senti uno o più di questi concetti "tuo"... tranquillo, è normale.

Sarebbe strano il contrario. Se tu capissi subito, nei minimi dettagli, tutto ciò che insegno senza avere dubbi, vorrebbe dire avere un'innata capacità di sostituzione di concetti vecchi e radicati con nuovi e freschi. Qualcosa che hanno in pochi e che in parte esula dalla stessa natura umana.

Ricorda inoltre il sabotaggio di cui abbiamo parlato nella lezione 6. Il tuo inconscio si potrebbe mettere di traverso facendoti faticare un po' a considerare questi concetti utili. Può capitare, è anzi normalissimo, che si faccia fatica a usarli nella vita di tutti i giorni.

In fondo parliamo di nuova mentalità, un'aria fresca da respirare a pieni polmoni senza il rischio di tossire, una dolce melodia che ti fa sentire più leggero e libero da quello che oggi ti opprime. Per chiunque è più semplice rimanere nel luogo sicuro del "conosciuto", seppur ormai decadente, piuttosto che tentare di esplorare qualcosa di bello ma "sconosciuto".

L'unica cosa che ti chiedo di fare è di insistere senza *forzare*. Leggi, ripensaci durante il giorno, cerca di fare tutti gli esercizi, seguimi anche quando ti sembro ripetitivo e fidati di me e di questo libro. Sorridi più che puoi. Se dietro ci saranno le buone intenzioni, piano piano la tua parte critica, diffidente e anche un po' impaurita lascerà spazio a quella saggia, curiosa e desiderosa di stare meglio!

Ricordati che ci si affeziona alla cella buia, sorda e puzzolente. Piano piano, però, la lascerai per sempre e io ti accompagnerò là fuori. È per quello che vuoi ricordarti di fare l'esercizio macchina del tempo, è importante che il tuo inconscio capisca dove e come può stare davvero meglio di oggi.

Perché hai iniziato un corso del genere? Come vuoi diventare domani? Questa è una domanda importantissima e te la ricorderò spesso.

Bene, la lezione è finita.

Rileggi con calma, sorridi, fai due grandi respiri di pancia e soprattutto ricordati di gioire più che puoi ogni giorno, sia per le cose importanti, sia per quelle che a te possono sembrare sciocchez-ze o scontate.

Esci fuori all'aria aperta almeno mezz'ora al giorno, goditi una passeggiata, soprattutto se non fai mai del movimento. Fai qualcosa che ti faccia stare bene. Guarda il mondo com'è perfetto, guarda come madre natura ha creato e organizzato miliardi e miliardi di cose senza il minimo errore. Hai mai guardato un documentario su piante o animali? Ne sei rimasto affascinato?

Guarda ogni forma di vita vegetale, animale e... umana. Tu sei una parte di quella vita che madre natura ha creato! Non è possibile che tu non sia nel posto giusto al momento giusto. Non è possibile che tu non abbia il tuo ruolo in questo mondo. Non è possibile che tu non sia **degno di stare qui**.

È solo possibile che ti sia un pochino perso.

La libertà e il libero arbitrio ci danno il potere di decidere e il diritto di sbagliare. Scegliere se vivere fino al nostro ultimo giorno in uno stato di sofferenza più o meno grande o prendere in mano le redini della situazione e scegliere saggiamente finché entrerà aria nei nostri polmoni.

E con la stessa libertà di scelta che vuoi tornare nel perfetto meccanismo che la natura ha nel suo DNA dall'inizio dei tempi! È naturale che sia così.

La sofferenza continua non è naturale... è un'invenzione del genere umano, quel genere umano perduto nelle cose materiali, nella competizione e in tutto quello che ha inventato per stare meglio.

Il fatto è che poi si sta meglio senza.

"Il matrimonio è il modo migliore di risolvere in due i problemi... Problemi che da solo non avresti!"

È solo una battuta sentita da Luciana Littizzetto; non ho niente contro il matrimonio! Tuttavia, rende l'idea e fa morire dal ridere. La società ha fatto la stessa cosa, si è inventata cose e mode per farci stare "bene", ma senza stavamo meglio.

A volte ci si perde nell'assurdo!

Lezione 12
Riepilogo e Sabotaggio

Prima di fare un piccolo riepilogo su quanto fatto sinora, vorrei aggiungere una nuova parola sull'Avataro. Pensa a qualcosa in cui sei particolarmente bravo e associalo alla parola **Specialità**.

Può essere qualsiasi cosa: cucinare, praticare uno sport, un gioco, il tuo lavoro, un hobby qualsiasi o anche cose più personali come essere un bravo genitore, figlio o compagno. Può essere anche un argomento su cui sei molto preparato, una materia scolastica, eccetera.

Insomma, una cosa in cui non temi alcuna critica e la tua convinzione è tale da poter addirittura insegnarla a qualcuno.

Se non ti viene in mente niente, così su due piedi, è normale. Insisti, in questi giorni pensaci un pochino e vedrai che ti verrà in mente qualcosa.

Hai già fatto un ripassino?

Ricorda che rileggere le lezioni è molto utile: ti renderai conto di quanto è cambiata la tua mentalità rispetto all'inizio del corso. Uno degli obiettivi da raggiungere è trovare una mentalità nuova che ti faccia affrontare la vita di tutti giorni in totale serenità e senza alcuna paura.

Sarai anche in grado di capire meglio concetti che prima ti erano sfuggiti per varie ragioni: ha suonato il cellulare, hai letto la lezione a rate, qualcuno ti ha chiamato, hanno suonato alla porta, sei dovuto andare in bagno, eccetera. Oppure quel giorno eri semplicemente distratto da un pensiero che passava di lì, e non hai seguito attentamente quello che leggevi.

In ultimo, ma non ultimo, è importante che noti una cosa: quando leggi qualcosa con un'altra esperienza, ti trasmette un'altra sensazione. La sensazione di aver non solo *capito* il concetto, ma di averlo *fatto tuo*.

In questi casi oltre a capire sai perfettamente di che cosa si parla, perché hai avuto la tua esperienza al riguardo. Ad esempio, se parli della tua **Specialità** a qualcuno che non la conosce e ti spieghi bene, lui capisce e finisce lì.

Ma se la persona sa di cosa stai parlando ed ha esperienza in merito, allora la conversazione è più frizzante, c'è uno scambio di opinioni, un aiuto reciproco, un confronto sul piacere di fare quella determinata cosa. Mentre parli percepisci che chi ascolta divide con te la stessa passione e le stesse emozioni.

Come quando ti trovi ad una festa dove non conosci nessuno e ti senti un pesce fuor d'acqua, quasi ti penti di esserci andato... quando, ad un tratto, cominci a parlare con qualcuno che è nelle tue stesse condizioni.

Il motivo del ripasso, comunque, è essenzialmente rinfrescare la memoria di concetti sentiti solo una volta e che hai tutto il diritto di dimenticare. E non per ultimo combattere il famoso *sabotaggio* che l'inconscio mette in atto nel tentativo di non lasciare quello che per lui è familiare per una nuova eccitante prospettiva.

Riepiloghiamo!

Il *rallentare* è la base di tutto.

Rallenta i pensieri, mentre pensi o mentre fai qualcosa. Sii consapevole di ciò che accade *mentre* accade, così aumenteranno le possibilità di cambiare strategia nel momento stesso in cui serve.

Rallenta le esperienze belle per godertele più intensamente, senza distrazioni e senza pensare al *dopo*.

Rallenta i brutti momenti, quando provi emozioni negative, per capire che possono essere evitate o durare pochissimo. Sii consapevole delle immagini e dei suoni che le stanno alimentando. Se riesci a vedere il meccanismo che le crea, le puoi cambiare.

Rallenta le esperienze per non avere comportamenti automatici, ma valutare se ci sono possibilità di reagire diversamente e scegliere di non arrabbiarti, rattristarti o stressarti.

L'inconscio è la parte più potente di te, è responsabile delle tue scelte, dei tuoi gusti, delle tue azioni e delle tue dipendenze.

La parte conscia dirige la potenza del tuo inconscio nel tentativo di arrivare a quello che vogliono entrambe: il benessere.

Se entrambe sono allineate e d'accordo sul da farsi, sarà una passeggiata raggiungere ogni cosa tu vorrai. Come si comunica con l'inconscio? Con l'unica lingua che conosce... le emozioni. Vuoi per prima cosa eliminare i sensi di colpa che non servono e non forzare nessun tipo di comportamento, capire che non sei sbagliato come persona ma solo che ignoravi come funziona il cervello, uno strumento a tua disposizione che non definisce il tuo vero io.

Vuoi usare il verbo *volere* e sempre meno il verbo *dovere*!

La sera fai la *Conta dei più* per sottolineare con un pennarello verde le cose fatte bene e dimenticare quelle che una volta si segnavano con il pennarello rosso. Domani ti impegnerai un pochino di più; andrà sempre meglio, anche se lentamente. Nessuna gara, nessuna fretta!

A tal scopo hai imparato ad esercitare l'immaginazione per costruire, appunto, l'immagine di te stesso che nel futuro vorresti essere: la *Macchina del tempo*. Vuoi provare, da subito, la bellissima sensazione di essere come vuoi (senza che implichi il cambiamento di altre persone). Ti rilassi un attimo respirando piano e profondamente, immagini il tuo io nel futuro felice e libero, che ti ringrazia per ciò che fai oggi: un abbraccio sincero, caldo, orgoglioso. A quel punto torni al presente con quella sensazione che ti scalda il cuore e la mente, e che farai in modo di goderti il più possibile.

Ricordati di volere le cose in positivo senza usare la parolina "non".

Voglio essere più sicuro di me stesso, più forte! = giusto!

Non voglio più essere insicuro e debole = sbagliato!

Quando fai qualcosa di nuovo, non ancora diventata un'abitudine, fallo buttandoti senza inutili preoccupazioni: potrai aggiustare il tiro successivamente. Questa regola non deve escludere il buon senso e non vuol dire fare tutto ciò che ti passa per la testa senza curarti delle conseguenze. La regola del Mibutto vale solo per tutto ciò che è *ecologico*, ossia non deve danneggiare te stesso

146

e tutto ciò che ti sta intorno: che siano cose o esseri viventi (persone, animali e tutto il resto).

Trattati come faresti con una persona cui vuoi bene, pensando di non voler essere perfetto ma di fare sempre un pochino meglio di ieri. Se ti vuoi riposare un giorno o due, fallo. Nel caso dovessi sbagliare qualcosa, trattati come faresti con un bambino che impara qualcosa di nuovo, e mentre ci riprovi mettici il sorriso e l'entusiasmo giusto, quello del bambino, appunto.

Vai allo specchio e fatti un complimento: davvero, pochi lo fanno, non ti vergognare! Vedrai, ti farà stare bene.

Immagini + suoni = emozioni → scelte e azioni.

Le immagini e i suoni che provengono da fuori o che costruisci nella testa sono la causa delle emozioni che senti. Realtà, film, internet, immaginazione o sogno, a livello inconscio non sono distinte e sono tutte causa di stati d'animo.

Fai anche caso alle azioni che ne conseguono. Se le emozioni sono negative, causano azioni non utili; se sono positive, le scelte sono tutte a tuo vantaggio. Così nascono i circoli viziosi:

Immagini e suoni → brutti pensieri → brutte sensazioni → cattive scelte → fatti negativi e si ricomincia.

Immagini e suoni → bei pensieri → belle sensazioni → ottime scelte → fatti positivi e si ricomincia.

Le definizioni di cosa siamo non sono reali, sono solo Etichette.

La nostra personalità e il nostro cervello sono talmente complessi e in continuo cambiamento che non possono avere una parola che le imprigioni in una definizione, né temporanea né assoluta.

Al contrario noi siamo in grado di fare ciò che vogliamo e quindi decidere se continuare a fare e provare le cose del passato o a *cambiare* quello che non ci piace.

Quando pensi di *essere* "qualcosa" il concetto è errato.

Quando pensi di *fare* "qualcosa" sei sulla strada giusta.

Ad esempio, se credi di essere *pessimista* nella tua mente si crea un'immagine di te stesso che non può essere modificata più di tanto perché basata sulla convinzione di essere pessimista. Vivrai così nelle emozioni legate a quello stato.

Al contrario, se capisci che tu sei uno specialista nel *farlo* (continuando a creare nella tua mente immagini e suoni di eventi che andranno nel peggiore dei modi, parlando sempre mono tono, camminando sempre curvo in avanti, creando immagini di circostanze future finite nel peggiore dei modi, eccetera), allora ti dai una possibilità di vedere un processo di azioni e pensieri *fatti e creati da te* e quindi *modificabili*.

Il processo è formato da una serie di azioni.

E se ci sono delle azioni da *compiere* o pensieri da *creare*, si ha la possibilità di *imparare* ogni volta a fare diversamente e *migliorare* il processo, senza aggredirsi e senza sentirsi in colpa.

Quante volte ci capita di chiedere un consiglio a una persona amica e stimata? Spesso, una volta che il consiglio viene dato, si risponde sospirando: "Sembra facile, ma io non sono come te!".

Dov'è l'errore in questa frase? L'errore è pensare di *dover essere diverso* per poter riuscire in qualcosa che vogliamo fare.

L'errore è pensare di *essere* invece di *fare*.

Se invece partiamo dal presupposto che le cose si imparano perché noi abbiamo la possibilità di poter fare qualsiasi cosa (con le giuste indicazioni e i nostri tempi di apprendimento) ecco che "magicamente" dopo il consiglio dell'amico risponderemo entusiasti, provando dal giorno stesso a cambiare e migliorare, piano piano e senza fretta.

L'unica cosa che vuoi fare è chiedere come risolvere a chi pensi abbia la soluzione, non andare a lamentarsi su qualcosa di cui crediamo non ci sia possibilità di soluzione!

E se ti vuoi solo sfogare, d'accordo. Ma una volta ogni tanto... e permettimi di farti una domanda: ti è utile in qualche modo?

Adesso che sai delle etichette, del *fare* e non *essere*, ogni volta che senti un'emozione negativa o fai qualcosa che non vuoi più, chiediti come poter agire in maniera differente, imparando un altro sistema che ieri non conoscevi. Senza fretta e con calma.

Chiederti *come* risolvere e *dove* trovare le soluzioni ti porterà a scoprirlo.

Chiedersi perché *si è* così ci costringe in quello stato, dandoci altri motivi per restarci.

Sai quante volte, in passato, mi sono chiesto: "Perché non riesco a smettere di fumare?".

E la risposta era: "Perché *sono* un fumatore, è scritto nel mio codice genetico, è una predisposizione, fumatori si nasce. Non ho forza di volontà e non la posso comprare da nessuna parte, e quindi smettere vuol dire provare ad andare contro natura! Mi sforzo di *essere* chi non sono, oltretutto con una fatica bestiale!".

E ricominciavo a fumare.

Quando invece la domanda è stata: "Ok, facciamo il punto della situazione. Ho provato già venti volte a smettere con la forza di volontà e non ci sono mai riuscito. Dove posso trovare un sistema diverso? Esiste un altro metodo?".

Cerca di qua, cerca di là, ho trovato il metodo giusto, quello che faceva per me, ed ora non solo non fumo più, ma non ne ho mai più avuto voglia. E mi sono sentito libero.

Adesso parliamo di sabotaggio, approfondendo e spiegando quanto detto nella lezione numero 6.

In generale, il sabotaggio è il motivo del sentirsi scoraggiati dal non riuscire a fare qualcosa o dall'esserci riuscito prima e adesso non più. Si inizia questo corso, ad esempio, con la speranza e la sensazione di essere sulla buona strada. Poi diventa qualcosa che non funziona più bene come all'inizio oppure non si trova niente che vada per il verso giusto.

All'inizio era tutto normale. Si leggevano le lezioni, si rifletteva sui concetti e si provavano gli esercizi. Tutto con una relativa calma e con le prime timide soddisfazioni, sia dalla riuscita di un esercizio, sia dal provare a stare meglio applicando uno dei concetti trattati. Poi cosa può accadere?

Qualcuno comincia a non fare più gli esercizi, a non seguire più le piccole indicazioni su come affrontare i problemi di tutti i giorni. E si comincia a pensare di non esserne capaci, di aver sbagliato corso, che "tanto non cambia niente" e di *essere* o *avere* qualcosa che ne impedisce la riuscita. Si trovano problemi che prima non c'erano e ci si appiccica addosso una bella etichetta.

Non dimenticare il concetto di "Resa", l'ingannevole sensazione che ci dice di arrenderci piuttosto che limitare i danni quando ricadiamo in vecchi meccanismi. Se dovesse capitare, niente di grave, anche se perdi completamente il controllo: aspetta un giorno e ricomincia da dove eri arrivato, considerandolo solo un intoppo, soprattutto nella lotta alle dipendenze. Barcolla pure, ma non mollare!

Tuttavia, questo processo non solo è risolvibile ma è proprio la prova che tutto ciò che leggi qui comincia ad avere un senso.

Ricorda che non mi sono inventato quasi niente, ho solo messo in piedi un sistema nuovo per spiegare certe cose che, se vuoi, trovi "ovunque". Il sabotaggio è la prova schiacciante che ho ragione, e che queste lezioni hanno un senso.

La persona in difficoltà capisce che è tutto giusto anche se non riesce a farne una continua esperienza diretta. Quando legge mi dà ragione, ma poi nella vita trova difficoltà a metterlo in pratica. Oppure riusciva all'inizio e adesso non più.

Se ci pensi bene (soprattutto dopo quanto ti ho spiegato) è lampante che sia l'inconscio a mettersi di traverso per evitare di riuscire. Ricorda che a livello conscio è difficilissimo forzare un comportamento a lungo termine se il subconscio non è d'accordo! Anche se è per il tuo bene. Ricordatelo sempre.

Qualsiasi cosa non riesci a fare nella vita (e che ritenete buona e giusta) è quasi sempre riconducibile a questo motivo. Dico "quasi sempre" perché bisogna escludere impedimenti fisici o che riconducano a uno stato di fatto non modificabile.

L'inconscio "tira" dall'altra parte perché ha paura di lasciare una condizione di malessere ma conosciuta, familiare e diventata amica, e provare una condizione sconosciuta che a livello conscio consideri una meravigliosa via d'uscita.

Bisogna lasciar stare l'inconscio tranquillo, dargli il tempo di guardare in giro che non ci siano pericoli, senza smettere di frequentare il corso (o ripassare) ma senza cercare di obbligarlo, per evitare il sabotaggio. Vedrai emergere comportamenti ed emozioni talmente belli e positivi che ti faranno scoppiare il cuore di gioia tutti i giorni della tua vita.

L'altro motivo che accompagna la paura del cambiamento è una lotta tra una convinzione e la realtà che prende un'altra piega. Le convinzioni sono i limiti del tuo potenziale: se sei "profondamente" convinto di non poter fare qualcosa, non ci riuscirai mai.

Più avanti faremo delle lezioni su come cambiare le nostre convinzioni, con tecniche molto semplici e divertenti. Se anni fa qualcuno avesse osato spiegare in parole povere come sia possibile viaggiare su di un "cavallo di ferro" con due ruote e senza appoggiare i piedi per terra né cadere, l'avrebbero chiuso in un manicomio.

Poi qualcuno ha inventato la bicicletta e, tranquillo come una Pasqua, se n'è andato in giro per dimostrarlo a tutti! All'inizio veniva preso per un caso unico, un atleta dalle capacità rare, poi i primi temerari provarono a imitarlo e piano piano riuscirono: chi in una settimana, chi in un mese.

Qualcun altro, invece, provava e cadeva; a quel punto "andava in sabotaggio" e cominciava a dire: "Io non sono come voi, io non sono capace, sono una frana in queste cose. Ci vuole talento, non è che tutti possano andare in bici senza rotelle! Io sono diverso".

Quello che succedeva era che la convinzione (insicurezza) di non riuscire a fare un esercizio "così difficile" cominciava ad andare in contrasto con la realtà dei fatti. A livello conscio cominciava a vedere sempre più persone "normali" pedalare tranquilli.

A quel punto, quando da una parte c'è la convinzione che andare in bici non è per tutti e dall'altra la realtà di vedere chiunque farlo, interviene la mentalità.

Una mentalità è quella di pensare "non ce la farò mai" così da mantenere intatta la convinzione che andare in bici sia difficile. L'altra è quella di insistere (senza forzare) fino a *distruggere* quella convinzione e andarsi a fare un giro in bici con tutti gli altri. Immaginando (macchina del tempo) quanta soddisfazione e quanto sarebbe bello usare quella nuova invenzione che sembrava così strana fino a poco tempo prima...

Quando si cade, infatti avviene una cosa che hai già imparato:
Immagini + suoni = emozioni → decisione/azione.

Il vedere (immagini) il proprio sedere per terra può generare sconforto (emozioni), quindi la scelta di credere (decisione) di non essere capaci e infine mollare (azione) anche a fronte della prova più schiacciante in assoluto che chiunque può farcela.

Se invece ti vedi cadere e ti fai una risata perché sei buffo a terra con le gambe all'aria, generi una bella emozione, ti alzi e pensi: "Per oggi basta sporcare i pantaloni, ma domani mi metto d'impegno e con i miei tempi ci riuscirò anch'io". Domani pedalerai anche tu!

Ti chiedo: oggi ci sono corsi per riuscire ad andare in bici senza rotelle? Conosci qualcuno che li fa? Ovviamente no. Perché? Perché tutti hanno capito che è solo un'abitudine da imparare quando si è bambini, visto che i bimbi sono meno piagnucoloni dei grandi!

Bene, immagina che domani io sia disoccupato e che nessuno più osi insegnare a qualcuno ad essere felice e sereno perché tutti lo insegneremo ai nostri figli... e sarà normale come andare in bicicletta. A quel punto mi toccherà trovare un altro lavoro!

Spero che questa lezione arrivi a chi ne ha bisogno e non **influenzi chi invece sta procedendo serenamente e non ha nessun problema.**

Ricordo che il sabotaggio non è una tappa obbligatoria di questo corso, anzi, è solo una seccatura *facoltativa* di cui però non bisogna avere timore. La lezione sul sabotaggio vale per ogni cosa che cercate di fare nella vita trovando difficoltà continue.

Alla prossima lezione!

Lezione 13
Esercizio di Rilassamento

Oggi parleremo di un esercizio di rilassamento molto importante per le tecniche che faremo in seguito. Soprattutto per quando cominceremo a parlare di convinzioni. Ma lo faremo anche per aiutarti a fare quello che abbiamo imparato fino ad oggi, come ad esempio l'esercizio della macchina del tempo.

Ho letto che la moglie di Einstein, in un'intervista, affermava che le più grandi scoperte del marito erano state concepite nella vasca da bagno...

Le più grandi **rivelazioni** che una persona può avere avvengono quasi sempre in uno stato di rilassamento, e quest'ultimo è molto facile da ottenere immersi in una vasca da bagno piena di acqua calda. Un'altra cosa da sapere è che tutte le scoperte del mondo scientifico e tutte le creazioni del mondo artistico sono state prima "immaginate" nella mente di qualcuno. Tutto quello che ci circonda, natura esclusa (forse), è stato **prima immaginato**. Le strade, le macchine, le statue, i quadri, la musica, la tecnologia, le scoperte mediche, la casa in cui vivi, il piatto in cui mangi, eccetera. Tutto è nato attraverso la fantasia di un creatore, tutto nasce da un pensiero. Prima si *immagina* qualcosa e poi si scatenano le azioni e le scelte che portano a realizzarla. Anche la semplice attività imprenditoriale di un piccolo artigiano è nata da un'idea, un progetto, un sogno, che lui stesso ha prima immaginato e poi creato. Se vuoi cambiare lavoro e aprirti un bar, prima lo devi immaginare, giusto?

I detti "l'immaginazione è tutto", oppure "immagina, puoi!" non sono affermazioni casuali. È davvero così che funziona il mondo, da sempre.

La *creazione* di tutto ciò che esiste nella realtà scaturisce dal *pensiero*. E quindi anche la risposta alla domanda "chi sono e che ci faccio qui?".

Il pensiero, che di per sé non esiste, non si può pesare, toccare, vedere, misurare, leggere. Il pensiero è qualcosa di fisicamente invisibile. Alcuni sostengono addirittura che quello cosciente non venga creato nel nostro cervello ma che ci arrivi dalla parte più divina che ognuno di noi ospita, soprattutto quando si parla di creazione allo stato puro.

Quindi è così che anche il nostro caro Einstein ha scoperto e rivoluzionato il mondo della scienza. Immaginando e viaggiando con i pensieri, immerso e rilassato in una vasca da bagno. Ed è anche così che il panettiere sotto casa mia ha aperto la sua attività: era rilassato e ha sognato di impastare farina, acqua e lievito fino a farlo diventare un lavoro.

Perché ti dico ciò? Perché è fondamentale che impari a rilassarti?

Perché sarà in quello stato che avverranno i cambiamenti dentro di te. Soprattutto quelli che stai inseguendo con questo corso. Ma soprattutto per farti rendere conto che la chiave del cambiamento è l'immaginazione; il tuo pensiero detta legge e stabilisce chi sei oggi. Se sei depresso è perché nella tua mente gira quell'immagine di te che ti tiene in quello stato. Se cambi l'immagine che hai di te, di conseguenza cambierai anche tu.

Tu sei quello che pensi!

E non il contrario. È più naturale e comodo pensare che siamo fatti in un certo modo (vittimismo) e i pensieri siano solo una conseguenza: è un errore molto comune che capovolge, letteralmente, lo stato di fatto.

L'esercizio della macchina del tempo è la creazione di te stesso nella mente. **Se c'è qualcosa che *vuoi* fare, avere o essere, immagina l'obiettivo finale realizzato, e di conseguenza partiranno tutte le azioni e le scelte che ti porteranno a quell'obiettivo.** Senza se e senza ma. Punto.

In uno stato di rilassamento, le tecniche e gli esercizi che impari qui funzionano meglio. Se riesci a rilassarti quando fai l'esercizio della macchina del tempo, tutto sarà più facile e più utile. Se riesci a provare la sensazione di benessere che avrai quando sarai libero da ciò che oggi ti opprime, in qualsiasi momento della tua giornata, buon per te. Ma è importante che riesca per prima cosa in uno stato di relax. Ecco perché respirare e chiudere gli occhi prima di iniziare. La sera prima che ti addormenti c'è più silenzio, meno luce, più calma intorno.

Detto questo, oggi imparerai una tecnica per aiutare lo stato di rilassamento a venire più spontaneo.

Se ti piace, la chiameremo **Ditomolle**, un'altra parola per l'Avataro.

Questa tecnica è molto potente e utile: consiste nel portarti in uno stato profondo di rilassamento partendo da un dito. Il tutto è molto simile allo stato pre-meditativo.

Per prima cosa, devi sapere che i comandi che il tuo cervello può dare alle dita sono tre: apri, chiudi e lascia.

Apri! e le dita si raddrizzano, oppure *Chiudi!* e le dita si arricciano su sé stesse. Se smetti di dare questi comandi le dita assumono uno stato intermedio.

Se chiudi forte il pugno, il cervello invia il comando *Chiudi!* ai muscoli che fanno piegare su sé stesse le dita. Quando decidi di mollare la stretta, il cervello manda il comando *Lascia!* alle dita, spegnendo quella contrazione senza dover dare il comando (contrario) di aprire la mano.

Fai la prova mentre leggi: poggia la mano sul libro o dove vuoi. Dai il comando *Chiudi!*

Stringi il pugno, senza esagerare con la forza, non serve. In questo momento il cervello sta continuamente dicendo alle dita *Chiudi! Chiudi! Chiudi!*

Adesso *Lascia!* di colpo la stretta, ossia smetti di dare il comando *Chiudi!* ma non dare il comando di aprire. La mano si aprirà da sola fino a un certo punto, rimanendo "molle" in quello stato. Questo è il comando *Lascia!*

Si tratta in pratica dell'interruzione del comando *Apri!* o del comando *Chiudi!*

Ora torniamo alla tecnica di rilassamento: si parte mettendosi comodi, appoggiando la testa. Inclina lo schienale della sedia, poggiati al divano o sdraiati, come meglio ti trovi.

Chiudi o socchiudi gli occhi. Rilassa un po' le spalle, il collo.

Appoggia le mani rilassate (semi aperte) da qualche parte e comincia a respirare in modo un pochino più profondo usando la pancia e non il petto.

Dopo tre o quattro respiri profondi, concentrati su un dito a tua scelta: io ti consiglio l'indice di una delle due mani. A questo punto la sensazione da cercare è quella di non riuscire più a muoverlo o quella di perdere sensibilità come fosse addormentato.

Stai sempre respirando profondamente in una posizione comoda e con gli occhi socchiusi. Comincia a dare il comando *Lascia!* al dito senza dare il comando *Chiudi!* o *Apri!*

Lascia! Questo è il comando che devi dare al dito che hai scelto. Il comando di mollare la presa anche se la presa non c'è stata prima.

Lascia! Lascia! Lascia!

Dopo qualche secondo, il dito si rilasserà talmente tanto da non potersi più muovere, o comunque proverai la sensazione del dopo formicolio.

Se provi dolcemente (durante la respirazione rilassata) a dare il comando *Chiudi!* o *Apri!* il dito non obbedisce più. Garantito. Prova con gentilezza a muoverlo, non devi di colpo strizzare la mano e interrompere la respirazione. Se si muove, ricomincia con il comando *Lascia!* tra un respiro e l'altro. Aspetta qualche secondo e riprova a vedere se il dito "dorme".

Questo serve per rilassare completamente la muscolatura e far piombare il dito in uno stato di "sonno", deve in qualche modo addormentarsi (senza sentire nessun formicolio).

Appena ti accorgi che non riesci più a muoverlo, magari ti verrà da ridere perché è una sensazione mai provata. Cerca, a quel punto, di trasmettere la sensazione di rilassamento che hai nel dito a tutta la mano. Continuando a respirare trasmetti la sensazione a tutto il braccio e così via, collo, testa, petto, gambe.

Espandi la sensazione di relax assoluto in tutto il corpo continuando con la respirazione. Il tutto dovrebbe accadere in un paio di minuti o poco di più: magari le prime volte impiegherai di più a raggiungere quello stato, ma pian piano migliorerai.

Ora che sei rilassato, puoi fare l'esercizio della macchina del tempo o qualsiasi altro imparato qui. Puoi anche solo cercare un po' di quiete se sei stressato, oppure chiederti *come* risolvere un problema che hai. Qualsiasi cosa che abbia bisogno di un pochino di riflessione: questo è il momento.

Quello che ti ho appena spiegato è *un metodo*, non *il metodo*. Serve ad aiutare chi magari non sa da dove partire per rilassarsi, puoi tuttavia benissimo trovare un altro metodo più consono alla tua persona. Magari hai esperienza di meditazione o ne avevi già uno tuo che funzionava benissimo!

Le prime volte che ci provavo, il dito si muoveva sempre e pensavo che se non riuscivo a farlo stare fermo non sarebbe partito lo stato di rilassamento. Non fare lo stesso mio errore: anche se il dito si muove, ci si può sentire rilassati comunque. Non cercare la perfezione in quello che fai. Mibutto!

Ricordati che la risposta, se hai dubbi, è sempre: "Come ti fa stare meglio!". Se ti rilassi continuando a muovere il dito, chi se ne importa, no? L'importante è che stai bene!

Riepiloghiamo: ti metti comodo, cominci a respirare di pancia, a dare il comando *Lascia!* a un dito e dopo un po' provi a muoverlo. Se si muove, riprovi. Quando avverti che il dito dorme, sempre respirando di pancia e rilassato, trasmetti quella sensazione alla mano e poi al resto del corpo.

Godi di questo stato di rilassamento e se vuoi, fai partire l'esercizio della Macchina del Tempo. Questa è una fonte di energia e di belle sensazioni che non devi chiedere al mondo esterno. È tua di natura da quando sei nato.

Fallo durare quanto ti pare e se hai una vasca da bagno e ti piace l'acqua calda, fallo lì: tanto di guadagnato. Ricorda di fare le cose facili buttandoti e senza pensare "chissà se riuscirò." Fallo e basta, ci penserai dopo.

Lascia! Lascia! Lascia!

Lezione 14
Fisiologia e Test 1 di 3

In questa lezione faremo un bellissimo test e parleremo di fisiologia, un'altra cosa che secondo me dovrebbero insegnare a scuola.

Per quanto riguarda il test, si tratta di un semplice esercizio di immaginazione. Dovrai scrivere le risposte alle domande che seguono. Niente di complicato!

L'esercizio fa parte della costruzione del pensiero, serve per rendersi conto di come strutturi le immagini nella mente e le emozioni che ne scaturiscono; consiste nel capire che modalità usi per ciò che ti piace e ciò che non ti piace.

Fai due respiri profondi di pancia e rilassati un attimo, sentirai i muscoli delle spalle e del collo più rilassati. Poi **chiudi gli occhi** e pensa ad una cosa da mangiare (o da bere) che ti piace tantissimo: un dolce, la pizza, una bibita, qualsiasi cosa di cui vai veramente ghiotto. Quella che quando c'è, non resisti!

Cerca di immaginare solo il cibo in questione e non una situazione passata dove l'hai visto, ad esempio in cucina o al ristorante. Solo il cibo, come fosse proiettato sullo schermo bianco dentro ad un cinema buio.

Quando cominci a visualizzare il cibo nella mente, dovresti poter notare alcuni particolari. Rispondi a queste domande e prendi nota delle caratteristiche che ha il cibo in questione.

Quando lo visualizzi è:
- Vicino o lontano?
- Colorato o bianco e nero?
- Sfumato o ben delineato, a fuoco o sfocato?
- Luminoso o in ombra?
- Grande, piccolo o a grandezza naturale?
- Se dovessimo descrivere la tua immaginazione come un grande schermo bianco all'interno di un cinema, in che

parte visualizzeresti l'immagine: in alto, in basso a destra o sinistra? Trova la posizione tenendo gli occhi chiusi e puntando il dito come se fosse davanti a te. Poi riapri gli occhi guarda il dito dove punta: se in alto, in basso, a destra o sinistra.
- Se senti una sensazione (calore, morbidezza o altro) segnati anche questa.

Non è obbligatorio rispondere a tutte le domande.

Prendi nota di una caratteristica alla volta, poi richiudi gli occhi, immagina bene il cibo in questione e prova a rispondere a un'altra domanda.

Dopodiché rilassati un attimo e cambia pensieri (un asino che vola ti distrarrà per benino!), bevi un bicchiere d'acqua e, passato qualche minuto, rimettiti seduto e rifai lo stesso esercizio da capo, ma stavolta con una cosa che non ti piace per niente. Una cosa commestibile, magari buona per altre persone, ma che tu non mangeresti neanche sotto tortura. Se sei una persona che mangia di tutto, pensa a cibi esotici come insetti fritti, vermi cotti, ostriche, lumache, spaghetti con la marmellata, eccetera.

Rilassati di nuovo con la respirazione di pancia, chiudi gli occhi e visualizza bene il cibo disgustoso a cui stai pensando. Una volta osservato per bene, prendi nota delle risposte.

Quando visualizzi, il cibo disgustoso è:
- Vicino o lontano?
- Colorato o bianco e nero?
- Sfumato o ben delineato, a fuoco o sfocato?
- Luminoso o in ombra?
- Grande, piccolo o a grandezza naturale?
- Se dovessimo descrivere la tua immaginazione come un grande schermo bianco all'interno di un cinema, in che parte visualizzeresti l'immagine: in alto, in basso a destra o sinistra?

Non c'è giusto o sbagliato, è tutto soggettivo e non devi per forza trovare una caratteristica per ogni punto. Ognuno può visualizzare il cibo in maniera diversa.

Mibutto! Non giudicare il test e non stare a pensarci troppo. Ricordati di immaginare solo il cibo in questione come fossi al cinema e non l'ultima volta che l'hai visto. Tutto molto semplice!

Nella prossima lezione faremo un altro test simile e poi metteremo insieme il tutto per capire un'altra parte sul funzionamento del pensiero. E ovviamente come trarne vantaggio per il nostro stare meglio.

A proposito di cibo, oggi facciamo un pochino di teoria sugli effetti fisiologici. Ricordi i circoli viziosi?

Se fai delle belle immagini nella tua mente → scateni delle belle emozioni che → scatenano delle ottime scelte per te che → ti faranno fare cose per il tuo bene. Quindi si ricomincia.

A questo proposito, ti è mai capitato di avere una giornata in cui va tutto a meraviglia? Ti alzi la mattina e qualunque cosa fai la fai bene, sei così carico di energia che spaccheresti tutto, arrivi alla sera che vai a dormire soddisfatto, perché è andato tutto bene.

C'è anche la versione al negativo, una giornata in cui va tutto storto. Sei gobbo e stanco dalla mattina alla sera. Vedi tutto nero e non vorresti esserti alzato dal letto. Scommetto che fai meno fatica a ricordarti questo!

Comunque, quello che vorrei spiegare oggi è che nella giostra della tua giornata, dove gira tutto bene o male, c'è un altro elemento che incide... e non poco: la tua fisiologia.

Come cammini, la tua postura, il tono della voce, **quanto sorridi** (è importantissimo, te l'ho già detto?), cosa mangi e bevi, come tratti il tuo corpo in generale. In una lezione passata ho detto che ognuno di noi è corpo, mente e anima. Se vuoi che le tue emozioni siano positive e vivere una vita serena, vuoi trattare bene *anche* il corpo.

Certo, in questo corso impariamo ad usare bene la nostra parte emotiva del cervello perché è quella più trascurata dalla nostra cultura occidentale... ma non è la sola, anche se la più importante!

Tutti i bisogni umani, se ridotti ai minimi termini, si traducono nel provare uno stato emotivo piuttosto che un altro. Di questo circolo è responsabile anche il nostro corpo.

Tu non fai brutti pensieri perché sei di malumore... ma sei di malumore perché fai dei brutti pensieri.

Quindi a te il potere di fare qualcosa di diverso. Per la tua postura è la stessa cosa! Non è solo il risultato di come ti senti, ma ne è la causa.

Se cammini gobbo e appesantito ti sentirai stanco e depresso, se cammini dritto e agile ti sentirai fiero e carico di energie. **La postura non è solo una conseguenza di come stai.**

Stessa cosa per il sorriso e la risata: chi sorride sempre non lo fa perché è allegro, ma è sempre allegro perché sorride di continuo! Come mai?

Come per le immagini e i suoni, il tuo inconscio non distingue realtà da immaginato. Io soffro di vertigini e se vedo un video di paracadutismo provo la sensazione del vuoto o della paura, anche se sono comodo sul divano. Qualsiasi film (o pubblicità) gioca con questo trucco. Tu provi la sensazione associata a quello che vedi, anche se sei consapevole che è tutto finto o virtuale.

È l'inconscio che comanda, la parte conscia si rende benissimo conto che sei al sicuro; l'inconscio no, e quindi tu provi, contro il tuo volere, la sensazione associata a quell'azione, evento o immagine.

Per la risata è la stessa cosa. Quando c'è qualcosa che ti fa ridere, stai bene perché il cervello produce un bagno chimico che crea una sensazione positiva. Che bello passare una serata in compagnia di amici con cui si ride in continuazione!

Parecchi esperti in medicina sostengono che, a parità di condizioni, qualsiasi malattia regredisce prima se la persona malata è allegra! E se tu ti mettessi a ridere per finta...?

L'inconscio reagisce nella stessa maniera e il bagno chimico si crea allo stesso modo. Lo so, è incredibile, ma io ti ho avvertito già dalle prime lezioni che c'erano argomenti semplici ma controintuitivi.

Prova a ridere per finta. Grida, non essere timido! Devi farlo convinto, ad alta voce e per almeno cinque secondi di fila. Chiuditi in bagni se ti vergogni e prova davvero.

Puoi negare finché vuoi, non solo starai meglio, ma ti verrà da ridere a tua volta... si innesca un circolo vizioso positivo. Hai mai visto un bimbo fare lo sciocco e ridere per finta? Lo fanno d'istinto. Ridono senza motivo perché gli causa benessere.

**I bambini, se osservati con saggezza, ci possono resti-
tuire tutto ciò che abbiamo perso.**

Quando usano l'immaginazione (macchina del tempo) la usano
per provocare autonomamente belle sensazioni. Ti ricordo infatti
che lo scopo del corso è essere emotivamente indipendenti e
quindi non avere bisogno di niente che provenga *dall'esterno* per
stare bene.

Quindi tornando al discorso della postura, anche lei è causa del
cambiamento di stati d'animo. Se ti metti a camminare a testa alta, dritto e fiero, ne ricaverai la sensazione associata. Se cammini
gobbo e lento ti sentirai stanco e triste. Fai la prova in casa, almeno per trenta secondi, vedrai che mi darai ragione.

Adesso analizziamo uno dei tasti dolenti del nostro tempo: l'a-
limentazione.

Non sono uno psicologo e neanche un dietologo, ma se è difficile trovare informazioni sul corretto uso della psiche, trovarle sulla
corretta alimentazione no. Parlo di informazioni generali e risapu-
te, non delle strane diete che girano sul web.

Se nella tua dieta scarseggia frutta e verdura, non sarò di certo
il primo che ti dice che non va bene, no? Se ancora non lo sai:

- La carne rossa andrebbe mangiata al massimo due volte
  a settimana. Uova e formaggio pure.
- I grassi (soprattutto animali) e i condimenti vanno limi-
  tati più possibile, compreso il sale.
- Il latte, una volta considerato l'alimento più completo e
  salutare, oggi è la prima causa delle famose intolleranze.
- Il pesce (anche solo il tonno) andrebbe mangiato ogni
  volta che si può. La carne bianca è meglio della rossa.
- Non trascurare i legumi, molto nutrienti, ricchi di fibre,
  calcio, ferro e poveri di grassi.
- I dolci, snack vari, gli alcolici, le bibite gasate e zucche-
  rate, la pizza, gli insaccati e i condimenti molto grassi
  andrebbero mangiati il meno possibile.
- È importante bere almeno un litro di acqua al giorno.

E per ultimo ma non per importanza, le cosiddette abbuffate...
quelle mega mangiate in compagnia, dove stai seduto ore a tavola
e ti alzi che sei così pieno da non riuscire a stare dritto. Se sono

cene, passi una notte un pochino agitata e ti alzi la mattina che sei già stanco. Se sono pranzi, passi il resto della giornata a fare ruttini e a pentirti di non esserti fermato un *pochino* prima.

Il tuo fisico non ha bisogno di essere sovralimentato! Ci sono molti studi e ricerche che tendono a credere che la vita si allunghi se si mangia il giusto.

Lo so, lo so... che stai pensando che una bella mangiata, soprattutto se in compagnia, è una festa così sana e così allegra da non poterci rinunciare. Molti pensano, addirittura, che sia l'unico bel momento della settimana. Ma io non ti sto dicendo di rinunciare a nessuna bella mangiata in compagnia; io stesso sono sempre in prima fila quando si tratta di fare festa, però...

- Cerco di non mangiare più di un piatto di ogni cosa che mi piace.
- Non faccio "festa" per più di due volte a settimana.
- E soprattutto il giorno dopo cerco di mangiare soprattutto frutta e verdura per **compensare**.

Non hai bisogno che *nessuno* ti dica se esageri o meno nella normalità della tua alimentazione. Quindi, se vuoi, fatti un esame di coscienza sia su cosa mangi (e quante volte la settimana) e sia di quanto sei esagerato quando si fa festa.

Ci sono persone che mangiano una fetta di torta e basta. Mangiano una pizza e basta. Bevono un bicchiere di vino, non sei o sette. Mangiano fino a che la fame non svanisce e non per compensare emotivamente la loro giornata. Guarda loro, quando sei ad una bella cena! Fermati prima di esagerare.

Pensi che loro si divertano meno di te? Pensi che lo stare bene in compagnia sia legato dalla quantità di cibo ingerito? Questo vale per *tutte* le dipendenze.

Hai mai provato a compensare il giorno dopo? Se ti sei mangiato l'impossibile a una cena (può capitare), la mattina dopo hai saltato colazione? Hai mangiato solo frutta a pranzo o cenato leggero?

Insomma, da buon Italiano, puoi anche dire che svieni se non fai colazione o se non mangi la pasta tutti i giorni, ma poi solo dentro di te sai qual è la verità! Guardati allo specchio... fisso negli occhi. Ieri non sapevi e quindi non devi sentirti in colpa, da oggi puoi scegliere se pensarci su oppure no!

Ora però torniamo all'argomento principale: l'incidenza dell'alimentazione sul tuo umore.

I cibi come dolci, pane, pasta, alcolici scatenano certe sostanze chimiche nel cervello che ci fanno sentire bene, producono buone sensazioni. Ma c'è una fregatura: sono temporanee, brevi e passano in fretta. Tanto da farci mangiare troppo e non esserne mai contenti. Ed è così che spesso si arriva al sovrappeso cronico, un continuo senso di malessere, un permanente desiderio di mettersi a dieta, e non per ultimo danneggiano la salute.

Non ne vale la pena! Meglio scatenare le belle emozioni in altro modo.

Il fatto di sentirsi sempre gonfi, goffi, avere continui mal di testa, disturbi gastro intestinali, infiammazioni, faticare per fare una rampa di scale o allacciarsi le scarpe e non mangiare mai con una sensazione chiamata "fame", quella vera, ci porta un continuo malumore e ci toglie energia per fare altro.

Quando una persona mangia leggero e sano, non solo aumenta (e alimenta) il sistema immunitario, non solo non ricorda l'ultima volta che ha avuto il raffreddore, ma è anche pieno di energia per lavorare o svolgere le attività della giornata. È bello pimpante!

Chi è sovralimentato è sempre stanco, malaticcio, svogliato, acciaccato e seduto sul divano a guardare la tv (magari spiluccando qualcosa anche se ha mangiato da poco...). Quindi cerca di limitare questo comportamento, se vuoi, e aumenta il consumo di frutta e verdura: vedrai che il tuo sistema di difesa contro le malattie ne guadagnerà di molto.

Ti sentirai meglio senza quella sensazione continua di pesantezza e nella lotta ai malumori per cui hai iniziato questo corso. Malumori causati *anche* da una malnutrizione.

Questa è un'altra cosa per cui non ti sarò simpatico, ma dovevo informarti, almeno in parte. Se sapevi già queste cose, complimenti per il ripassino; se dovessero essere nuove, magari chiedi a un professionista nel settore eventuali conferme o smentite.

Comunque, ricordati che se vuoi riflettere sul tuo comportamento a tavola (e fuori pasto) la soluzione migliore è: **STOP!**, *rallenta* mentre mangi o mentre perdi il controllo. Se ti gusti le cose che mangi al rallentatore, le tieni in bocca più possibile, sei presente mentre lo fai, non ti fai distrarre dalla tv, appoggi le posate sul piatto tra un boccone e l'altro... bene, non solo godrai di più delle prelibatezze della cucina italiana ma riuscirai anche a mangiare meno senza fare tante rinunce. Prova!

Guarda chi è magro vicino a te e non esagera. Prova a imitarlo. Nella stessa ora di piacevole compagnia, potresti mangiare il doppio senza divertirti due volte tanto.

Non è la quantità di cibo ingerito a farti passare dei bei momenti. Non è fame quella che senti, è un'abitudine inconscia per compensare e fino a ieri conoscevi solo quel sistema.

Ricorda della risata e della postura. Prova a ridere per finta e a raddrizzare la schiena, oggi stesso o nei prossimi giorni. Spalle dritte, testa alta, tono di voce sicuro, non strisciare i piedi e non camminare moscio.

Fai la prova per avere un giudizio basato sulla *tua* esperienza e non su alcune (seppur importanti) parole stampate su un libro. Così avrai un nuovo strumento contro i malumori e starai meglio.

Un'altra cosa molto importante a livello fisiologico è il riposo. Dormire regolarmente almeno sette ore a notte e in quelle ore di sonno riposare al meglio, senza dover digerire cene pesantissime.

E per ultima, ma non per importanza, un po' di meditazione o la semplice respirazione per riprendere il controllo. Chi vuole farti credere che c'è una tecnica speciale dietro, che devi ascoltare una musica particolare, che devi sforzare lo stato di concentrazione, di dover spendere soldi per imparare... forse non ha avuto i maestri che ho avuto io. Questi corsi possono aiutare, certo. Ma basta molto meno!

Io parlo di meditazione semplice, un ritaglio di pochi minuti durante la settimana per rilassarsi. Una parentesi rigenerante sia per la mente che per il corpo. Facile, veloce e gratuita, puoi farla da solo, anche adesso. Oppure usa la tecnica del **Ditomolle** quando vuoi.

Tutte le volte che ne hai voglia, fermati un attimo... prenditi un minuto di pausa e fai dei bei respiri profondi, usando la pancia e non il petto. Riempi i polmoni, aspetta un secondo e poi svuotali piano piano. Fallo almeno un paio di volte, magari quando sei all'aperto. Fai una passeggiata tutte le volte che puoi, anche solo cinque minuti, trova il tempo. Apri la finestra anche d'inverno, anche in città, guarda la natura, respirala, e nota che spettacolo divino offre. Sorridigli! Godi più che puoi.

Fallo solo per te, non per me!

Oltre a pagare per un bel film, un concerto, una mostra o una qualsiasi forma d'arte, ogni tanto guarda da vicino piante e animali, osserva il colore del cielo, le montagne, il mare. Madre natura è lo spettacolo d'arte gratuito più bello del mondo e come tale pochissimi lo apprezzano come si deve. Anche se abiti in città puoi godere di quel fantastico show in un qualsiasi giardinetto, non trovare scuse. Se poni un pochino di attenzione sulla natura, potrai goderne ogni volta che sei fuori casa.

Bene, ti ho dato altro materiale su cui riflettere. Non dimenticare la base del corso: rallentare e macchina del tempo usando il Ditomolle.

A presto e... *buon appetito*!

Test 2 di 3

Eccoci di nuovo qui.

Ora faremo la seconda parte del Test della visualizzazione spiegato nella lezione 14, poi metteremo insieme il tutto e te ne spiegherò lo scopo. Se per caso dovessi aver saltato il test della lezione precedente, ti chiedo per favore di leggerla prima di andare avanti.

Grazie al test ti sarai già accorto che il cibo che ti piace e quello che non ti piace hanno caratteristiche diverse. Se non sei riuscito a trovare nessuna differenza tra i due, ti prego di rifarlo con più calma. Per esempio potresti aver visualizzato a colori il cibo che ti piace e in bianco e nero il cibo disgustoso. Oppure uno immaginato piccolo e sfocato e l'altro grande e a fuoco. Due o tre diversità possono bastare.

Le differenze che troverai servono a capire che il cervello cataloga tutto: le cose che gli piacciono le mette in uno scaffale virtuale diverso dalle cose che non gli piacciono, e poi ovviamente c'è anche lo scaffale delle cose "indifferenti".

Questo vuol dire che il gusto, nel senso dello stimolo alle papille gustative, di per sé conta poco. Ci sono cose amare o disgustose a tal punto da non piacere a nessuno, ma in quel caso è più un meccanismo di difesa naturale che ci avverte della possibilità di rimanere avvelenati da qualcosa. Poi ci sono cibi dolci che non piacciono a tutti e cibi amari che piacciono a qualcuno.

Non esiste niente di *buono per tutti*, neanche la Nutella! E niente di *disgustoso per tutti*, vedi alcune verdure amare come il radicchio o la cicoria. In Giappone mangiano le cavallette come noi mangiamo le noccioline. Alcuni animali mangiano le feci di altri... solo noi umani abbiamo sviluppato così tanto il senso di ribrezzo!

Inoltre, tieni presente che i gusti cambiano nel corso della vita. Questo vale per tutti: anche tu, quand'eri piccolo, mangiavi cose che adesso non mangi più o al contrario mangi volentieri cose che da piccolo non sopportavi. Eppure, le tue papille gustative sono sempre le stesse!

Io ad esempio da bambino adoravo i bastoncini di pesce; ora mi domando come ho fatto a divorare quella roba unta e plasticosa per anni. Quando a casa c'erano i vari tipi di crocchette panate era una festa, adesso non mi fanno né caldo né freddo. Da bambino odiavo il pesce e le verdure... adesso ne vado matto!

Domanda: cosa è cambiato?

Risposta: lo scaffale nella mente!

I bastoncini sono scesi dallo scaffale con la scritta "cose buone" e si sono spostati sullo scaffale "cose cattive". Il pesce ha fatto il contrario. Le crocchette panate invece ora sono nel mio scaffale "cose indifferenti".

Ci sono molti scaffali nella nostra testa, ognuno ha la sua etichetta e il nostro cervello cataloga e mette in ordine qualsiasi cosa. La verità è che dietro a ciò che ti piace (non solo cose da mangiare) esiste un'associazione inconscia emotiva bella, brutta o neutra. Lo scaffale è l'emozione che senti quando compi una scelta.

Lo spostamento dallo scaffale come avviene? Possiamo spostarla noi, consciamente, da uno all'altro? Sì, si può, ma di solito succede a causa di condizionamenti pubblicitari o per eventi casuali. Per esempio, se provi ad assaggiare qualcosa che non ti piaceva in una situazione divertente, potrebbe diventare qualcosa che mangerai volentieri, perché il cervello associa la buona sensazione al cibo in questione. Ricorda l'esempio della pasta Barilla.

Ora andiamo avanti con il test; nella prossima lezione metteremo tutto insieme e spiegherò una bellissima tecnica mentale per cambiare scaffale consciamente.

Il test di oggi riguarda le esperienze, i ricordi. Concentrati e ricorda due esperienze qualsiasi del passato: una negativa e una positiva. Le analizzeremo come abbiamo fatto con il cibo, cercando di capire le caratteristiche del ricordo nella tua mente.

In questo caso aggiungeremo due domande alla lista della lezione precedente.

La prima domanda da aggiungere è:

- Rivivi l'esperienza in prima o in terza persona?

In prima persona vuol dire che il ricordo si sviluppa nella tua mente guardandolo direttamente dai tuoi occhi, come se fossi di nuovo in quel posto. Vedi tutto come la telecamera delle macchine di formula 1 quando è piazzata sopra il casco del pilota: le mani, il volante, la strada che scorre, proprio come se tu fossi lì.

Rivivere l'esperienza in terza persona è invece paragonabile all'esercizio della macchina del tempo, ossia vedere te stesso "da fuori". Vedi il tuo corpo dall'esterno, come quando vedi la macchina della formula 1 passare da bordo pista: la vedi prima davanti, poi su di un fianco, poi da dietro e poi sparisce dietro una curva.

L'altra domanda da aggiungere è:

- Il ricordo scorre come fosse un film o vedi solo delle fotografie statiche?

Quindi, avrai da ricordare una esperienza bella e una un po' meno. Sulla bella non c'è problema.

Sulla brutta, per favore, non andare a ripescare un episodio troppo tragico del tuo passato. Cerca qualcosa che ti ha fatto stare *un po' male* e non qualcosa che ti ha fatto soffrire per mesi. Pensa a qualcosa che tende di più all'essere stata un'esperienza fastidiosa piuttosto che a una che ha generato sofferenza atroce.

È importante che tu esegua il test per poter capire meglio la prossima lezione. Proviamo? Prendi carta e penna!

Inizia con l'esperienza brutta e cerca di farlo più in fretta possibile. Rilassa spalle e collo, fai due bei respiri di pancia e non di petto, chiudi gli occhi e immagina un episodio del tuo passato più o meno recente in cui sei stato male per qualcosa che ti ha dato fastidio e che non vorresti che capitasse più. Una litigata, un piccolo incidente, una delusione. Fai tu. Ricorda che non tutte le risposte sono necessarie, basta che visualizzi tre o quattro caratteristiche.

Quello che visualizzi è:

- In prima o in terza persona?
- Come fosse un film o vedi solo delle fotografie statiche?
- Vicino o lontano?

- Colorato o bianco e nero?
- Sfumato o ben delineato, a fuoco o sfocato?
- Luminoso o in ombra?
- Grande, piccolo o a grandezza naturale?
- Se dovessimo descrivere la tua immaginazione come un grande schermo bianco all'interno di un cinema, in che parte visualizzeresti l'immagine: in alto, in basso a destra o sinistra? Trova la posizione tenendo gli occhi chiusi e puntando il dito come se fosse davanti a te. Poi riapri gli occhi guarda il dito dove punta: se in alto, in basso, a destra o sinistra.

Se hai risposto ad almeno tre domande, basta! Smetti immediatamente di pensarci e pensa alla bandiera dell'Australia o a quanti denti ha un coccodrillo! Distraiti per un po'.

Ora passiamo alla bella esperienza.

Vai nel passato più o meno recente e trova qualcosa che ti ha fatto stare veramente bene. Un complimento da una persona che stimi, un bacio, un abbraccio da chi ami, una soddisfazione lavorativa, sportiva, hobbistica. Una serata tra amici o una bella vacanza. Quello che vuoi!

E poi rispondi alle stesse domande che puoi rileggere poco sopra.

Ricorda che potresti trovare *solo* un paio di differenze con le esperienze brutte. Non ti preoccupare, basteranno. Questi esercizi, sia quello della visualizzazione del cibo sia quello delle esperienze, vanno effettuati una volta sola e solo per scovare le differenze di visualizzazione mentale.

La cosa a cui devi invece sempre dare priorità è il *rallentare* e l'esercizio della macchina del tempo. Poi, di seguito, trovare sempre il modo migliore per risolvere problemi quotidiani, evitare stati d'animo negativi e inutili. Fatti la domanda su *come* risolvere invece che sul *perché* sia capitato!

Cercare di ricordare che tu *fai* e non sei.

Nella prossima lezione ti spiegherò a cosa serve questo semplice test, faremo un piccolo riepilogo e ti anticiperò cosa faremo nelle lezioni future.

Lezione 16
Test 3 di 3

Bentrovato!

Questa lezione riguarderà il funzionamento del pensiero con i risultati dei test fatti nelle lezioni precedenti.

Nei due test sono venute fuori le caratteristiche che ognuno di noi crea per immaginare una cosa nella propria testa. Se è una cosa che ci piace, ha delle caratteristiche diverse dalle cose che non ci piacciono. Questo ovviamente non vale solo per il cibo, ma per tutto. Il cibo è la cosa più immediata da visualizzare e per questo l'abbiamo usato, ma se vuoi puoi farlo con qualsiasi cosa.

Abbiamo quindi fatto lo stesso esercizio con le esperienze e i ricordi. Anche qui, ognuno ha trovato modalità che sono diverse tra quelle brutte e quelle belle, con una particolare attenzione sull'immagine fatta in prima persona o in terza.

Se ricordi esperienze brutte in prima persona, prova a ripetere l'esercizio in terza e ti accorgerai che l'impatto emotivo è minore. In poche parole, il ricordo fa meno male. Potrebbe non essere così per tutti, c'è anche chi vive intensamente ricordi in terza persona; parliamo di statistiche.

Riguardo invece le belle esperienze, la maggior parte delle persone li rivive e ricorda in prima persona, perché è più semplice che così riemergano tutte le belle emozioni di quei momenti felici. Se ti viene spontaneo farlo in terza persona, prova a cambiare portandoti in prima e vedrai che sarà più bello. Un ottimo modo per creare emozioni positive senza aiuti esterni.

Anche in questo caso possiamo fare il parallelo con l'esercizio della macchina del tempo: quello **continueremo a farlo in terza persona** perché l'inconscio **lo riconosca come obiettivo** non ancora raggiunto, e quindi metta in moto tutto ciò che serve per arrivarci.

Se lo dovessi fare in prima persona potresti creare disallineamento tra quello che sei oggi e quello che immagini. Potresti convincerti che sei già così e rallentare il viaggio verso il **cambiamento**. Quindi mi raccomando di fare sempre in terza persona l'esercizio della macchina del tempo.

Se invece ti dovesse capitare di creare pensieri che ti fanno stare male (accade spesso prima di addormentarsi), cerca di fermare quel film (o immagini) e se non ci dovessi riuscire, prova a spostarti in terza persona. Oppure rallenta, cancella quel pensiero triste e pensa **volontariamente** a qualcos'altro di più piacevole.

Durante la lezione precedente ci siamo resi conto anche che la mente cataloga le cose. E il catalogarle serve per associare una risposta emotiva a ciò che si pensa: se la pizza o il tiramisù mi fanno impazzire, saranno nello scaffale delle cose buonissime e appena ci penso arriverà anche la sensazione associata.

Stessa cosa per le cose secondo me disgustose: ci penso e arriva una sensazione di rigetto.

Non essendoci, però, un *vero e proprio* scaffale nella testa, la tua mente rende possibile la risposta emotiva dell'oggetto a cui pensiamo dandogli delle caratteristiche appropriate e soggettive.

La visualizzazione potrà essere grande, piccola, vicina, lontana, a fuoco, sfocata, colorata, in bianco e nero, luminosa o scura e via discorrendo.

Non tutti potrebbero individuare più di due o tre caratteristiche e non tutti potrebbero avere la stessa modalità per le cose buone o per quelle cattive.

Se io penso ad un cibo buono, può essere grande e coloratissimo. Per un'altra persona potrebbe essere a fuoco e visualizzato al centro. Ognuno ha il suo modo di catalogare; anche in questo caso niente è giusto come niente è sbagliato.

C'è solo una statistica che dice come la maggior parte della gente cataloga le cose buone e meno buone: le modalità più usate per ciò che ci piace (e le esperienze positive ricordate) sono: grandi, coloratissime, a fuoco, luminose e vicine.

La stessa statistica dice che le modalità più usate per le cose che non piacciono sono: piccole, in bianco e nero, sfocate, scure e lontane.

Se invece analizziamo le esperienze, la quasi totalità delle persone percepisce e sente di più a livello emotivo un ricordo se rivisto come film in prima persona, e meno se ricordato come una foto in terza persona. Bello o brutto che sia.

Comunque, se il tuo modo è diverso da quello statistico, non ti preoccupare: va bene comunque. L'importante è trovare il proprio sistema di classificazione e magari verificarlo bene con altre cose o altri ricordi.

Nelle prossime lezioni parleremo di dialogo interno e impareremo a cambiare la risposta emotiva a una determinata cosa.

Faremo una tecnica apposita per cambiare, ad esempio, le cose che ci piacciono rendendole indifferenti o viceversa. Quindi, se adesso ci sono cose che vedi o senti che ti causano uno stato emotivo non desiderato o non utile, sarai in grado di cambiarlo. **Avrai strumenti e soluzioni potenti per stare meglio in qualsiasi campo.**

Non mollare e resta collegato!

Adesso andiamo avanti con i risultati del test. Se li hai fatti, ora hai bene in mente le caratteristiche che hanno le immagini delle cose che ti piacciono o non ti piacciono. Varrà la stessa cosa per i ricordi delle tue esperienze, belle o brutte che siano.

Se non sei riuscito ancora ad individuare almeno due differenze, non ti preoccupare, è solo questione di farci un pochino di più attenzione. Di solito i motivi della non riuscita sono:

- Poca praticità con esercizi mentali. Basta riprovare.
- Poco rilassamento durante l'esercizio. In questo caso, prova a farlo prima di dormire o quando sei da solo in un luogo silenzioso.
- Voler vedere le differenze a tutti i costi e forzare un'immagine che invece deve nascere spontanea con le sue caratteristiche originarie. Ricorda: vuoi solo pensare al cibo o all'esperienza in oggetto, e l'immagine deve arrivare da sola senza forzature.
- Potresti avere un metodo di classificazione poco "visivo". Magari il metodo che hai è associato più a una caratteristica di sensazione tattile (in gergo tecnico si chiama "cinestetica"). Soluzione: vuoi trovare caratteristiche e differenze che rispondono meglio ad una sensa-

zione tipo: leggero o pesante, liscio o ruvido, caldo o freddo, molle o croccante, duro o morbido, eccetera.

In ogni caso, da qualche parte il tuo cervello fa una distinzione. Quindi stati sereno se non l'hai trovata, e riprova con più calma. L'importante è rendersi conto di quello che fa la mente, così possiamo cambiarlo.

Un'altra cosa su cui vuoi fare più attenzione è che **sei tu a guidare il ricordo,** sei tu che hai fatto la prova in terza persona e poi in prima (o viceversa).

Quando provi a rivivere un ricordo dalla prima alla terza persona (bello o brutto) noterai che l'impatto emotivo cala notevolmente. **In terza persona è tutto meno coinvolgente e quindi percepisci meno l'emozione associata.** Questa consapevolezza è importante: tienila a mente.

Puoi guidare i pensieri con la tua parte razionale, per far provare alla parte inconscia emozioni più positive possibili, e questo vale per tutte le caratteristiche dei pensieri.

Ci sono parecchie persone che si immaginano sempre eventi tragici o ricordano in continuazione cose passate non piacevoli. Prima lo facevano in automatico senza rendersene conto, poi con il *rallentare* hanno cominciato a farci un pochino più caso. Adesso, con questo esercizio, ti rendi conto che appena ti accorgi di questo meccanismo puoi apportare delle modifiche.

Facciamo un esempio sul più normale dei casi, ovvero una persona che vive e sente più forti i ricordi fatti con immagini grandi, a colori, vicine, a fuoco, in movimento e in prima persona.

Se ti metti a pensare a qualcosa che ti piace, come un bel ricordo (o qualche scenario futuro), fai attenzione a creare un'immagine con quelle modalità.

- Se per esempio il ricordo è in bianco e nero, coloralo il più brillantemente possibile.
- Se ti vedi da fuori, porta l'esperienza in prima persona per "sentirla" di più.

Se invece ti capita di ricordare un brutto episodio passato o di preoccuparti di un evento futuro, puoi cambiare le immagini nella tua testa e renderle:

- Lontane, in bianco e nero, piccole, sfocate e in terza persona.

Addirittura, puoi mimare con le mani un gesto per cacciarle via, cancellarle o rimpicciolirle. Così facendo attenui e di molto i malumori collegati a ciò che pensi. Inoltre, puoi sempre provare ad interrompere il brutto pensiero eliminandolo e pensando ad altro.
Sei tu che guidi!

Io stesso ero un campione del mondo nel farmi dei film tragici tutti belli colorati di sfortune, morte di persone care, tragedie di ogni tipo. Pensando a cosa dovessi fare a breve, immaginavo sempre che tutto sarebbe andato storto... Ogni volta che la mia compagna tardava di un minuto me la immaginavo tra le braccia di un altro. Oppure creavo dei dialoghi interni (parlare da soli) in cui immaginavo di litigare con chiunque o di sentirmi dire cose sgradevoli (anche da me stesso).

Di conseguenze mi assaliva il malumore, ero geloso, non riuscivo a prendere sonno, e dicevo di essere lunatico... Per forza, con quei film continui nella testa chiunque sarebbe sempre incavolato o triste!

Facevo tutto in automatico: pensavo che fosse normale e non ci si potesse fare niente perché **credevo di essere fatto così**, invece era una cosa che **facevo**... Nessuna scuola insegna che il pensiero "va per i fatti suoi" solo se non sei tu a guidarlo.

Come un cavallo selvaggio allo stato brado, se nessuno lo cavalca (con le buone) e lo guida verso un bel prato fiorito, potrebbe perdersi in un bosco nero e buio e senza niente da mangiare. Educazione! Solo questo! Come per i bambini che hanno bisogno di una guida, altrimenti crescono con condizionamenti più o meno utili in base al caso e alla sorte.

Quindi ora hai due strumenti in più da usare con il *rallentare*:
- Se ti scopri a pensare cose brutte, cerchi di metterti in terza persona, di allontanare l'immagine rimpicciolendola, togliendole i colori e rendendola sfocata. Oppure, ancora meglio, fermi il pensiero e pensi ad altro. Usa la gestualità delle mani se ti rende più facile il compito.
- Se nella mente crei dei bei pensieri è più utile che li colori, li fai belli grandi, vicini, a fuoco e in prima persona

175

(a parte la macchina del tempo!) e li trattieni più che puoi.

Se le tue modalità e caratteristiche sono diverse, **verificale con cura** e poi usa le tue!

Queste cose le sanno in pochi, per adesso, e ovviamente c'è chi le usa per condizionarti... le pubblicità, per esempio, sono maestre nell'usare queste tecniche per influenzarti nei tuoi acquisti.

Ti ricordi la pubblicità della Nutella con Pavarotti che canta "Buongiorno"? Guardalo su YouTube, se vuoi. All'inizio è tutto in bianco e nero, la musica è solo un'introduzione lenta. Quando Pavarotti comincia a cantare, c'è la nutella in primo piano, a fuoco, grande e al centro e tutto comincia a prendere colore. Il ragazzo bianco e nero abbraccia la ragazza e si colora anche lui. La finestra si apre e contemporaneamente si colora. Il tuo inconscio registra questi passaggi di stato e associa la nutella alla trasformazione di qualcosa da bianco e nero (emozioni negative) in qualcosa a colori (emozioni positive). La musica da noiosa e lenta che passa ad allegra e veloce fa lo stesso effetto. Il mattino da pigro e triste diventa vivace e allegro; tutti ridono e diventano felici.

Ripetuto varie volte innesca le connessioni giuste per far risalire, inconsciamente, quelle emozioni quando al supermercato passi vicino alla nutella!

Pubblicità che giocano con il passaggio da bianco e nero a colori ce ne sono moltissime, facci caso. Come ci sono moltissime pubblicità commoventi con bambini, famiglie felici, situazioni ideali, eccetera. Sempre per associare il prodotto ad una bella emozione che, ricorda, è la droga più potente al mondo.

Ma ora che lo sai non ti inganneranno più, e anzi userai la stessa tecnica per trasformare le tue immagini e film negativi in qualcosa che sarà più utile per te stesso e per il tuo umore giornaliero.

L'inconscio è suggestionabile se non è consciamente controllato.

La pubblicità associativa è quella più utilizzata e spudorata, fatta quando riguarda cibo, alcoolici, gioco d'azzardo e altro. Oppure il prodotto è associato a personaggi famosi, attori, sportivi. Quello che voglio che tu capisca (e che riesca a combattere riguardo alle pubblicità) è che qualsiasi associazione va bene per far **ancorare** nell'inconscio un'emozione con un prodotto.

Immagini + suoni = emozioni.

Se vedi i meccanismi, li puoi cambiare. *Rallenta*!

Nei prossimi giorni puoi provare a fare questi due esercizi divertenti: uno è quello di scovare le pubblicità di questo tipo, ovvero dove è lampante l'associazione prodotto/emozione. Solo per divertirti!

L'altro esercizio, più importante, è quello di provare a notare come si sviluppano i pensieri nella tua mente, ad esempio i ricordi della giornata appena passata oppure ancor più vecchi (di settimane, mesi o anni), o anche le preoccupazioni di ciò che deve ancora avvenire.

Nota se sono colorati, grandi, vicini, se sei lì in prima persona o in terza. Appena ti rendi conto della cosa, prova a cambiare le modalità per attenuare le emozioni negative o potenziare quelle positive.

Il prossimo blocco di lezioni riguarderà il dialogo interno e le tecniche per cambiare le cose che ci piacciono. Sarà un altro pezzo fondamentale di tutto il corso.

Ricorda che siamo solo a metà strada! Se avverti un pochino di sabotaggio sotto forma di pigrizia o voglia di mollare, fai un ripassino o rileggi le lezioni che ne parlano. Cerca di superare i blocchi che ti trovi davanti sapendo che arriveranno, nelle prossime lezioni, gli strumenti che fanno di più al caso tuo. Prenditi un pochino di pausa senza convincerti che sei in difficoltà.

Ricorda perché hai questo libro tra le mani.

Barcolla pure ma non ti arrendere mai!

LIVELLO TRE

Lezione 17
Cambio gusti e libertà di scelta

Eccoci arrivati al terzo blocco.

Complimenti vivissimi per essere ancora qui, *collegato*. Non hai idea di quante persone si arrendano alle prime difficoltà e non leggono più di due o tre lezioni.

Ti fai complimenti quando sei davanti allo specchio? Hai smesso di prendere tutto sul serio e a ridere di più? Riesci sempre più spesso ad essere consapevole di ciò che succede nella tua mente? A questo punto vuoi poter rispondere, se non positivamente, almeno con il dubbio: "forse sì, ci riesco, non è difficile".

Adesso è tempo di andare avanti e fare sul serio!

Nella prima parte abbiamo cominciato ad allenarci con il *rallentare* per aumentare la consapevolezza di ciò che accade nel nostro cervello per poterlo cambiare, e con la macchina del tempo dare un obiettivo al nostro inconscio.

Abbiamo cominciato a capire che quello che facciamo è molto più sotto il nostro controllo di quello che ci hanno sempre insegnato; a osservare meglio le nostre reazioni negative per poterle cambiare chiedendosi *come fare* e non il perché.

Nella seconda parte abbiamo fatto un po' di teoria per capire il funzionamento del pensiero. Ora sappiamo che le immagini e i suoni che ci creiamo nella mente determinano quello che sentiamo a livello emozionale: questo determina poi le scelte e le azioni che intraprendiamo.

Abbiamo parlato meglio del sabotaggio (tra l'altro la lezione è sempre lì, se ne hai bisogno!), delle dipendenze e di come siano guidate dall'inconscio, del nuovo concetto che ci fa capire che noi non *siamo* ma *facciamo*. Niente etichette ma solo processi (azioni): oggi stesso possiamo smettere di fare quello che abbiamo fatto fino a ieri, sostituendolo con altro.

Infine, abbiamo capito come il nostro cervello cataloga le esperienze e i nostri gusti; dopo averlo capito, abbiamo cominciato a farci caso.

Ora dobbiamo diventare bravi nel cambiare modalità ai pensieri che facciamo in testa per rendere più intensi quelli positivi e meno quelli negativi.

Se hai un ricordo bello, cerchi di viverlo in prima persona, grande, colorato, a fuoco e ci fai un bel film. Se è brutto lo allontani da te facendolo piccolissimo, lo scurisci, lo sfochi, e ti metti in terza persona fermando le immagini il più possibile.

Hai mai visto Minority Report? È un film che ti può dare una mano a livello di immaginazione. Guarda come Tom Cruise sposta le immagini del suo computer futuristico con le mani. Cercalo su YouTube. Parecchie persone usano l'immaginazione cambiando i pensieri nello stesso modo.

Abbiamo appena scoperto questa tecnica, quindi non ti curare di farla bene da subito e non ti far prendere dall'ansia se all'inizio non viene bene. Prova un sistema e, se non stai meglio, cambialo. Non ti impuntare.

Oggi impareremo come cambiare la risposta emotiva di qualcosa che ci piace ma che vorremmo diminuire nella nostra vita, perché crediamo sia una dipendenza negativa.

Ad esempio, se oggi troviamo irresistibile qualcosa che sappiamo non essere utile al nostro benessere, possiamo toglierlo dallo scaffale delle "cose buone" e metterlo sullo scaffale delle "cose che ci sono indifferenti".

Potremmo anche metterlo nello scaffale delle "cose cattive", ma ricorda che l'inconscio non gradisce i grandi cambiamenti e potrebbe mettersi in mezzo, in più come processo è poco naturale e più difficile da attuare. Tra l'altro le cose che troviamo indifferenti sono quelle da cui siamo sicuri di essere liberi.

Le cose che troviamo indifferenti non hanno nessuna associazione inconscia; le cose che ci piacciono molto o per niente sono invece al 99% legate ad un'emozione inconscia associata ben precisa. Ricorda che l'inconscio è più potente e vuole solo emozioni.

Se nella tua testa c'è l'associazione "prodotto-sensazione bella", diventerà irresistibile o ne avrai voglia molto spesso. Oppure, sarà disgustoso se l'associazione è con un'emozione brutta. Questo vale anche per ciò che ci piace fare (e non fare) al di là del prodotto o dell'attività in sé.

Possiamo avere belle emozioni inconsce legate a cose che danneggiano molto la nostra salute e al contrario avere emozioni brutte legate a cose molto salutari. Ecco perché si fanno cose stupide, autodistruttive e si consumano prodotti che danneggiano la nostra salute (fumo, droghe, iperalimentazione).

In alcuni casi non si riesce a farci piacere ciò che sappiamo benissimo essere salutare: un esempio classico è quello di chi ha fatto troppe diete e ora associa i cibi sani e leggeri alle sensazioni negative delle diete massacranti fatte in passato. A me, per esempio, non piace fare passeggiate in montagna perché durante il periodo in cui facevo il militare ero costretto a farle; il mio inconscio rivive quel brutto periodo della mia vita e lega le passeggiate in montagna a quelle sensazioni sgradevoli.

Ti ricordi invece il primo lavoro che hai avuto? Anche se era massacrante o stressante, quasi a tutti è piaciuto andare al lavoro i primi tempi.

Il concetto di libertà di scelta è molto semplice, ma nessuno ce lo spiega mai a livello di associazioni inconsce. Quando siamo liberi di scegliere succede che, per esempio, un cioccolatino a volte lo mangiamo, a volte diciamo "no, grazie". Se c'è o non c'è, non fa grande differenza. Sporadicamente ci verrà la voglia, ma non lo troviamo *irresistibile* e soprattutto ce ne basta uno solo.

Questo per spiegare che chi pensa di essere *padrone* della propria scelta e dei propri gusti, dicendo:

- "Io fumo perché mi piace!"
- "Io mangio molto perché voglio, non mi costringe nessuno!"

In realtà mente a sé stesso perché non conosce il meccanismo associato. Non se ne rende conto, ma è così. Stessa cosa per chi dice di non avere forza di volontà a sufficienza per poter scegliere diversamente. In questo caso si crede che bisogna necessariamente essere più forti per *forzare* un certo comportamento, trascurando invece i veri motivi emozionali.

Quindi sappi che la vera libertà di scelta si ha quando sei libero di dire sì o no in maniera del tutto serena. Se trovi qualcosa di irresistibile o repellente, dietro c'è l'associazione. E sappi anche che potresti non ricordare, per niente, quando è avvenuta. La maggior parte di esse avvengono in età molto giovane e rimangono sepolte nell'inconscio.

Questo vale per tutte le cose, non solo per quello che si mangia, si beve o si fuma: tutte le nostre abitudini frequenti hanno questa natura. Dal guardare sport in tv al tenere sempre in ordine la casa, tanto per fare qualche esempio.

A noi non interessa da dove vengono le associazioni; andiamo subito al *come* risolvere il problema.

Vogliamo mettere nello scaffale mentale delle cose indifferenti ciò che ci piace ma non vogliamo più. Oppure mettere nello scaffale mentale delle cose buone ciò che vorremmo ma che non troviamo abbastanza attraenti.

Io odiavo la verdura, come tutto il mangiare sano, perché nella mia mente era sempre associata alla dieta e quindi era sullo scaffale delle cose cattive. Dicevo "convinto" che effettivamente avevano un cattivo gusto... poi ho scoperto questa tecnica e con un punto di vista differente tutto è cambiato; ora in un mese, mangio la verdura che prima mangiavo in un anno. E non solo oggi sono nel mio peso forma, sentendomi leggero e pimpante, ma non mi capita più di avere malanni continui.

Prima consideravo la verdura come una cosa senza gusto e mangiabile solo con il sacrificio, con il *devo*. Non notavo che ci sono persone che la mangiano volentieri, pensavo che si sforzassero. Poi, un giorno, una ragazza mi disse che per lei era un piacere mangiarla e io la prendevo in giro dicendo che non ci poteva essere niente di piacevole in quella roba senza gusto, verde o molle. Allora lei mi squadrò dalla testa ai piedi, soffermandosi sulla pancia, e mi disse: "Si vede!". Non avevo proprio un fisico da bagnino, ecco...

Mi spiegò che mangiare sano e variegato le dava la bella sensazione di sentirsi in forma, leggera, scattante, riposata e in salute. Mai gonfia, insaccata, stanca, svogliata, appesantita e con contorno di sensi di colpa per aver esagerato la sera prima. Io mi guardavo allo specchio e non mi piacevo, lei invece sì.

Ecco il punto di vista che mi mancava: io associavo certi cibi solo al sacrificio della mia costante dieta per non rifarmi il guardaroba ogni anno. Cambi il punto di vista e cambia tutto, sensazioni nuove, nuove soluzioni!

Cominciamo quindi da quello che oggi trovi irresistibile, cibo o altro, e che invece vuoi rendere indifferente. Fai attenzione a una differenza all'apparenza sottile, ma sostanziale: *poter scegliere di evitare* è diverso da *non volere mai più*. Questa è la vera libertà, in questo campo.

Ecco perché ho detto che non bisogna resistere alle dipendenze, altrimenti aumenta il potere attrattivo che ha su di te. Se sai di poter avere qualcosa quando vuoi, non ti interessa più così tanto e diventa indifferente, anche se piacevole.

Con la stessa tecnica potresti portare nello scaffale delle cose buone qualcosa che oggi non gradisci ma che credi sarebbe utile fare. Per esempio, un pochino di sport, bere molta acqua, mangiare pesce, mangiare variegato o tutto ciò che ritieni salutare ma che non rappresenta (ancora) un'abitudine.

Ricorda che questo esercizio non esclude quello della macchina del tempo: vuoi farli entrambi. Non nello stesso momento, ma se fatti insieme nello stesso periodo si amplificano l'un l'altro.

Ad esempio, se vuoi smettere di fumare, sarai ormai allenato a vedere, nel prossimo futuro, il te stesso libero da quella schiavitù. Se vuoi dimagrire, sarai ormai allenato a vedere, nel prossimo futuro, te stesso magro e felice, eccetera. Con questa tecnica amplificherai l'efficacia di tutto ciò.

Come tutti gli esercizi proposti fino a qui, vuoi rilassarti e fare due respiri profondi, di pancia, prima di iniziare. Sciogli braccia e spalle, usa l'esercizio del Ditomolle. Chiudi gli occhi e visualizza una cosa che ti è *indifferente*.

Possibilmente che sia dello stesso "genere" della cosa che vuoi evitare. Se parliamo di un dolce cui non puoi resistere e che non vorresti mangiare più, potresti cominciare a immaginare qualcosa che a tavola ti è indifferente, tipo un frutto, qualcosa che non ti fa né caldo né freddo.

Se parliamo di un oggetto, cerca di immaginare qualcosa di simile che ti sia indifferente. Se parliamo di un'azione, cerca di stare il più possibile nello stesso campo.

Per esempio, fumare la pipa se parliamo di smettere di fumare; verdure, se parliamo di smettere di mangiare pizza; televisione, se parliamo di evitare l'ossessione da internet; golf, se parliamo di smettere di giocare d'azzardo; succo di frutta, se parliamo di smettere di bere alcolici. Questi esempi servono solo a darti degli spunti e farti comprendere meglio il meccanismo: componi il tuo abbinamento da solo.

Una volta trovata, visualizza bene la cosa indifferente come la rappresenti nella mente, con tutte le caratteristiche che abbiamo visto nelle lezioni precedenti: grande, piccola, a fuoco o no, vicina o lontana, in luce o in ombra, la posizione mentale. Se è un'azione e non un oggetto, aggiungi la modalità in terza persona.

Cerca di immaginare anche come staresti mentre fai o consumi quello che hai scelto. Cerca insomma di provare la sensazione di indifferenza che hai quando compi quel gesto nella realtà o quando compi quella scelta.

Quando hai ben visualizzato la cosa indifferente, fai apparire di colpo nella mente, nella stessa posizione e con le stesse caratteristiche, la cosa irresistibile che vuoi eliminare o ridurre dalla tua vita. Sovrapponila a quella indifferente, così che ne prenda il posto e abbia le stesse caratteristiche.

Visualizzala per una decina di secondi a poi riapri gli occhi, e come hai imparato a fare, distraiti con qualunque cosa ti venga in mente (magari positiva!).

Ripeti l'esercizio tre o quattro volte, consapevole del fatto che non deve durare tanto. Se visualizzi nel modo corretto e concentrandoti al massimo, bastano anche due minuti. Non è obbligatorio chiudere gli occhi o rilassarsi all'eccesso; se riesci a farlo in un altro modo va bene lo stesso. Mantieni l'esercizio sul "semplice", senza andare troppo fuori dagli schemi che ti ho proposto, cioè senza complicare inutilmente l'esercizio. Ricordati la mentalità del Mibutto.

Adesso passiamo a qualcosa che nella tua vita manca e vorresti di più. Cibi sani, abitudini salutari o qualsiasi altra cosa che desideri ma che non riesci a farti piacere.

Comincia pensando a qualcosa che trovi irresistibile e che sia attinente, proprio come nel primo caso. Se vorresti fare sport, scegli qualcosa che ti piace fare. Se vorresti mangiare più verdura, scegli un cibo che ti piace molto.

Rilassati ed inizia la visualizzazione con la cosa irresistibile. Notane le caratteristiche e cerca di farti un bel film in prima persona: appena sei alle prese con la bella sensazione associata, fai apparire nella stessa posizione e con le stesse modalità la cosa che vorresti di più.

È importante che questi due esercizi siano eseguiti pensando a qualcosa che davvero non vuoi più (nel primo caso) e qualcosa che vuoi veramente (nel secondo). Non farli *tanto per*, perché è poco utile.

Se li fai per un motivo che ti sta a cuore, tutto funziona alla grande perché c'è *motivazione*.

Alcuni esempi:

1. Per mangiare meno pasta, visualizzi un cibo indifferente come le gallette di riso: le guardi, grigie, a destra e sfocate. Mentre le mangi, sei indifferente al gusto. A questo punto visualizzi sopra le gallette un piatto di pasta grigio, a destra e sfocato. Lo guardi, pensando magari che in fondo non è così irresistibile... e basta. Rifai tutto altre tre volte. Poi, in un altro momento, fai l'esercizio della macchina del tempo dove visualizzi il te stesso magro e in forma.

2. Per smettere di giocare alle macchinette che promettono di farti diventare ricco, visualizzi un gioco elettronico che ti è indifferente, ad esempio il solitario presente sul tuo personal computer. Ti guardi giocare al solitario in terza persona, un po' annoiato, a sinistra, lontano e piccolo. A questo punto visualizzi sopra a quest'immagine quella di te stesso, sempre in terza persona, che gioca alle macchinette che ti rubano i soldi, annoiato, a sinistra, lontano e piccolo. Ti guardi, magari pensi che in fondo non è poi così irresistibile come ti sembrava... e basta. Rifai tutto altre tre volte. Poi, in un altro momento, fai l'esercizio della macchina del tempo dove ti visualizzi passare davanti a una di quelle diaboliche macchinette senza esserne più attratto.

3. Per andare a fare un po' di nuoto, ti visualizzi praticare uno sport che ti piacerebbe fare, anche se non l'hai mai

fatto, come guidare una moto, giocare a calcio in seria A, per le ragazze fare la ballerina oppure essere una campionessa di ginnastica artistica, eccetera. Dipende da quello che vuoi tu, come sempre: immagina. Vedi la scena in primo piano, bella colorata, in prima persona, con la gente che applaude... magari vinci addirittura una medaglia! A questo punto ti visualizzi nuotare in piscina con le stesse caratteristiche, pensando che andandoci volentieri ne guadagnerai in salute ed energia.

4. Per smettere di fumare, ti visualizzi mentre fumi la pipa o una sigaretta elettronica, qualcosa che non ti dà alcuna soddisfazione. Magari la trovi buona, ma se non c'è non la cerchi e non ne hai mai voglia (è questo il senso). Ti guardi in terza persona aspirare indifferente; sei grigio, sfocato. A questo punto visualizzi te stesso con la sigaretta in bocca e pensi che non sia così difficile smettere.

In questi quattro esempi ho aggiunto anche quello che hai imparato nella prima sezione, cioè di cercare di vedere la questione da un punto di vista diverso, **più utile**. Mentre esegui la tecnica per la parte inconscia, trova anche il modo di **motivarlo** a livello razionale. Come nel mio esempio delle verdure.

Sii saggio, cerca di associare all'esercizio la giusta sensazione, oltre che la corretta visualizzazione mentale. Se è il dottore che ti ha detto di smettere di fumare, è probabile che l'esercizio funzioni poco; se invece sei tu che *vuoi* smettere, è diverso. Dai la giusta spinta a queste tecniche!

Nella prossima lezione cominceremo a parlare di dialogo interno: ricordi la formula? Immagini + suoni = sensazioni.

Abbiamo visto come si creano le immagini nella mente, adesso è la volta dei suoni.

Ricorda dell'importanza di fare una pausa, almeno quando cambiano gli argomenti trattati!

Lezione 18
Le voci della mente

In questa lezione parleremo di suoni. Ricorda la formula:

Immagini + suoni = emozioni.

Le immagini sono state l'oggetto delle ultime lezioni. Basti pensare all'esercizio del cambio gusti che abbiamo fatto insieme; abbiamo capito che le caratteristiche del pensiero ti provocano emozioni, ma quelle stesse caratteristiche possono essere cambiate "consciamente"!

E questo è uno dei pilastri del corso! Una delle armi dell'eroe o dell'eroina che diventerai: avere il potere di guidare i pensieri e di non cadere in stati d'animo negativi gratuiti.

La consapevolezza di quello che ci passa per la testa e il fatto di poterlo cambiare!

Se vuoi usare l'esercizio del cambio gusti per mangiare meno, o per la tua personale dipendenza, puoi farlo. In ogni caso ti spiegherò altre tecniche per questo scopo. Ora proseguiamo.

Immagini + suoni che crei nella testa = emozioni che provi.

I suoni sono per la maggior parte voci. C'è anche la musica, come ad esempio le canzoni che si risentono tutto il giorno, ma la maggior parte sono parole, frasi e voci.

Per lo più è la nostra voce a essere più presente. Alle volte è presente solo nella testa, in altre le persone preferiscono sentirla chiaramente: chi parla da solo ne è la classica dimostrazione!

Queste sono le famose "vocine" che sentiamo e che ci dicono cosa dobbiamo fare o ci giudicano per cosa abbiamo fatto.

Ad esempio, potresti sentire la tua voce che dice: "Devo ricordarmi di andare in posta", oppure "Vorrei andare in palestra", "Sono in ritardo", "Devo smettere di fare una determinata cosa",

"Non dovevo comportarmi così", "Se incontrassi quel politico gli direi, gli farei...", eccetera.

Chiameremo questi tipi di dialoghi **Dicomestesso**, o come preferisci. Scegli il tuo Avatar per indicare come ci rivolgiamo a noi stessi.

Oltre alle voci sui pensieri più disparati del quotidiano, ci sono i dialoghi immaginari di due tipi.

1. Passati: dialoghi che abbiamo avuto con qualcuno che si ripetono in continuazione nella nostra testa. Ad esempio, potrebbero essere delle critiche ricevute, oppure cosa ci ha detto il nostro capo al lavoro, o ancora l'ultima litigata in famiglia.

2. Futuri: proiezioni future di situazioni varie; in pratica immaginarsi un dialogo con qualcuno, fantasticando anche su cosa e come risponderà il nostro interlocutore. Ad esempio, costruire il dialogo per qualcosa che dobbiamo chiedere e immaginare cosa ci sentiremo rispondere.

I dialoghi immaginari passati e futuri li chiameremo: **Cosadetto** e **Cosadice**.

Tutte queste parole nella nostra testa hanno lo stesso potere di tutte le immagini che facciamo. Posso cambiare il nostro stato d'animo, facendoci sentire meglio o peggio. Noi lavoreremo soprattutto su ciò che lo peggiora. Se ti dici cose carine, ti fai dei complimenti o ti carichi in qualche modo, aumenta pure questa abitudine usandola anche coscientemente.

Analizziamo i tipi di dialoghi che facciamo; nota che uso la parola *facciamo* e non *abbiamo*. Tieni sempre presente che siamo noi a guidare (nel bene e nel male) ciò che succede nella nostra testa. E questo è vero se noi siamo sempre consapevoli (rallentare). I pensieri non si creano da soli né altre persone ce le infilano in testa, a meno che non lasciamo che accada tutto in automatico, allora potremmo essere influenzati da fonti esterne come pubblicità, vecchie abitudini, condizionamenti inconsci, eccetera. Quando sei consapevole di ciò, niente e nessuno sarà responsabile di come ti senti a livello emotivo se non te stesso: tu fai, non sei!

Il dialogo più importante nella tua testa è quello che fai con te stesso. Gli esempi che seguono presuppongono un tipo di mentalità piuttosto che un altro, se non ti ritrovi in nessuno di questi prova ad adattare il concetto su te stesso.

Spesso la gente si parla in malo modo per stimolare una reazione che ritiene produttiva (Dicomestesso), questo tipo di dialogo è anche ripetere in continuazione una critica a qualcuno o a qualcosa. Dire che *quello* è ingiusto, *quell'altro* è impossibile, ci sono troppe tasse, troppa sofferenza, troppe guerre, troppi disonesti, bisognerebbe comportarsi diversamente. Intolleranza in generale. Voler insegnare a tutti il nostro modo di pensare e di comportarsi!

Continuare a lamentarsi non fa altro che avvelenarci l'umore in continuazione senza possibilità di trovare nessuna soluzione per ciò che vorremmo migliorare.

Madre Teresa di Calcutta (tanto per fare un esempio) ha vissuto in situazioni dove la sofferenza raggiunge limiti non sopportabili dalla maggior parte della gente; ha visto cose che io non reggerei nemmeno per pochi minuti, ma cercava di aiutare tutti con il sorriso e non stava tutto il giorno a criticare chi causava quelle situazioni.

Se vediamo un'ingiustizia e possiamo fare qualcosa per evitarla o renderci utili per la causa, lo vogliamo fare senza rabbia o frustrazione. Se invece non ci possiamo fare proprio niente, cerchiamo di evitare malumori non necessari cercando di essere saggi e pensando ad altro. Per la serie: non è obbligatorio leggere brutte notizie quattro ore al giorno e guardare tre telegiornali. Se vado a una manifestazione arrabbiato o indignato, non sarà più utile allo scopo della stessa!

Se piove e ho l'ombrello, lo apro senza arrabbiarmi. Se non ce l'ho, pazienza, è solo acqua, mi asciugherò. Non farti travolgere troppo da rabbia, frustrazione e tristezza.

Ricorda il detto: se hai un problema e lo puoi risolvere, perché ti arrabbi? Se hai un problema e non lo puoi risolvere, perché ti arrabbi? Sii saggio, moderato e fai attenzione a quando dici "è più forte di me"!

Un altro esempio che possiamo fare è quello di sentire la propria voce tramite il Dicomestesso che ci dice in continuazione che *dobbiamo* fare questo e quello, lo dobbiamo fare meglio, in un altro modo, oppure sottolineare che abbiamo fatto qualcosa di sbagliato.

Non va bene: sono veri e propri insulti a noi stessi che magari non avremmo mai il coraggio di dire a nessun altro a cui vogliamo bene. Persone che chiedono spesso scusa e dicono in continuazione di essere impacciate, ignoranti in materia, qualsiasi cosa per sminuirsi di fronte agli altri o insultandosi per la presunta convinzione di essere inette, deboli, testarde o altro.

Perché a noi stessi non riserviamo nessuna pietà e solo disprezzo per ciò che non facciamo o facciamo male? Perché guardarsi allo specchio e denigrarsi?

Se è il tuo caso, cerca di notare subito (rallentando) una cosa: quello che dici a te stesso non lo diresti a nessun altro. Questa è una differenza che difficilmente si nota. Magari sei sempre educato e rispettoso verso il prossimo ma verso te stesso usi parolacce o toni molto severi.

Se un tuo familiare o un tuo amico ti racconta che ha combinato un guaio o ha commesso un errore, non lo giudichi con meno rispetto, non diminuisce l'affetto che provi nei suoi confronti e non hai nessuna intenzione di punirlo insultandolo.

Perché allora con te stesso non agisci allo stesso modo? Riflettici.

C'è chi, ad esempio, se perde qualcosa si dà del cretino perché pensa che così ci farà più attenzione la prossima volta. Qualcuno ha l'abitudine di darsi delle botte da solo, come piccoli schiaffetti o pugni sulla testa.

Devi sapere che non serve proprio a niente. Se fosse un sistema che funziona, andrebbe ad esaurirsi con il tempo. Se sgridarsi per qualcosa portasse a non farla più, dopo due o tre volte smetteresti e non avresti più nessun motivo per dirti certe cose. Giusto?

Invece, chi si tratta male lo fa per abitudine e se non prova soluzioni diverse lo farà per tutta la vita, con l'unico risultato di sentirsi umiliato e incapace perché la voce che lo dice ne è convinta.

Questa abitudine potrebbe derivare dall'essere stati trattati così dai genitori, insegnanti o altre persone di riferimento. Oppure l'aver visto persone comportarsi, con loro stessi, in questo modo.

Da questo discorso è esclusa un altro tipo di voce, quella che ci sprona quando non ne possiamo più (la classica goccia che fa traboccare il vaso), ad esempio quando si è stufi di qualcosa che si fa e la voce ci sprona a cambiare, in meglio, una situazione specifica. L'eventuale rabbia sentita in questo dialogo interno ci induce in uno stato di determinazione al miglioramento.

Non sono maltrattamenti, ma vere e proprie spinte grintose verso il cambiamento positivo, quindi se non lo fai ti invito a provarci. E se lo fai, aumenta più che puoi l'emozione associata (grinta, carica, determinazione).

Ricorda quindi che trattarti male non serve a nient'altro che a sentirsi male. Il senso di colpa **a posteriori** usalo solo se serve a evitare la prossima volta quel comportamento, altrimenti è una punizione inutile che serve a pareggiare (sentirsi male) il fatto di aver sbagliato qualcosa.

Come ti ho già detto più volte, serve molto di più dire a te stesso che la prossima volta ti impegnerai per fare meglio di oggi. Che non sei perfetto, ma che si può sempre migliorare e non c'è niente di male a sbagliare ogni tanto.

Se ci fosse una persona perfetta, sono sicuro sarebbe depressa. Non avrebbe nessun margine di miglioramento, una vita che più noiosa non si può!

Un'altra cosa importante è che è sempre meglio pensare al positivo, cioè senza usare il famoso "non" di cui ti ho già parlato: se perdi le chiavi, ad esempio, è perché ti parli sempre con il non. "Non devo dimenticarmi le chiavi" e automaticamente è proprio quello che l'inconscio fa: dimenticarle!

Se invece ti dici: "Voglio ricordarmi le chiavi che sono sul tavolo accanto al vaso" appena le metti effettivamente sul tavolo, l'inconscio saprà cosa fare quando dovrai uscire.

Cambia il punto di vista e cambia tutto.

Non esiste una persona sbadata o distratta (etichette, le ricordi?), ma esiste una persona che è *specializzata nel dimenticare* le cose. Se questa persona cambierà il modo di poggiare gli oggetti in giro per casa e i pensieri associati, cambierà anche la sua "specializzazione".

Lo stesso discorso vale per chi, leggendo queste lezioni all'inizio, diceva a sé stesso: "È difficile, questo esercizio", "Non ce la farò mai" senza neanche averci provato. Oppure, dopo la prima "timida" prova, si dava subito per vinto per non aver rispettato la propria aspettativa di vittoria al primo colpo.

Passiamo al **Cosadice**, il dialogo immaginario che si svolge nel futuro.

Questi dialoghi funzionano proprio come le immagini e i "film" negativi che ci creiamo nella testa. Immaginiamo, spesso senza rendercene conto, di sentirci trattare male parlando ad altri: un esempio classico è quello di una persona timida che vorrebbe dire qualcosa a qualcuno (magari dell'altro sesso...) e non ci riesce perché continua a sentirsi dire cose poco piacevoli in questo dialogo futuro immaginato. Se immaginasse risposte positive e piene di complimenti, la timidezza sparirebbe per far posto alla sicurezza e alla determinazione.

Ad esempio, se devo chiedere ad una persona di prendere un caffè con me, ma immagino in continuazione che il dialogo finisce con un secco "no", mi sento già deluso prima che accada perché sto facendo provare al mio inconscio come verrò respinto. **In parole povere sto pianificando quella stessa delusione!**

Ricorda sempre che l'inconscio non distingue tra realtà e immaginazione. Ne consegue che mi arrendo prima di provarci, oppure mi pongo davanti a quella persona in maniera insicura, guardando per terra e parlando sottovoce... così influenzo il risultato, e non in meglio.

Se invece mi immagino un bellissimo "certo, sì", camminerò dritto e convinto verso la persona che voglio invitare. E se dirà di no, vorrà dire che ci sarà un motivo che non c'entra niente con me. Magari lo ha appena preso, oppure potrebbe non voler darmi false speranze (nel caso di inviti di carattere sentimentale). Quindi, invece di essere triste per un rifiuto potrei essere contento di non perdere più tempo con una persona che non mi corrisponde.

Cambia la sensazione che ne deriva? Cambia il punto di vista? **Non esistono fallimenti ma solo tentativi da affinare!** Se credi di aver fallito, è solo perché tu ti sei dato un tempo massimo per riuscire. Oppure ti sei imposto un determinato numero di tentativi.

Credi davvero che chi ha successo non abbia mai ricevuto dei "no" e non abbia mai sbagliato strategia? Quando vedi un vincente in tv, che sia nel campo della scienza, nello sport, dello spettacolo o altro, credi davvero che sia arrivato fino al quel livello senza aver sbattuto più volte contro qualche muro? Di sicuro, nel chiedere ai diretti interessati, ti direbbero che sono state più numerose le sconfitte che le vittorie. È sempre così. Chi ha successo con l'altro sesso riceve tantissimi no e qualche sì, la differenza è che i "no" **li dimentica subito senza sconforto** alcuno, sapendo che fanno parte della statistica. Non pensano che ci sia qualcosa di sbagliato in loro e magari hanno, nel tempo, cambiato look o strategia chiedendo consigli a qualche amico.

Passiamo al **Cosadetto**, il dialogo immaginario già avvenuto nel passato.

Questi dialoghi ripetono nella nostra testa qualcosa che ci hanno detto e che ci ha ferito in qualche modo. Una critica da qualcuno della famiglia o da qualcuno al lavoro, che viene ripetuta nella testa tutto il giorno e anche più, come l'ultima canzone ascoltata per radio, con conseguente stato d'animo negativo (rabbia, delusione, tristezza).

Invece di pensare ad altro, risuona costantemente ciò che è accaduto e continuiamo a provare la stessa sensazione negativa come se fossimo di nuovo lì.

Qui potremmo reagire in due modi: il primo è quello di farci un minuscolo esame di coscienza, magari il più sincero ed obiettivo possibile e, se la persona che ci ha criticato ha in fondo in fondo ragione, allora promettiamo a noi stessi di fare meglio la prossima volta impegnandoci un pochino di più, sempre senza starci male più di tanto e magari porgendo le nostre scuse invece di fare gli offesi.

La seconda situazione possibile è se la persona che ci ha criticato ha effettivamente torto. Dopo cinque minuti, possiamo alzare le spalle e fregarcene.

Non esiste *l'essere permaloso*, ma esiste chi ha un pochino la coscienza sporca, oppure poca sicurezza nel giudizio di sé.

Quando qualcuno mette in dubbio qualcosa di cui siamo veramente sicuri (Specialità), non ci fa né caldo

né freddo, facci caso. Se invece ci "punge" è probabile che siamo noi i primi a dubitarne, magari inconsciamente.

La persona insicura su qualcosa è più sensibile alle critiche perché **è lei la prima a non avere stima di sé stessa** in quel determinato settore. Il che non vuol dire che abbia ragione, anzi; potrebbe essere molto brava, tuttavia crede di non esserlo. Ecco perché la più banale delle battutine ricevute da qualcuno al riguardo crea una brutta sensazione. La reazione scatta in automatico nella nostra testa.

Tu sei quello che pensi.

Adesso ti fornirò gli strumenti per cambiare risposta emotiva al dialogo interno. Come sempre c'è bisogno di un pochino di pratica e come sempre c'è bisogno di farci attenzione prima, *rallentando* i pensieri.

Appena ti accorgi che nella testa risuona una critica feroce (verso di te o verso la società, passata o futura) puoi innanzitutto cambiare tono. Se riesci a sentire che il tono è aspro, piccato e altro, potresti fare due cose:

1. Abbassare il volume: immagina nella testa una bella manopola da girare in senso antiorario e far affievolire la voce che sta parlando in quel modo. Se la manopola non ti piace, potrebbero essere i pulsanti dell'autoradio, o una levetta del mixer. Io, ad esempio, portavo la mano vicino all'orecchio, chiudevo gli occhi e facevo finta di girare qualcosa fino a che la mia voce in testa spariva. Le prime volte ovviamente ridevo perché sembravo un matto! D'altronde, lo scopo qual è? Eliminare l'emozione negativa per lasciare posto a quella positiva, giusto?

2. Cambiare la voce: appena senti la voce che insulta o critica, cambiala con una di un personaggio dei cartoni animati o un comico qualunque che ti piaccia. Una voce buffa e poco credibile come quella di Paperino, Pluto, Aldo, Giovanni o Giacomo, Totò, giusto per fare qualche esempio. Ripetere la frase in questione con una voce strana, di un comico o di un cartone animato, ti farà ridere e cambierà la tua risposta emotiva. Facile e semplice. È solo questione di ricordarsi di farlo al momento

opportuno; anche subito dopo va bene, d'altronde si inizia facendo durare poco le brutte emozioni. Provaci!

Nella prossima lezione ti darò altri sistemi per controllare le tue voci interne. Intanto, ben vengano tutte le voci che danno carica, grinta e determinazione oppure quelle che ti fanno complimenti.

Via il trattarsi male per qualcosa che hai fatto di sbagliato, via i sensi di colpa, che non servono a niente. Se commetti sempre lo stesso errore, vuoi provare a cambiare strategia raccogliendo informazioni da più fonti!

Via rabbia, tristezza o frustrazione per le ingiustizie del mondo, se puoi fare qualcosa *fallo* con il sorriso: porterà sicuramente risultati migliori! Via l'immaginarsi che ti diranno di no o qualcosa di spiacevole, non sei un veggente e non prevedi il futuro; fai le cose buttandoti e semmai aggiusti dopo. Se te la prendi, cerca di guardare la cosa da un altro punto di vista o cerca di essere sincero con te stesso.

Abbassa il volume o cambia la voce che senti, fallo in maniera più comica possibile. Ricorda sempre della risata e dello specchio con pernacchia! Proprio come fanno i bambini.

La lezione è stata lunga: rileggi appena vuoi, soprattutto se trovi i concetti nuovi e contro-intuitivi, così da fare ordine nella testa. Chiudi il libro e riflettici sopra.

Buon *ascolto*!

Lezione 19
I Mantra

Oggi ti darò altri strumenti per avere più controllo sui dialoghi interni. Parleremo dei mantra.

Hai imparato che le immagini e i suoni nella nostra testa sono la causa di come ci sentiamo a livello emotivo. Hai cominciato a fare un pochino di pratica su come cambiare le immagini con la tua parte conscia, agendo su caratteristiche come il colore, la grandezza, la dimensione, la posizione mentale e il fatto di viverle in prima o in terza persona. Riguardo ai suoni, hai appena scoperto che si possono cambiare abbassandone il volume e, nel tono, cambiandogli la voce in maniera più divertente possibile.

I mantra, invece, sono degli antichissimi strumenti orientali. Sono molto semplici da usare e sono molto utili al nostro scopo, soprattutto a livello dei suoni. Hanno il potere di cambiare la sensazione provocata dai suoni della nostra testa, come ad esempio eliminare una sensazione negativa o crearne una positiva.

Il loro funzionamento è semplicissimo: sono la ripetizione continua (mentale o a voce) di piccole frasi che servono a creare un determinato stato emotivo o di concentrazione. In certi tipi di meditazione si usa ripetere i famosi "Om". Noi li useremo per sostituire il dialogo interno negativo che non vuoi più.

Non appena ti scopri a dirti cose poco piacevoli criticandoti per qualcosa (Dicomestesso) potrai, rendendotene conto nel momento stesso, sostituirle con altre frasi. Dei mantra, appunto, da ripetere all'infinito:

- "Non è vero, io valgo. Non è vero, io valgo. Non è vero, io valgo. Non è vero, io valgo."
- "Mi voglio bene alla faccia tua. Mi voglio bene alla faccia tua. Mi voglio bene alla faccia tua. Mi voglio bene alla faccia tua."

- "Ce l'hanno fatta tutti e ce la farò anch'io, ce l'hanno fatta tutti e ce la farò anch'io, ce l'hanno fatta tutti e ce la farò anch'io, ce l'hanno fatta tutti e ce la farò anch'io."

Oppure, se ti capita di creare dialoghi di situazioni passate in cui non è andata come volevi (Cosadetto), puoi interrompere quel pensiero con altri mantra:
- "Chissenefrega ormai è andata, chissenefrega ormai è andata, chissenefrega ormai è andata, chissenefrega ormai è andata."
- "Prossima volta, meglio farò. Prossima volta, meglio farò. Prossima volta, meglio farò. Prossima volta, meglio farò."
- Se, invece, i dialoghi sono futuri e creano preoccupazione o ansia sull'esito negativo o positivo (Cosadice):
- "Non posso saperlo prima. Non posso saperlo prima. Non posso saperlo prima. Non posso saperlo prima."
- "Quando sarà, ci penserò. Quando sarà, ci penserò. Quando sarà, ci penserò. Quando sarà, ci penserò."

In altre parole, con questi mantra andrai a zittire la parte della mente abituata a partire in automatico con dialoghi poco produttivi, tristi, arrabbiati e a volte dannosi, con frasi positive ripetute consciamente e sovrapposte ad essi.

Ricordo che quando ero in sabotaggio o anche solo stanco, mi capitava spesso di demoralizzarmi con dialoghi in cui dicevo a me stesso cose del tipo: "Ma cosa ti sei messo a fare, tanto non serve a niente, non funzionerà mai, non puoi cambiare con un corso...".

Quando mi hanno spiegato dei mantra, tutte le volte che ricordavo di farlo ripetevo sorridendo sarcastico questa frase: "Ci stai provando, eh?", rivolta alla parte di me stesso che cercava di sabotarmi con i soliti vecchi modi di pensare.

Un'altra frase famosissima, presa dal film *Via col vento*, è "...Francamente me ne infischio" detta con il tono menefreghista di chi non si fa influenzare dalle situazioni esterne. Se non sai di cosa sto parlando o anche solo per rinfrescarti la memoria, cerca il video sul web.

Puoi anche recitare mentre usi queste frasi. Mettiti davanti allo specchio e prova a inscenare il personaggio che vuoi mentre provi a dire la tua frase. Se lo fai in maniera comica e divertente, quando la userai, ti verrà in mente la scena e scoppierai a ridere mandando via il dialogo non voluto più in fretta.

Anche per lo stress sono molto indicati alcuni mantra, per esempio:

- "Faccio prima a farlo. Faccio prima a farlo. Faccio prima a farlo. Faccio prima a farlo."
- "Prima lo faccio meglio sto. Prima lo faccio meglio sto. Prima lo faccio meglio sto. Prima lo faccio meglio sto."

Ti dirò un'altra cosa di me. Ero abituato a cercare sempre il modo rimandare le cose da fare e quindi accumulare stress per non aver mai voglia di farle. Mi sforzavo di trovare il modo per rimandarle e perdevo tempo. Adesso, se ho qualcosa da fare che dura dieci minuti lo faccio subito: indovina quanto ci metto? Dieci minuti!

Prima cercavo, in automatico, di trovare subito una scusa per rinviare e farlo domani, dopodomani, oppure studiare un modo per farlo fare a qualcun altro. Il risultato era che magari nemmeno completavo l'obiettivo e perdevo comunque del tempo; in più, per giorni il continuo pensiero negativo mi stressava e mi pressava la mente: "Devi fare quella cosa, devi fare quella cosa, devi fare quella cosa, devi fare quella cosa."

O ancora, mentre bisogna fare qualcosa di irritante è meglio non avere il pensiero: "Uffa, che palle, ma quando finisce?". È molto meglio avere pensieri pimpanti e che ti motivino, come: "Dai, forza, prima finisco e prima farò altro!".

Cambi punto di vista e cambia tutto.

La scelta della frase per i mantra è completamente libera. Puoi sceglierla da questo libro, da un film, canzoni, da qualcuno che ti fa ridere o perfino inventarla tu stesso. Molti usano frasi con dentro qualche parolaccia: da recenti studi sembrerebbe che la reazione emotiva, quando ci diciamo frasi colorite, abbia un impatto più forte e determinato di frasi "politicamente corrette". Per esempio urlare: "ORA BASTA, CA..O!"

L'importante è che capisci, come per il cambio delle modalità visive, che quando sei preda di pensieri che partono in automatico in direzioni non volute, puoi intervenire consciamente per deviare le sensazioni brutte che scaturirebbero se non facessi niente.

Ripeto: **puoi intervenire consciamente per deviare le sensazioni brutte che scaturirebbero se non facessi niente!**

La ripetizione continua dei mantra deve durare per tutto il tempo che serve a cacciare via il dialogo non voluto. Può, infatti, capitare che usi una volta il mantra e poi ripiombi in quello stato negativo che volevi cacciare. A quel punto riprendi a ripetere il mantra fino a che non va via di nuovo, per tutto il tempo necessario. All'inizio ti dovrai ricordare ogni volta e piano piano diverrà una bella abitudine inconscia.

Anche in questo caso, come per la macchina del tempo, vuoi evitare di usare la parola "non".

Se usi frasi tipo: "Non devo pensare alla visita medica, non devo pensare alla visita medica" otterresti l'effetto contrario. Se vuoi evitare di pensare a qualcosa di brutto lo devi sostituire con qualcosa di bello o di divertente. Per farti un esempio, se ti dovesse capitare di essere preoccupato per il risultato di un esame, una frase utile può essere: "Quando lo vedrò... ci penserò, quando lo vedrò... ci penserò."

I mantra detti a cantilena, con più "gne gne gne" possibili e magari pensando, come fanno i bambini: "non mi hai fatto niente, faccia di serpente" avranno più effetto come quelli con le parolacce.

Ricordati che *pre-occuparsi* di qualcosa di cui non hai diretto controllo non ha nessun senso e provoca solo brutte sensazioni. Se hai il colesterolo alto, per esempio, è inutile che ti fai venire l'ansia quando aspetti l'esito degli esami del sangue. È più utile che trovi una buona sensazione legata al mangiare più sano evitando il più possibile (prima) di esagerare con salami e formaggi...

I mantra sono molto utilizzati anche per creare stati d'animo positivi. Per le immagini abbiamo imparato a creare film in prima persona, a colori, grandi, dove noi viviamo dei momenti meravigliosi, come per l'esercizio della macchina del tempo.

Ora possiamo usare i mantra per spronarci quando siamo un po' svogliati e pigri: "Forza, coraggio, datti da fare! Forza, coraggio, datti da fare! Forza, coraggio, datti da fare! Forza, coraggio, datti da fare!"

Ricordi i film di Rocky, il pugile con Sylvester Stallone, che sul ring ripeteva: "Non fa male, non fa male, non fa male, non fa male" e riusciva così a rimanere in piedi fino alla fine?

Questo è un utilissimo stato d'animo combattivo e determinato che vuoi avere durante la vita per ottenere ciò che desideri. Anche qui l'aggiunta di una parolaccia può amplificarne l'effetto. Se credi di non essere una persona grintosa (ricordati che tu non *sei* ma *fai*!), ti puoi aiutare con questo tipo di mantra che tirano fuori la sensazione dello sportivo poco prima di una gara. Gli atleti li usano molto: si dicono frasi che caricano più possibile emozioni utili ad una prestazione ottimale.

I mantra possono essere anche musica, foto o film. Se ti viene in mente qualche personaggio famoso da emulare, puoi cercare di ricordartelo frequentemente quando devi prepararti a fare qualcosa che di solito fai in maniera timida e insicura. Io, ad esempio, quando sono pigro e non ho voglia di andare a fare una passeggiata o un pochino di sport, uso una canzone che mi carica di grinta e di voglia, **associato al motivo del perché *voglio*** fare un po' di movimento.

Ricordati che le persone realizzate o di successo hanno fatto un percorso per arrivare dove sono oggi, e anche loro hanno avuto momenti tristi, accompagnati dalla voglia di arrendersi tutte le volte che hanno sbagliato, sono cadute o hanno perso qualche battaglia. A noi capita di vederle alla fine del loro viaggio, belli che arrivati. A nessuno interessa quanto hanno sudato per essere lì. Non è gente *fortunata*, la fortuna lasciala alle favole!

La musica, spezzoni di canzoni o di colonne sonore sono degli ottimi mantra se tirati fuori dalla memoria al momento opportuno. C'è veramente da sbizzarrirsi a cercare i propri. Le sensazioni che vuoi provare sono sempre comunque quelle che ti mettono in uno stato emotivo tale da permetterti di fare quello che ieri credevi fosse difficile o impossibile.

C'è anche chi si porta un oggetto in tasca (tipo una foto) a cui ha associato un ricordo particolarmente positivo e il solo toccarlo o guardarlo gli provoca quella sensazione. **I tuoi mantra potranno essere frasi, immagini, musiche o qualsiasi cosa che ti crei uno stato positivo per sostituirne un altro negativo.**

Via la paura, tristezza, rabbia, timidezza, stress, pessimismo, ansia, apatia, pigrizia.

Saranno sostituite da grinta, ottimismo, allegria, gioia, calma, sicurezza, iperattività, determinazione, esultanza, soddisfazione. Scegli ciò che si addice meglio alla tua persona.

Tra poco cominceremo un discorso molto importante sulle convinzioni e sulle credenze. Capiremo che possono davvero limitare il nostro potenziale in qualsiasi campo e quindi, oltre a conoscerle, ti darò gli strumenti per cambiarle.

Ti saluto con un mantra!

Voglio rileggere, voglio rileggere, voglio rileggere, voglio rileggere, voglio rileggere, voglio rileggere.

Lezione 20
La Gratitudine

Ora faremo due lezioni leggere e divaganti per fare una piccola pausa prima di affrontare il discorso sulle convinzioni. Così il tuo cervello avrà modo di organizzare meglio tutta la teoria letta precedentemente.

In questa lezione parleremo di un altro sistema per generare belle emozioni in autonomia, per farci agire in maniera più serena e utile in qualsiasi situazione. Parleremo di un'emozione particolare che, non solo causa benessere nell'immediato, ma è una delle principali componenti della mentalità che cerchiamo di conquistare durante il nostro viaggio. Per cambiare punto di vista e farci vedere, sentire e vivere le cose dal lato giusto.

La sensazione di cui sto parlando si chiama **gratitudine**.

Come tutte le emozioni, ha bisogno di allenamento per poter agire nella nostra vita in modo abituale.

Hai presente le persone che sono sempre allegre e di buon umore? Quelle persone sono allenate e abituate a vedere il lato colorato del mondo, ovvero creano immagini e suoni nella propria testa che mantengano il più possibile uno stato emotivo allegro e positivo. La gratitudine può essere usata allo stesso modo. Abituandosi e allenandosi a provarla, ci donerà uno stato emotivo tale da farci affrontare qualunque cosa nel migliore dei modi.

La gratitudine si prova nel momento in cui cominci a fare attenzione alle cose buone che hai, girandoti dalla parte opposta nella quale ci sono le cose che vorresti di più e le cose che non vorresti più. Perché alla fine siamo esseri votati al miglioramento e quindi siamo abituati a guardare sempre cosa non va, cosa potrebbe andare meglio o cosa non abbiamo.

Anche in questo caso la cultura occidentale ci ha insegnato, fin da piccoli, a cercare sempre di ottenere il massimo gareggiando con tutto e tutti, confrontandoci sempre con i più fortunati di noi.

Se questo atteggiamento genera spinta e determinazione per migliorare, ben venga, perché crea una sensazione e delle scelte molto utili a reagire concretamente. Ma se invece la sensazione che abbiamo è quella che ci porta a lamentarci con il presupposto che non possiamo farci niente, allora non stiamo bene e poi cerchiamo di compensare con scelte che non sono il massimo per la nostra vita. Se conosci la Legge di Attrazione saprai che il miglior modo per ottenere qualcosa di *intensamente desiderato* è partire dal presupposto di stare "già bene oggi", e che ciò che vogliamo sia qualcosa *di più*. Se invece ritieni che sia una bufala, fai attenzione alla mentalità usata dalle persone che nella vita hanno ottenuto ciò che volevano e scoprirai che sono sempre partiti dallo stesso presupposto: "Oggi sono già contento per quello che ho e vorrei qualcosa in più".

Come fare, allora, per provare questa utile sensazione?

Immagina una linea retta, dritta e continua. Tu sei su questa linea e ci sono anche tutti gli abitanti della terra, tutti in fila indiana. Da un lato hai tutti quelli che stanno meglio di te, dall'altro quelli che stanno peggio. La sensazione di gratitudine ce l'hai se ti giri dalla parte di chi sta peggio. Ora, indovina chi decide *dove* stare su questa linea? Ovvero chi sta meglio di te e chi sta peggio? Solo tu!

Non consideriamo la salute, perché troppo preziosa per questo discorso, ed è la prima cosa a cui vuoi fare attenzione quando fai la lista delle cose che hai. Non voglio dire che devi farti un giro in ospedale una volta a settimana o ricordarti del terzo mondo, ma non fare neanche finta che la sofferenza non ci sia.

Su questa linea immaginaria, dicevamo, puoi cambiare posto quando ti pare e piace, perché sei proprio tu che decidi *chi sta meglio* e *chi sta peggio*: è un tuo giudizio, una tua opinione. Sei tu che valuti cosa hai di più o di meno del tuo vicino di fila, ma soprattutto è la mentalità che usi a porre la tua continua attenzione su ciò che ti manca e che vorresti oppure su tutto ciò che hai e di cui sei grato! E sei sempre tu che decidi di vedere solo le cose belle del tuo vicino e di non considerare i suoi problemi, soprattutto se diversi dai tuoi.

Quello che cerchi, trovi. Se pensi sempre a cosa ti manca, sarai girato verso i più fortunati (quelli che lo sono per te, secondo il *tuo* giudizio). Se ti chiedi, invece, quante cose belle hai, ti girerai dal lato opposto. Se siamo sinceri con noi stessi e cerchiamo di essere il più imparziali possibile, ci accorgeremo che chi consideriamo più fortunati di noi forse non lo sono.

Magari c'è chi ha più soldi ma pochissimo tempo libero, chi ha un bel lavoro ma qualche problemino a casa, chi ha una bella famiglia ma fatica ad arrivare a fine mese, eccetera.

Cambia il tuo punto di vista e aumentano le opzioni di scelta.

Se siamo onesti, possiamo davvero capire che abbiamo molte cose che vanno bene e che consideriamo sottintese, scontate. E a volte ci fossilizziamo su tutto ciò che va storto. Se hai l'impressione di essere sfortunato è solo perché poni l'attenzione maggiormente su ciò che ti manca di bello e su ciò che hai di negativo. Non è questione di avere un bel carattere...

La gratitudine si prova facendo semplicemente attenzione a quello che hai di buono, cominciando dal tetto sopra la testa o al piatto caldo che non manca mai.

Non voglio dire che bisogna pensare positivo e far finta che i problemi non ci siano o non siano da affrontare. Anzi, è proprio provando una gratitudine consapevole che avremo più energie per risolvere i nostri problemi e ottenere ciò che desideriamo senza provare emozioni negative. Se farai caso alle cose belle che hai, starai meglio e allontanerai quella brutta sensazione che è il vittimismo in cui cadiamo spesso e che è il contrario della gratitudine.

Ricorda che il **vittimismo** è un meccanismo che la nostra **mente usa per incolpare qualcosa, o qualcuno,** di ciò che ci accade di negativo, per farci trovare *comodo* il fatto di potersi lamentare ed essere giustificati a non reagire.

Stai sempre attento: è un meccanismo subdolo, e quando entra in azione, si nasconde molto bene nella nostra mente e non ci rende consapevoli che lo stiamo subendo. È uno dei motivi per cui cerchiamo, rallentando, una maggior consapevolezza. Se ci rendiamo conto della giostra in cui siamo saliti, possiamo scendere e farla girare al contrario.

Ad esempio, posso lamentarmi che per colpa dei miei genitori non riesco a trovare un lavoro, non ho potuto seguire le mie passioni, ho la testa incasinata per colpa della loro ignoranza, sono senza soldi, eccetera.

I genitori sono i bersagli più "facili" da colpire, perché a volte partiamo dal presupposto che loro ci hanno messo al mondo e se le cose non vanno è causa loro. Nessuno ha chiesto di nascere, loro dovevano fare di più... e tutte le altre lagne del genere. Stesso discorso vale se ti viene spontaneo dare la colpa a fratelli, mogli, mariti, società, eccetera.

Vittimismo!

Oppure incolpare il nostro datore di lavoro, lo Stato, il Governo, che per noi Italiani è un'altra delle cose che ci viene spontanea, visto che la viviamo tutti i giorni. Tutti ladri e furfanti. E noi poverini in mezzo a una strada dopo che ci hanno succhiato tutto il sangue in tasse o spese.

Vittimismo!

Ogni volta che (rallentando) ti scopri a dare la colpa a qualcosa o a qualcuno, è quasi sicuramente il meccanismo inconscio del vittimismo che il nostro cervello è **abituato** e allenato a usare, per giustificarsi fatti spiacevoli **scaricando la responsabilità**. Tutto ciò accompagnato dalla convinzione che sia assolutamente sacrosanto pensarla così con affermazioni del tipo:

- "La fai facile, ma tu non sai cosa ho passato io nella mia vita!"
- "Sembra facile, vorrei vedere te al mio posto..."
- "Hai ragione ma la mia situazione è davvero grave!"

Il meccanismo del vittimismo è molto usato perché ci fa vivere comodamente abbandonati sul divano, senza cercare di **re-agire!** È un sentimento che ci rende dipendenti, ecco perché qualcuno trova difficile uscirne... ricordati che **le emozioni (tutte!) sono la droga più potente e trascurata del genere umano.**

E poi paghiamo caro, provando altre sensazioni negative come rabbia, intolleranza, tristezza, depressione, sconforto, senso di debolezza e di impotenza. Tutto ciò ci toglie energia facendoci vivere una vita in balia di tutto e di tutti (sballottati come palline in un flipper).

Ecco la soluzione: aumenta la consapevolezza e cerca di fare attenzione a quando sei in quello stato. Sostituisci l'emozione del vittimismo con quella della **gratitudine**. Appena te ne accorgi puoi farti una semplice domanda: "Se non mi curo di trovare **un colpevole** e mi metto subito alla ricerca della soluzione, prima ancora che mi vengano emozioni negative come rabbia, sconforto e altro, non è meglio?".

A quel punto fai la lista delle cose belle che hai... sempre. Fai quattro respiri di pancia e comportati come un vigile del fuoco davanti a un piccolo incendio. Completamente **sicuro** che non c'è niente da temere, tutto andrà bene e se andrà male, sarà per il tuo bene. Le più grandi lezioni di vita arrivano sempre da esperienze considerate negative. Quindi ragioni un attimo in maniera distaccata (come se il problema fosse di un tuo caro amico) e cerchi una soluzione per risolvere, invece che crogiolarti nell'autocommiserazione.

Ti capisco se non lo trovi facile, è veramente uno dei più grossi mali del nostro tempo, ma fai lo stesso una prova!

Il vittimismo fa un doppio danno:

1. Farti sentire impotente, deluso, arrabbiato e altre emozioni negative che non **vuoi** più provare.
2. Tenerti fermo senza provare a risolvere perché **"convinto"** del fatto che non è in tuo potere fare niente.

La vittima, appunto!

La gratitudine, essendo l'emozione contraria, ha i due effetti positivi opposti.

1. Non ti crea sconforto, elimina la rabbia, ti predispone per fare la scelta giusta e mettere le cose a posto o accettarle se sono *veramente* fuori dal nostro controllo.
2. Ti fa provare la sensazione che "tutto andrà bene, o come deve andare, e non è detto che se ci sembra una cosa negativa poi non si riveli positiva". Se poi il problema non lo puoi risolvere, ti evita di stare male più del necessario.

Se il tuo problema si può risolvere, perché ti preoccupi? Se invece non si può risolvere, perché ti preoccupi? L'avevo già scritto?

Attenzione, se mentre leggi questa lezione non sei convinto, e stai cercando un modo di non accettare questo concetto, è probabile che sia il vittimismo stesso che ti sta sabotando e non ne sei consapevole. Quindi *rallenta*.

Il vittimismo è un meccanismo che la tua mente *fa* partire in automatico, non *sei* tu!

Da oggi vuoi farci più attenzione e cercare la sensazione di **gratitudine** invece di cadere nelle solite vecchie emozioni negative. Da oggi usi un altro sistema e otterrai altri risultati.

Il passato è passato.

Lezione 21
Umiltà e Presunzione

Oggi parleremo di Umiltà e Presunzione.

Questi due concetti sono molto *comuni* ma allo stesso tempo molto *fraintesi*. Prima di leggere il vero significato di questi due atteggiamenti, anch'io credevo di sapere benissimo cosa fossero... e come volevasi dimostrare, appena sei sicuro di sapere qualcosa, vieni subito smentito (atteggiamento presuntuoso).

Intanto parliamo del fatto che **queste non sono caratteristiche intrinseche del carattere di una persona**, ma solo i presupposti abitudinari con cui si affronta qualcosa. E come tali generano una sensazione associata. Quando uso la presunzione, mi sento in un modo. Quando uso l'umiltà in un altro.

Non stiamo parlando del *presuntuoso* inteso come persona spavalda e sicura di sé, o dell'*umile* inteso come timido, impaurito e modesto. E quindi è meglio passare subito alle definizioni!

Presunzione: Il fatto di presumere di sapere qualcosa prima che mi venga spiegato o prima di averne fatta un'esperienza in prima persona, escludendo così ogni possibilità di imparare.

Umiltà: Ascoltare sempre ciò che dicono gli altri, anche quando parlano di argomenti da noi molto conosciuti o, al contrario, da sempre scartati per scarso interesse. Affrontare tutte le esperienze senza *pre-giudizi*, ma raccogliendo anche la più piccola e nuova informazione per farne tesoro.

Socrate diceva "Io so di non sapere", ovvero, pur essendo considerato un grande maestro e il più colto della sua società, rimase nell'umiltà di vivere sentendosi vuoto di sapere. I più grandi scienziati e filosofi della storia hanno tutti avuto un atteggiamento umile verso la loro cultura e non hanno mai vissuto nel ruolo di "professori", pur essendo sempre circondati da persone che li consideravano e trattavano come tali.

Ci sono però anche i saccenti e presuntuosi che per un pezzo di carta o per chissà quale titolo acquisito si chiudono nel loro minuscolo sapere, ignorando tutto ciò che gli viene detto (di diverso dal loro pensare), smettendo così di accrescere la loro saggezza e sapienza.

Ecco il paradosso: chi veramente sa e può fare la differenza, ha un atteggiamento umile. Chi crede di essere esperto di qualcosa, si chiude nell'ignoranza della sua comunque piccola cultura, con un atteggiamento presuntuoso.

Questo esempio è fatto con la cultura, ma vale per tutte le capacità e le esperienze umane (lo sport, l'arte, l'intelligenza, eccetera).

A questo punto il primo passo da fare è cercare di scoprire quando usiamo un atteggiamento umile e quando invece ne usiamo uno presuntuoso. Si possono avere entrambi gli atteggiamenti in base all'argomento trattato, o all'esperienza vissuta volta per volta. Quasi mai si usa (non si è) sempre uno o l'altro, ma sono atteggiamenti che possono convivere nella stessa persona, alternandosi.

Per presuntuoso s'intende ogni volta che affrontiamo qualcosa di nuovo, o diverso, in maniera *pre-venuta*, credendo di sapere di cosa si tratta prima di avere ascoltato o di averne fatta un'esperienza personale diretta.

Se io ti dicessi che c'è un corso per arrotolare gli spaghetti sulla forchetta, da buon italiano dovresti essere presuntuoso del fatto che tu non hai niente da imparare in quel campo. Sai benissimo come si fa, sia usando il cucchiaio, sia senza. Se crediamo di saperne molto di una determinata cosa, tenderemo a scartare notizie e novità che la riguardano.

Chi ha molta esperienza e saggezza, sa invece che ci può essere sempre da imparare e migliorare da chiunque, persino dai più giovani e inesperti, anche nel campo di sapere che ci pare più familiare ed esplorato.

Chi riesce a rimanere saggio sarà umile verso qualsiasi cosa che gli verrà proposta, sia nel caso fosse già un esperto del settore, sia nel caso non abbia mai sentito parlare di quell'argomento, ma soprattutto quando l'argomento contraddice pesantemente le proprie convinzioni al riguardo.

Se dici a uno scienziato che esistono i fantasmi, può reagire in due modi:

1. Con presunzione: non prenderà in minima considerazione ciò che hai da dire, magari facendo finta di ascoltarti per educazione, ma ridendo sotto i baffi pensando che stai dicendo delle fesserie.

2. Con umiltà: ti ascolterà, non solo con interesse, ma anche cercando conferme o smentite in quello che dici.

Perché se una cosa non è dimostrabile, non è da scartare.

Questo è ciò che distingue un potenziale "Einstein" da un qualsiasi "tuttologo" che parla senza ascoltare. Sono sicuro che anche tu ne conosci qualcuno!

Per scoprire qualcosa di nuovo bisogna essere umili davanti a qualsiasi scuola, metodo, notizia, opinione, nuovi filoni e altro. Solo avendo sempre la mente aperta alle novità, anche le più assurde (oggi) si possono scoprire o inventare nuove tecnologie in ogni campo.

Qualsiasi scoperta del passato fu considerata prima come un'assurdità o un'eresia da qualcuno (presunzione). Dalla scoperta che la terra è rotonda di qualche secolo fa, alla possibilità che si possa creare una rete informatica mondiale. Quando all'inizio degli anni Novanta qualcuno tirò fuori un sistema chiamato Internet, che voleva collegare in un'unica rete tutti i computer della terra, parecchi risero... Io per primo ascoltai il mio amico Yuri, esperto in informatica, e lo presi per matto quando provò a farmi capire quello che stava per accadere a livello informatico mondiale.

Quindi state molto attenti quando qualche "pazzo" vi dirà cose nuove e assurde: potreste perdere l'occasione di essere fra i primi a poter usare informazioni utili. C'è gente che spende la propria vita e tutti i propri averi per cercare il modo di costruire una macchina del tempo o un teletrasporto. Oggi sono considerati dei pazzi perditempo; domani chissà...

Mostra sempre un atteggiamento "infantile" verso ciò che incontri di nuovo e sconosciuto: curiosità e meraviglia, come solo i bambini sanno fare.

Dove voglio arrivare? Dove può essere usata questa informazione per il nostro benessere emotivo?

Vorrei che tu non confondessi, come feci io, alcuni atteggiamenti che potrebbero nascere spontaneamente dentro di te. Nelle piccole cose di tutti i giorni possiamo scoprirci umili o presuntuosi in qualsiasi campo. Facci caso quando alzi un sopracciglio dubbioso verso una notizia strana o quando ascolti rapito chi credi sia degno della tua stima.

Nel nostro corso capita spesso che (senza cattiveria e inconsciamente) qualcuno presume di sapere già **come si è fatti** e di non avere scelte in determinati settori della propria vita. Presume di essere fatto così e basta. Presume che il suo carattere sia forgiato nella roccia e senza possibilità alcuna di qualsivoglia cambiamento. Capita, magari, di dire che un esercizio è difficile senza averlo mai testato di persona. Di leggere qualche concetto **già sentito da altre fonti perdendo così attenzione nella lettura**. Oppure capita di leggere una soluzione a un problema considerato *stravecchio*, pensando che sia impossibile da risolvere in modo così semplice.

Tutti quelli che hanno iniziato il libro, letto qualche lezione e poi abbandonato queste pagine, hanno forse effettuato una scelta presuntuosa; pensato che non faceva per loro già dall'inizio. *Presupposto* di non essere in grado di poter seguire le lezioni con i semplici esercizi contenuti in esse. *Presupposto* che non era alla loro portata. *Presupposto* che non avrebbe funzionato.

Forse vivono la loro vita con la presunzione di sapere cosa la gente pensa di loro. Pensando magari di non essere degni di amore, di serenità o di appartenenza alla società in cui vivono: si tratta comunque di *presunzione*. Tristemente convinti che la loro situazione non è migliorabile se non vincendo una grossa cifra di denaro o trasferendosi su un'isola tropicale.

Poi c'è chi ha un atteggiamento umile. Quelli che hanno storto il naso, hanno pagato il libro con il sottile sospetto di prendersi una fregatura, ma valutando che il rischio fosse accettabile. Leggono, rileggono, provano, se sono in difficoltà magari fanno una pausa di un giorno o due e sono sempre qui a provarci umilmente. Così facendo non c'è possibilità di scampare alla riuscita del tuo Sarocosi... garantito al cento per cento.

Prendiamo, tanto per cambiare, i campioni sportivi. Tu credi che chi abbia vinto un mondiale di qualche disciplina o abbia una medaglia al collo lo abbia fatto con presunzione? Io per primo credevo che fosse quella che spingeva un ragazzo di vent'anni ad esibirsi davanti a milioni di spettatori, tirando fuori tutto il proprio talento.

Confondevo *presunzione* con *convinzione*.

Chi oggi è al top del proprio sport, della propria vita lavorativa, o che si sta semplicemente migliorando giorno per giorno in qualcosa, lo fa con umiltà e convinzione. Non si può essere bravi in niente se non si parte da lì. **Se presumi di saper già tutto o di esserne capace, hai già perso.**

I veri campioni sono quelli che sono convinti del proprio margine di miglioramento e che pensano con umiltà che ci sia sempre da imparare da qualcun altro. **Nella vita, come in questo corso, il segreto sta nell'essere convinti di saper sempre imparare a migliorare e mai di essere i più bravi in assoluto.**

Non cadere nel tranello di vedere una persona che si piange addosso, lamentandosi di tutto e pensare che sia umile. Purtroppo, è presuntuosa nel credere che non ci sia via d'uscita, che nessuno capisce i suoi veri problemi. **Presuntuosa nel pensare di essere un caso unico.** Che chi riesce a stare meglio, avendo avuto i suoi stessi problemi, abbia una qualche dote che lei non ha.

Una persona che soffre di depressione non sta a guardare chi dalla depressione è uscito. Crede, presuntuosamente, che la sua è la più grave di tutte o di non avere le stesse possibilità o capacità di chi ce l'ha fatta. E quindi si arrende prima di provare, o prova con l'impegno minimo per lavarsi la coscienza.

Non cadere nel tranello di vedere le persone di successo e credere che siano presuntuose. Loro sono arrivate dove sono con l'umiltà di imparare da chi ci è passato prima. Hanno avuto l'umiltà di reagire, senza sconforto, **alle mille sconfitte che incontra chiunque affronti un qualsiasi percorso.**

Se guardi un VIP in televisione, magari non hai la percezione che quella persona ha perso cento volte per vincerne una; ha scelto cento strade sbagliate, prima di trovare quella giusta; ha passato notti a piangere con la tentazione di mollare. Ha avuto l'umiltà di credere che, se ce l'hanno fatta gli altri, poteva succedere anche a lei. Nessuno guarda una persona di successo vedendo quanta fatica ha fatto per arrivare lì. Tutti pensano subito alla fortuna, ai soldi o a un talento fuori dal comune.

Tante volte io stesso sono caduto in questo pensiero presuntuoso. E tante volte ho giudicato male i miei genitori *presupponendo* che loro, avendomi messo al mondo, non avessero il diritto di sbagliare mai. Anche se sbagliavano, era comunque sempre in buona fede... nessun figlio pensa che fare i genitori non solo è il mestiere più difficile del mondo, ma è anche quello che si affronta senza alcuna esperienza e senza libretto di istruzioni.

Umiltà e presunzione. In tutte le cose. Una ti apre a mille punti di vista e opportunità differenti, l'altra ti porta nell'angolo più buio della stanza e non ti permette di vedere niente oltre al tuo stesso naso.

Ho un problema e qualcuno mi dice che la soluzione c'è:

1. Se affrontato con presunzione, credo che sia difficile senza neanche fare la prima prova. Credo che chi parla non sappia in realtà quanto grave sia il mio problema, nessuno capisce il mio dramma e il mio passato burrascoso. Conclusione? Se ci provo non mi impegno al massimo perché tanto so già che sarà l'ennesimo tentativo fallimentare. Così facendo mi convinco ancora di più che il mio caso è veramente unico e innesco un **circolo vizioso negativo.** Se affronto le cose con quel tipo di emozione tutto sarà più complicato.

2. Se affrontato con umiltà, mi metto a cercare una soluzione da chi ci è passato prima o ha cultura sull'argomento. E mentre ascolto, sono entusiasta di conoscere ciò che mi porterà verso la soluzione, senza preoccuparmi prima di cosa mi aspetta. Se non riesco subito, non mi abbatto, ma insisto sapendo che nessuno riesce al primo tentativo. Mi impegno al massimo perché sarò io che *voglio* risolvere e migliorare. Se non ottengo risultati, comincerò a valutare altre strade fino a trovare quella giusta per me, perché sarò convinto che da qualche parte esista. Gioisco di ogni più piccolo risultato, e

sono felice di essere in viaggio. Così facendo scateno entusiasmo e un **circolo vizioso positivo.** Se affronto le cose con questo tipo di mentalità tutto sarà più facile e i miei sbagli saranno solo "i tentativi necessari" per raggiungere un obiettivo.

Se poi faccio il tutto aggiungendo il concetto di gratitudine, raggiungerò anche prima quell'obiettivo.

Rifletti e cerca, rallentando, di trovare dove applichi una o l'altra emozione nel tuo quotidiano. Cercala al lavoro, nel rapporto con i tuoi amici e parenti, nei tuoi interessi personali e in tutto ciò che fai.

Se ti scopri presuntuoso, non ti agitare, ma cerca subito un punto di vista che ti crei una sensazione più umile. Non hai mai cercato di farlo prima, quindi gioisci senza giudicarti. Se scopri una tua mentalità da poter migliorare, chiediti come poter fare e festeggia la nuova scelta che ti si presenta davanti.

Festeggia la consapevolezza di poter migliorare.

Buona riflessione!

Lezione 22
Convinzioni o Credenze

Ormai siamo arrivati alla ventiduesima lezione ed è importante ricordare che nessuno ti impone un tempo massimo per leggere e che non c'è bisogno di correre. L'importante è che tra una lezione e l'altra si faccia passare almeno un giorno. Se, per fare un esempio, tu volessi leggere una sola volta a settimana, andrebbe benissimo lo stesso.

Una cosa importante è capire, per te stesso, se stai andando più piano perché è giusto che sia così oppure perché sei in preda ad un piccolo sabotaggio che crea pigrizia. Magari, questo piccolo blocco, potrebbe essere causato dal timore inconscio che la nuova mentalità appresa funzioni e ci faccia *cambiare*. Ormai sai benissimo che il cambiamento, a volte, è sgradito al tuo inconscio.

Tutti potrebbero incorrere in un attimo di "pausa" durante la lettura del libro, anche perché accade la stessa cosa durante qualsiasi periodo che porta un cambiamento profondo e stabile. Ricorda il concetto di "Resa" accennato nelle lezioni 6 e 12. Puoi barcollare, ma non darti mai per vinto.

Sorridi, non ti sgridare e invogliati a impegnarti di più. Immagina di insegnare a un bambino (il tuo inconscio) ad andare in bici senza rotelle (obiettivo Sarocosi) con tutto l'amore e la pazienza necessaria. Non mollare e resta collegato!

Se invece non stai avendo nessun problema del genere, vai allo specchio e fatti dei complimenti.

È importante che tu ti voglia bene.

Oggi cominciamo a parlare di un argomento fondamentale per la riuscita del tuo obiettivo: le Convinzioni!

In qualche modo è il nocciolo del corso: ciò che abbiamo fatto fino a qui serve moltissimo, ma non sarà efficace al cento per cento se poi non si vanno a cambiare quelli che sono i nostri presunti limiti, le famose convinzioni e le proprie credenze. Se ci pensi un attimo con attenzione, capirai che la maggior parte delle difficoltà che hai trovato fino ad oggi sono date dalla scarsa convinzione di poter davvero ottenere quello che vuoi.

Se davvero fossi convinto che puoi risolvere tutti i tuoi problemi con questo corso, non ti demoralizzerebbe niente e nessuno. Non voglio dire che tutto filerebbe liscio ma che le pause, le paure, gli errori, i momenti no avuti fino a qui, non avrebbero influenzato più di tanto il tuo percorso. Avresti considerato tutto normale o avresti dato la colpa ad altro, tipo alla stanchezza, invece di pensare "non ce la faccio" oppure "per me non funziona!".

Questo vale sempre, nella vita. Quando si vuole fare qualcosa, ma non si è troppo convinti, ogni "intoppo" è considerato una conferma del fatto che non siamo capaci o abbiamo qualche problema al riguardo e non un semplice e normale "intoppo".

Oggi imparerai cosa serve veramente per poter realizzare qualsiasi cosa nella vita. Dall'obiettivo che ti sei prefissato in questo corso a una qualsiasi soddisfazione personale: famiglia, lavoro, sport, passioni di ogni genere o qualsiasi cosa che sogni e che è lì ad ammuffire nel cassetto.

Se vuoi, scrivi il desiderio che vuoi realizzare nell'Avataro. Ciò che troverai potresti chiamarlo **Improsibile**, tutto ciò che credevi impossibile o improbabile! Niente sarà più tra le cose che "credi" impossibili per te! Se sei scettico è normale; datti una possibilità e rimani collegato.

Come accennato nella lezione 6 e 12, le convinzioni sono tue *personalissime opinioni*, e come tali sono relative, cioè non devono per forza corrispondere alla verità. Queste convinzioni sono state installate nella tua mente in passato e oggi fanno parte dei tuoi confini. Anche loro generano una sensazione associata, quindi anche in questo caso parleremo di come ci fanno sentire e di quali azioni ne scaturiscono.

Se sono convinto di qualcosa, nella mia mente creerò un'immagine o un suono che produrrà una sensazione, e mi comporterò di conseguenza.

Immagini + suoni = emozione → azione.

Le convinzioni sono tutto quello che **tu pensi** sia vero, falso o discutibile. E sono tutto ciò che credi di essere capace di fare e di non fare. Questo, purtroppo, accade spesso solo a livello inconscio e quindi può succedere che tu pensi una cosa ma in realtà, nel profondo, sei convinto del contrario... di conseguenza l'inconscio comanda le tue azioni e decisioni al riguardo.

Questo potrebbe essere vissuto come un blocco che ostacola il tuo cambiamento.

Se fai l'esercizio della macchina del tempo con un determinato obiettivo, ma "inconsciamente" sei convinto di essere un caso disperato, potrebbero nascere dei sabotaggi. L'insicurezza, che potresti trascinarti dalle tue esperienze passate, potrebbe essere diventata una realtà o magari potresti essere convinto di non avere doti necessarie per raggiungere il risultato che vorresti.

Faccio qualche esempio per farti capire:

- Potresti pensare di essere un pessimo disegnatore. Questo solo perché da bambino qualcuno ha giudicato male un tuo disegno e non ti sei mai più messo d'impegno a disegnare qualcosa.
- Potresti pensare di essere una schiappa nello sport. Questo perché da giovane eri indietro rispetto agli altri e invece di metterti alla pari con i tuoi tempi ti sei arreso, smettendo di allenarti e provare.
- Potresti pensare di non avere forza di volontà. Questo perché nessuno ti ha mai detto che le cose è meglio farle *volentieri* e non per *obbligo*. Volere e non dovere, ricordi?
- Potresti pensare, infine, di non meritare gioia e serenità sentendoti inadeguato (ed è il più diffuso blocco inconsapevole). Questo perché, forse, sei vissuto in ambienti dove il sacrificio e il sudore erano un "nobile obbligo" e il divertimento un "peccato da nascondere". Oppure hai vissuto con scoraggiamento i tuoi mancati obiettivi, chiamandoli fallimenti e non tentativi.

Quello in cui credi sarà la **tua realtà** assoluta, scritta e forgiata nella roccia! Leggi con calma, è la verità: quello in cui tu credi sarà la tua realtà assoluta. Tu sei quello che pensi!

Se ti convinci che non sei in grado di fare qualcosa, non la farai mai... e se ci proverai, l'impegno sarà al minimo indispensabile. Se invece c'è qualcosa che vorresti fare e non ascolti la tua convinzione di non riuscire, potresti trovare il modo giusto di poterla realizzare.

Se credi di riuscire, riuscirai; se credi di non riuscire, non riuscirai. È così, basta che pensi a qualcosa che sei riuscito o non riuscito a fare in passato per capirlo. Cerca di pensare all'atteggiamento e alla convinzione che avevi prima di riuscire (o non riuscire). Se proprio non riesci a convincerti, almeno metti in dubbio la tua presunta riuscita in qualcosa pensando: "Forse sono più capace di quello che credo...".

Noi non siamo, facciamo!

Chi ha partecipato, in età adulta, a corsi di diverso tipo, sa che se una cosa ci piace e ci appassiona, niente potrà fermare il nostro apprendimento. Oggi stai partecipando a un corso di benessere personale: imparare a stare bene. L'essere umano ha, nel proprio DNA, l'innata capacità di apprendere... per tutta la vita! E ci riesce sempre per emulazione o per tentativi.

Sappiamo che in qualsiasi età si può imparare a fare pressoché qualsiasi cosa; deve solo interessarci al punto di farla con piacere e non perché siamo obbligati.

Qualche tempo fa ho conosciuto una dolce signora del sud Italia: Natalina, 65 anni. Per lavorare nei campi con il padre non era riuscita a frequentare più della quarta elementare. Natalina era sempre stata in sovrappeso, fin da bambina. Era nata in una famiglia convinta che "cicciottello" è sinonimo di "in salute": della serie merenda con melanzane alla parmigiana!

Lei diceva di **essere** una persona "grassa" ed era convinta che fosse così e basta. Per più di sessant'anni ha vissuto in uno stato di disagio, convinta di essere in sovrappeso a causa del metabolismo lento e di presunte disfunzioni ghiandolari, mai diagnosticate da nessun dottore.

Un giorno ha deciso di intraprendere un percorso personale che la portò a scoprire qualcosa di più sulla sua convinzione. Decise di non credere più a quella menzogna e perse trenta chili a 65 anni... hai presente quanti sono? Non era una persona dal metabolismo lento, era una persona che, con quella credenza e convinzione, era riuscita negli anni ad accumulare un sovrappeso tale da continuare a essere così e basta.

Quello in cui credi sarà la tua realtà assoluta. Tu sei quello che pensi!

Natalina un giorno ha detto "basta" e ha sostituito quella convinzione con una più utile a *fare* quello che voleva. Voleva andare a ballare il liscio con le sue amiche pensionate, invece di stare seduta in una poltrona tutto il giorno (aveva gravi problemi motori, anche solo per andare al bagno, visti i suoi 98 chili).

Non era in sovrappeso perché *aveva* il metabolismo lento, era in sovrappeso perché *convinta di avere* il metabolismo lento. Rileggi quest'ultima frase piano piano...

L'inconscio ti porta dove indirizzi la tua attenzione; le tue convinzioni diventano realtà, anche se false, dandoti sempre ragione! Lo sapevi che il metabolismo di chiunque cambia in continuazione? Non è un dato fisso! E lo sapevi che rallenta man mano che ingrassi e non che ingrassi perché lui rallenta? Il metabolismo, come quasi tutte le cose della vita, si può cambiare. Sicuramente tutti noi ignoriamo informazioni che sarebbero utili ai nostri scopi, ma finché crediamo che non ci sia niente da fare non faremo niente per trovarle.

Se invece pensiamo che il cambiamento è possibile, la parte più potente che risiede in noi ci aiuterà a trovare risposte e soluzioni che servono. Se ti chiedi *come* risolvere per essere diverso invece del *perché* tu sia così, è sicuro che arriverai a un risultato (che sia quello finale o un risultato che ti avvicini sempre più all'obiettivo).

Natalina sì era sempre chiesta "Perché sono grassa?" e la risposta che le dava l'inconscio era sempre: "Sei una persona con il metabolismo lento e quindi è impossibile, per te, dimagrire quanto vorresti."

Poi un giorno Natalina ha cominciato a farsi questa domanda: "Come posso fare per risolvere il mio problema di sovrappeso?".

Così cominciarono ad arrivarle le risposte giuste per il cambiamento. Ora, mentre tu stai leggendo, è possibile che lei sia in qualche sala da ballo, felice come non mai, a volare come una farfalla tra le braccia di qualche ballerino della sua età.

Avrei migliaia di esempi come quello di Natalina, me compreso. Persone che da un giorno all'altro smettono (per sempre) di fumare tre pacchetti di sigarette al giorno eliminando per sempre la voglia di riaccenderne un'altra. Oppure chi ha finalmente una vita serena, perché uscito dalla più nera delle depressioni.

Ho fatto esempi di "casi limite" ma ti assicuro che vale lo stesso per i piccoli cambiamenti: quando una cosa smette di essere impossibile e diventa possibile (nella tua testa), lo è a tutti i livelli.

Di contro ho conosciuto persone che dicono di non riuscire a risolvere i loro problemi perché sono poco "gravi", troppo insignificanti, e che solo i "casi disperati" hanno la motivazione e la spinta necessaria a cambiare davvero; e altre che al contrario dicono di non riuscire perché i loro problemi sono troppo grandi. C'è chi dice di non riuscire a smettere di fumare perché, tutto sommato, "fumo troppo poco" e altrettanti che dicono di non riuscire perché fumano troppo. Infine, c'è chi pensa che i loro casi siano i più particolari di tutti e quindi impossibili da risolvere.

La *colpa* della loro non riuscita è rivolta verso sé stessi oppure verso una causa esterna, ossia colpa di qualcun altro o qualcos'altro. Tutte scuse per avere ragione... e infatti hanno ragione!

Chi dice di non poter cambiare non cambierà mai.

Ormai è chiaro che se non vuoi più *essere* qualcosa, basta *smettere* di compiere azioni e pensieri che ti facciano stare in quello stato. Non importa quale sia il tuo presunto problema, devi solo farti la domanda giusta.

Se vuoi *essere* diverso, impara *a fare* qualcosa di diverso!

Ieri, da qualche parte dentro di te c'era scritto: *io sono così*. Oggi c'è scritto: *io faccio così*. Domani ci sarà scritto: *io sono e faccio ciò che voglio*.

Questo discorso non vale solo per eliminare problemi negativi che ci portiamo dietro da tempo, ma anche per qualcosa che vorremmo e non abbiamo mai osato desiderare, come se non ne fossimo degni, meritevoli o capaci.

Quante volte ti sei detto, o hai sentito dire: "Mi piacerebbe... ma io sono così, non ci posso far nulla".

Non voglio dire che bisogna *costringersi* ad essere convinti da subito che tutto si può fare; concorderai con me però che è più utile eliminare la convinzione che una determinata cosa sia impossibile.

Comincia insinuando il **dubbio** che forse una via d'uscita c'è, senza preconcetti; poi cerca le soluzioni al tuo problema.

Ora vediamo con un esempio come può funzionare una convinzione che ci tiene incatenati da qualche parte impendendoci di cambiare. Se la convinzione è molto vecchia, come quelle installateci da bambini, potrebbe essere nascosta nella nostra parte inconscia. In pratica, c'è, ti blocca, ma non lo sai.

Se in passato una persona autorevole (un dottore, un insegnante, un genitore) ha espresso un giudizio su di te, potrebbe essere stato preso dal bambino che eri come oro colato, una verità assoluta, diventando così una tua convinzione. Potrebbe essere talmente radicata da non renderti più conto che esiste, perché è diventato un *presupposto* scontato.

Quindi vogliamo, anche in questo caso, allenare la consapevolezza (rallentando) per scovare la convinzione negativa e cambiarla. Oggi impareremo a farci caso, nelle prossime lezioni impareremo a cambiarla o a eliminarla.

Hai mai visto praticare il *Parkour*, o *Free Running*? È una disciplina sportiva in cui si corre in un ambiente cittadino scavalcando ogni tipo di ostacolo, intere scalinate, muri compresi. Si salta da un tetto all'altro, arrampicandosi sulle pareti, facendo capriole e salti mortali, come i famosi ninja giapponesi. Se non sai di cosa si tratta, cerca un video sul web e capirai.

E ora ti chiedo: tu potresti farlo? Scommetto che la risposta più spontanea è: "Impossibile!".

Se non avevi mai visto delle persone in carne e ossa fare quelle acrobazie, sarai rimasto molto sorpreso. Se invece eri già a conoscenza di questo recente sport, magari penserai che è roba da circo o da super atleti nati con un talento specifico. Giusto?

Più di cento anni fa è successa la stessa cosa con la bici senza rotelle, te l'avevo già accennato. La bicicletta, come la conosciamo oggi, era una novità assoluta e chi non l'aveva mai provata era convinto fosse impossibile poter stare in equilibrio su due ruote in linea, per una persona "normale".

Oggi questa convinzione vale per il Parkour e il 99% delle persone che guardano questi "pazzi" che saltano da un tetto ad un altro pensano esattamente la stessa cosa.

Le persone che praticano questo sport, invece, non si sono lasciate condizionare dalla spettacolarità di quello che avrebbero fatto. Non si sono *lasciati convincere* che fosse impossibile. Hanno lasciato la porta aperta, hanno usato uno spiraglio (dubbio) nel farsi la domanda: "È possibile fare quello che ho appena visto?".

La riposta è stata: "Non so, però mi piacerebbe farlo, adesso provo e lo scoprirò". Così hanno cominciato a provare, con le giuste tecniche, la giusta preparazione atletica e la voglia di fare. Ci sarà stato poi chi ha proseguito solo in forma amatoriale e chi per professione, ma quello che vuoi capire è il *presupposto* da cui è nato il tutto, cioè questa semplice risposta:

"Non so, però mi piacerebbe farlo, adesso provo e lo scoprirò".

Questa è la chiave, questo il "segreto" della riuscita di qualsiasi cosa.

Non la capacità fisica o le doti atletiche dell'individuo, ma il *presupposto* da cui si parte. Se pensi sia impossibile, è quello che sarà nella realtà. Se pensi di potercela fare, è quello che sarà nella realtà. Oppure, puoi cominciare senza pregiudizi o preconcetti e valutare solo dopo qualche tentativo.

Questo discorso non vale solo per il Parkour, che è un esempio estremo per farti capire quanto potere ha l'atteggiamento giusto per raggiungere qualsiasi obiettivo. Vale, ovviamente, anche per il tuo Sarocosi.

Cerca di fare attenzione, da oggi, alle convinzioni che hai sulla tua persona e che ti limitano o ti frenano dall'essere felice o libero.

Prova a chiederti come vorresti essere, e se senti una vocina che ti dice che quella cosa è "impossibile per te", facci caso e sorridi. Dalla prossima lezione cancelleremo quelle parole. Cerca di scoprire quali sono i tuoi pensieri **limitanti**, soprattutto riguardo al tuo obiettivo del corso. Scopri qual è **la scusa** che racconti a te stesso per non essere ciò che vuoi.

Alla prossima.

Lezione 23
Il Dubbio

Come abbiamo appena scoperto, la tua convinzione, credenza o opinione è responsabile di quante possibilità di riuscita avrai in qualsiasi cosa tu decida di fare. Condiziona pesantemente il risultato di qualsiasi tua iniziativa, idea, attività, giudizio, eccetera.

Se **sei convinto** di poter fare, essere o avere qualcosa, sarà così ed avrai ragione tu; se **non sei convinto** di poter fare, essere o avere qualcosa, non succederà ed avrai ragione sempre e comunque tu!

Sembra una banalità ma non lo è. In più, tutto acquisisce un senso nel momento stesso in cui impari che **sei tu** a decidere su cosa essere convinto e su cosa, invece, avere dubbi.

Tu hai questo potere di scelta.

In questo corso l'obiettivo è il cambiamento. Pensavi di dover, per forza, *essere* qualcosa di diverso per risolvere ogni tuo problema (dipendenza, atteggiamento, stati emotivi negativi). Oggi sai che è solo una questione di *processi*, ovvero una serie di **azioni e pensieri** che fai nella tua testa.

Le azioni derivano dal modo di pensare! Tutto comincia creando immagini e suoni nella mente che ti fanno sentire in un determinato stato emotivo; di conseguenza agisci e ti comporti in un determinato modo.

Rallentando hai aumentato la tua consapevolezza, la tua "presenza" in ogni momento. Cominci ad essere sempre più bravo a capire che pensieri fai per raggiungere alcuni stati indesiderati. Stiamo lavorando per cambiare quei pensieri e di conseguenza i comportamenti che ne derivano. Finalmente stai capendo che non sei tu a dover cambiare per essere diverso, ma devi solo cambiare alcuni *modi automatici* di pensare. Molto più semplice di quello che ci hanno sempre detto!

E quindi, se vuoi imparare a dirigere in maniera consapevole pensieri, immagini e suoni per stare meglio, devi avere la *convinzione giusta*.

Le convinzioni possono essere consce, ossia dirette: parli a te stesso, ti convinci di essere in grado o meno di imparare quello che ti serve da questo corso, magari davanti allo specchio.

Oppure possono essere inconsce, ossia indirette. Ti sembra di essere convinto, pieno di buone intenzioni, dici a te stesso che ti stai impegnando; tuttavia, i motivi che trovi per le difficoltà incontrate sono tutti reali e concreti e quindi non puoi fare niente di più e c'è qualcosa che ti blocca.

In questo caso c'è una convinzione di fondo che potrebbe bloccare la tua sensazione definitiva, l'*Eureka*, quel lampo che ti riempie il viso di un sorriso consapevole che niente potrà fermarti. Determinazione, grinta, sicurezza, fierezza, autostima, chiamala come vuoi, ma bisogna tirarla fuori.

È già dentro di te, non è una cosa materiale, non si può comprare. È solo una sensazione, un'emozione, un miscuglio chimico nel tuo cervello che ti fa compiere azioni senza barriere e confini. Per fare ciò bisogna prima lavorare sulle tue presunte limitazioni. *Presunte* vuol dire che *tu sei convinto siano vere*, ma non è detto che lo siano.

Riprendiamo ora un concetto che in parte ho già cercato di spiegare. Con la consapevolezza che hai oggi dopo aver letto tutte le lezioni precedenti, potremo approfondire la cosa. L'immagine che hai di te stesso è un'immagine virtuale, non reale, creata nella mente a partire dalle esperienze passate, soprattutto nei primi venti anni di vita.

I concetti di convinzioni, limitazioni e giudizi che una persona ha di sé stesso non sono pietre, non si possono misurare, non si possono pesare.

I giudizi che ti dai non sono reali. Sono solo opinioni, pensieri. Non esistono.

Come i tuoi sogni, sono solo nella *tua* testa. I pensieri che fai a qualsiasi livello non esistono! Esistono solo se tu li crei e li alimenti. Non sono fatti di *niente*. Sono fittizi. Non puoi aprire la testa di qualcuno, guardarli, toglierli o metterne altri.

Se "penso" di essere una persona triste, non è vero né reale, ma mi comporterò da persona triste per dare verità e vita a quel pensiero.

Se "penso" di essere debole davanti alla mia dipendenza o droga, non è vero né reale, ma mi comporterò da persona debole per dare verità e vita a quel pensiero.

Se "penso" di essere insicuro davanti alla gente, non è vero né reale, ma mi comporterò da persona timida per dare verità e vita a quel pensiero.

Se credo di essere un *fico* mi comporterò da *fico*. Non sono fico e mi comporto da tale, ma il contrario!

È lo stesso pensiero che creo nella testa a rendermi così. La tua mente farà sempre di tutto per darti ragione.

È solo questione di rendersi conto che sono talmente tanti anni che ragioniamo *al contrario* da non farci più caso e da credere che sia giusto così.

Se il tuo bambino (o fratellino, o cuginetto o altro) tornasse piangendo a casa da scuola e ti dicesse: "Basta, non disegnerò mai più! ", la domanda più ovvia, visto che al bambino in questione piace disegnare, sarebbe: "Come mai? ".

E se lui rispondesse: "La maestra mi ha detto che non sono capace e quindi è inutile che disegno, non lo farò mai più! ". Cosa diresti a quel bimbo? Come minimo che la maestra è una... (mettici la parolaccia che vuoi tu), no?

Succede di continuo, anche da adulti: se una persona che stimiamo o un'autorità (per noi), ci dice qualcosa, è facile che diventi subito una convinzione (per noi) e da quel momento continueremo a fare di tutto per avere "ragione" e tener fede alla convinzione stessa.

Prendiamo per esempio i casi di **guarigioni incredibili** raccontate dagli stessi dottori, che spesso non hanno una spiegazione plausibile a quanto avvenuto. In molti casi è stato proprio il paziente a *non voler credere* a ciò che i dottori dichiaravano sulla presunta impossibilità di guarire. Stessa cosa per tutte le più grandi scoperte e invenzioni. Chi le ha fatte non ha mai *creduto* che fosse impossibile, sentendosi spesso dire: "Tu sei pazzo, non ce la farai mai!".

Io credevo di essere permaloso: da quando ero piccolo non mi si poteva dire niente perché mi offendevo o mi incavolavo. A volte ancora oggi ci casco, nessuno è perfetto!

Poi ho scoperto che non ero io a *essere* permaloso, ma era la mia enorme **insicurezza** a creare quella sensazione di sconforto o rabbia ad ogni critica mi venisse fatta, anche per scherzo. Ho capito che quando sono convinto di essere bravo in qualcosa la mia permalosità non esiste. Se mi criticano su qualcosa che io *sono convinto* di fare benissimo (Specialità) mi viene da ridere e alzo le spalle indifferente. Allora ho adottato la stessa strategia sulle cose che mi ferivano, a cui reagivo in malo modo, magari litigando con amici e familiari.

Faccio un esempio: io non sono un bravo cuoco... ma mi piacerebbe esserlo, quindi se cucino qualcosa per qualcuno, nel servirlo aspetto con ansia il verdetto di chi lo mangia. A causa della mia convinzione di non essere bravo, se gli ospiti dicono, magari con molta gentilezza, che non gradiscono, ci rimango male perché quelle parole (suoni nella mia testa) **diventano la prova** del mio essere un pessimo cuoco. A quel punto si innesca la convinzione conseguente che non imparerò mai a cucinare, perché non ho stima di me stesso a tal punto da perdonarmi un errore in cucina e darmi la possibilità di riprovarci. Percepisco quell'errore come un *fallimento* e non come un tentativo andato storto: per me sarà la conferma della convinzione di non saper cucinare.

Se invece reagisco alle critiche serenamente, potrei chiedermi dove ho sbagliato, quale passaggio della ricetta ho saltato, quanto sale ho usato, *quanto amore ci ho messo mentre preparavo*, quante ricette ho letto di quel piatto, a chi posso chiedere un consiglio e via discorrendo. So di essere alle prime armi e non mi aspetto di lavorare per un ristorante nel centro di Parigi, ma vorrei solo dilettarmi in cucina per amici e familiari, che di sicuro *mi vogliono bene nella stessa misura* sia che il piatto venga buono, sia che sia da buttare nel gabinetto.

Se io stesso mi voglio bene anche se sbaglio, non metto in dubbio le mie capacità di fare qualcosa. Mi do la possibilità di provare ancora e ancora.

Se ti criticano su una tua specialità, come reagisci? Se mentre passeggi inciampi cadendo a terra, metti in dubbio il fatto di saper camminare?

Questo è solo il più classico degli esempi che parla della grave epidemia di **insicurezza** di cui il genere umano oggi è malato. E quella insicurezza è autoalimentata dalla scarsa stima di noi stessi data dal poco bene che ci vogliamo, credendo (inconsciamente) di non essere degni di stare a questo mondo al pari degli altri, continuando a non vedere tutti i lati positivi e le meravigliose qualità che ognuno di noi ha.

Se una giornata parte dal presupposto di avere scarsa stima di sé stessi, ci sarà poco impegno, amore e convinzione quando si fa qualcosa. A quel punto ci sarà una conseguente mal riuscita, una critica a sé stessi, nessun perdono, ma anzi abbandono e resa che avvalorano la convinzione che sono incapace. Poi il giro ricomincia.

Se, d'altro canto, una giornata parte dal presupposto che non esiste l'incapacità, ma solo la pratica, ci sarà tanto impegno e passione per imparare qualcosa che si *vuol* fare; in caso di sbagli si riprova, si cambia metodo, ascoltando chi ne sa più. Arriveranno i primi successi con annessa gioia e soddisfazione, subentra la convinzione di essere stato bravo e aumenterà la stima in sé stessi. Il giro ricomincia dalla parte giusta.

Chi sei e quanto vali lo **decidi tu**, giorno per giorno; non è il risultato di ieri. È solo un pensiero che ti farà comportare come tale, come l'etichetta che ti dai. Tu sei quello che pensi, **ed avrai sempre ragione!**

Questo è il cambiamento che voglio insegnarti. Farti rendere conto che quando deciderai che sarà così, partiranno tutta una serie di pensieri ed emozioni che ti guideranno in quella direzione.

Allora la tua vita cambierà in un modo che adesso non immagini neanche. Capirai che le brutte giornate non dipendono dal sole che splende o non splende in cielo, ma da quello che fai spuntare a comando nella tua testa, quando vuoi.

Libertà di scegliere di essere (*fare!*) quello che vuoi.

Mettici amore, passione e un sorriso: niente ti fermerà!

Adesso passiamo alla pratica.

Prima di tutto bisogna mettere in dubbio le nostre presunte incapacità. Il **dubbio** è un'emozione data dal *sapere di non sapere* (Socrate, ricordi?) e, nel nostro caso, anche dall'indifferenza verso il risultato di quella determinata attività.

Scegli qualcosa di cui non ti importa niente, uno sport che non segui, una passione che non ti appartiene. Per esempio, potresti essere indifferente al tiro al piattello oppure alla pesca eschimese sul ghiaccio.

Se ti chiedo: chi è il campione del mondo di pesca eschimese? Cosa fa il tuo cervello quando cerca la risposta a questa domanda? Penserai di non saperlo (i suoni tipici che ti rimbomberanno in testa saranno "boh", "ma che ne so", "chissenefrega" e similari), oppure creerai un'immagine in bianco e nero, piccola e sfocata di un eschimese senza volto seduto sullo sgabello, in una landa di ghiaccio, con una canna da pesca in mano e un buco da cui vedere spuntare un salmone!

Questo era solo un esempio per farti capire cosa intendo. Puoi chiederti tantissime cose, anche delle più strane: chi è il presidente del Congo, quanti capelli hai in testa (se sei calvo non vale!), di che colore è la divisa dell'esercito giapponese, chi è arrivato primo nel campionato di calcio peruviano, cosa mangia un abitante delle isole Fiji a colazione...

L'esercizio è questo: scegli da solo tre argomenti che ti sono indifferenti e chiediti qualcosa al riguardo. Poi fai attenzione (come abbiamo imparato a fare per il cibo nella lezione 14) alle modalità di costruzione delle risposte che arrivano nella tua testa. Se sono voci, fai attenzione al tono e alle sensazioni che portano. Se sono immagini, fai attenzione alla grandezza, alla vicinanza, ai colori e alla posizione nella mente. Se senti qualche sensazione come morbidezza, ruvidità, calore, pesantezza, eccetera, segnati quelle che provi.

Una volta finita questa fase e appena sei abbastanza sicuro di come si crea il dubbio nella tua mente, passiamo alla seconda.

Scegli una tua presunta incapacità di fare qualcosa, qualsiasi cosa (che riguardi questo corso o la tua vita). Un problema comune è ad esempio il non riuscire a *rallentare* in preda alla rabbia, oppure non riuscire a visualizzare bene l'esercizio della macchina del tempo o altro.

Una volta scelto l'argomento che ti sta a cuore, chiudi gli occhi, comincia a respirare profondamente di pancia, rilassati e pensa a qualcosa di cui non sai niente e non ti importa niente, facendoti delle domande al riguardo (prima fase dell'esercizio).

Quando percepisci bene la sensazione di assoluta indifferenza, cerca di pensare alla tua presunta difficoltà alla stessa maniera e con le stesse caratteristiche che avevi trovato nell'esercizio della prima fase pensando a qualcosa di cui non ti importava.

Ti faccio un esempio pratico per farti capire il modo giusto di compiere l'esercizio. Ti rilassi e ti chiedi:
-   "Quanti peruviani ci sono al mondo?"
-   "Chi è l'uomo più alto del pianeta?"
-   "Quanta marmellata si può fare con cento chili di prugne?"

Cominceranno ad arrivare pensieri dubbiosi, che risponderanno alle tue domande dicendo di non saperlo e non essere molto interessati al riguardo. Fai caso a come sarà il tono delle risposte o le modalità visive di eventuali immagini. Appena percepisci queste sensazioni, ti chiedi:
-   "È vero che per me è difficile *rallentare* in preda alla rabbia?"

Qui intervieni consciamente su come saranno le risposte che darai, **applicando le stesse modalità visive o sonore delle risposte precedenti:** "Boh, non so se riesco o no, so solo che farò del mio meglio e la prossima volta vedremo come andrà. Se andrà male ci potrò riprovare, senza fretta, senza arrendermi e senza giudicarmi".

Chiameremo questo esercizio **Boh**: scrivilo sull'Avataro!

Lo scopo è far capire all'inconscio che è inutile creare pensieri che dettano legge nella nostra testa, limitando le possibilità di riuscire e facendoci agire in maniera svogliata e poco convinta.

Non puoi sapere con assoluta certezza che è davvero così, quindi è meglio pensare qualcosa di utile per te stesso e non il contrario.

Sei il primo a volerti liberare la strada e voler togliere tutti i bastoni che hai tra le ruote! Se io ti dico che cambierai, che è solo questione di abitudini, che starai meglio e sarai sereno facendo questi esercizi, non pensare che per te sia diverso perché hai le scuse più solide e valide del mondo. Lascia aperta la porta del dubbio, prova con serenità quello che ti propongo.

Poi, finito il corso, potrai tornare a pensare come prima e tutto sarà come vorrai tu. Mentre leggi (hai pagato il libro!), buttati, non stare a complicare le cose o a cercare un motivo per cui non ti vengono al primo colpo. Non avere fretta, non darti una data di scadenza.

Io stesso ho impiegato molti mesi prima di cominciare "veramente" a mettere in pratica e a smettere di trovare scuse sulle mie presunte problematiche, o sulle cause esterne che mi impedivano di cambiare.

Ad un certo punto ho smesso di cercare all'esterno la causa della mia non riuscita. Ho finalmente accettato il fatto che non esistono talenti, in questo tipo di cose, ma esiste solo chi le fa e chi non le fa. Allora è cambiata tutta la mia vita.

Se le cose sono difficili, è perché nella tua testa hanno un'immagine o un suono che provoca l'emozione della paura di non farcela. Cambia quell'immagine o quel suono e cambierà la sensazione! Prendi l'immagine e i suoni di ciò che trovi facile fare, magari la tua Specialità, sovrapponila provando la stessa emozione. Sei capace di farlo.

Nella prossima lezione parleremo di come installare una convinzione su qualcosa che *vogliamo* fare.

Mettici amore, passione e un sorriso: niente ti fermerà!

Vuoi fare una pausa tra queste lezioni che sono fondamentali.

Lezione 24
Tecnica per le Convinzioni

La questione convinzioni è molto importante per l'obiettivo del corso, il tuo Sarocosi, e per tutto ciò che nella vita andrai a fare; per questo è fondamentale che tu lo imprima bene nella mente.

Tu sei responsabile di tutto quello che sei, fai e di come stai!

Questa consapevolezza ti permetterà di raggiungere diversi obiettivi:

1. Non dovrai più ricercare emozioni positive che non sia tu a scegliere consapevolmente, perché sarai in grado di crearle dentro di te a comando e quando ne avrai bisogno.

2. Non dovrai più ricercare il modo per scacciare o compensare emozioni negative, perché sarai in grado farlo dentro di te a comando e quando ne avrai bisogno.

3. Non dovrai più dare la colpa a niente e a nessuno di quello che ti capita di negativo. Faremo una lezione che t'insegnerà a sfruttare al massimo episodi che credi pilotati dalla cattiva sorte.

4. Se non riesci a fare qualcosa sempre e comunque, non ti giudicherai più in malo modo ma reagirai con un bel sorriso sapendo che nessuno è perfetto.

Abbiamo parlato del dubbio, cercando di associarlo alle nostre presunte limitazioni o difficoltà sul corso.

Abbiamo scelto una cosa di cui non ci interessa granché e ci siamo posti delle domande al riguardo. L'avatar delle risposte **Boh** avranno nella nostra mente una certa modalità di suoni, immagini e sensazioni. Una volta individuate, abbiamo associato le stesse domande sulle nostre presunte difficoltà nella vita, rispondendo nello stesso modo.

Adesso cercheremo di aumentare la convinzione nelle nostre capacità, sui nostri mezzi e sul fatto che il nostro obiettivo, Saro-cosi, sarà raggiunto senza possibilità di fallimento.

Questo corso non ha scadenze né un numero limitato di tentativi per riuscire negli esercizi. Prenditi tutto il tempo che ti serve.

Sii così saggio da considerare gli errori e i mancati traguardi come tentativi che ti hanno insegnato qualcosa. Così facendo la parola fallimento morirà prima di nascere. Tutte le persone realizzate e di successo, famose o no, ragionano con questo sistema.

Quando vogliono qualcosa, partono dal presupposto che comunque sono già felici oggi (gratitudine), poi ci provano in tutti i modi, fino a che non l'hanno conquistata senza limiti di tempo. Come dei bulldozer, vanno avanti senza che nessuno li possa distrarre dalla loro meta, qualunque essa sia. Obiettivi di lavoro, sportivi, familiari, spirituali, qualsiasi cosa. Anche loro hanno delle difficoltà e dei momenti no, ma invece che stare a rimuginare si chiedono sempre **come risolverli,** mai il *perché* siano capitati e si ricordano sempre che la perfezione non esiste.

L'unica cosa che vuoi valutare con attenzione sono gli "effetti" che causi intorno a te, con le tue azioni. Se perseguire il tuo obiettivo vuol dire far soffrire qualcuno o intaccare qualcosa, allora saranno i tuoi valori a decidere se procedere o cercare altre soluzioni. Si chiama **ecologia**, una parola che non è solo attribuibile a questioni ambientali, ma a qualsiasi tipo di correttezza (in questo caso morale) verso tutto ciò che ci circonda.

Cerca sempre di valutare prima di agire. E ricordati che non puoi avere come obiettivo qualcosa che implica il cambiamento di *qualcun altro* anche se in bene. Non puoi volere, ad esempio, che qualcuno si innamori di te o che qualcuno smetta di soffrire.

Ricorda che le convinzioni non sono scritte nella roccia. Non sono "legge", non sono reali e non sono verificabili. Questa è una cosa da tener presente per poter capire che conviene scegliere quelle più utili ai nostri scopi invece che scegliere quelle che ci frenano, fregandosene del fatto che possano essere vere o no.

- Se un "dottore" ti ha detto che sei intollerante al latte, sta a te **decidere** se prendere per oro colato quell'affermazione o trovare un altro motivo per cui ti vengono i brufoli.

- Se da bambino ti hanno detto che sei incapace in qualcosa, sta a te **decidere** se crederci rimanendo così per tutta la vita o cambiare dimostrando che si sbagliavano.
- Se credi di essere ansioso, intollerante, insicuro, depresso, stressato, impaurito, drogato, o qualsiasi altra cosa, sta a te **decidere** se continuare a credere in quell'etichetta o strappartela di dosso, farla a pezzi e buttarla via.

Ecco cosa intendo quando dico che niente è scritto nella roccia: puoi manipolare, cambiare, eliminare o creare le tue convinzioni.

Sai cos'è un placebo? Qualcosa che non ha nessun riscontro oggettivo sulla sua effettiva utilità ma che funziona lo stesso. Perché l'autosuggestione (conscia e inconscia) è una delle cose più potenti che possediamo.

Ti è mai capitato di dire a un bimbo che una caramellina fa passare la bua? Magicamente lo vedrai smettere di piangere e tornare a giocare.

Ci sono sportivi che si convincono che un tipo di costume, una maglietta, un oggetto, un gesto scaramantico o qualsiasi altro amuleto possa essere la spinta definitiva per fare la differenza e *vincere*.

I fondatori della PNL (programmazione neuro linguistica) Richard Bandler e John Grinder fecero uno studio sull'*Effetto Placebo*. Riempirono delle boccette di vetro con acqua e zucchero, applicandoci sopra un'etichetta con scritto: "Rimedio contro il mal di testa".

Lo testarono su un campione di persone affetto regolarmente da emicrania e la maggior parte di questi trovò sollievo dal loro problema.

Fin qui niente di nuovo, ma i due scienziati non si accontentarono del possibile effetto condizionante nel *credere* che quell'etichetta dicesse la *verità*, ed allora presero un altro campione di persone affette da mal di testa ricorrente e gli diedero la stessa boccetta con acqua e zucchero dicendogli che **effettivamente era solo acqua e zucchero ma di provarla lo stesso in ca-**

so di mal di testa. È qui che l'effetto placebo fu incredibile, perché moltissimi dei volontari riscontrarono lo stesso beneficio pur sapendo la verità!

La nostra mente è cosi immensa e poderosa da farci sentire ancora molto ignoranti sulle sue effettive potenzialità, soprattutto nel campo dell'auto guarigione... Siamo solo noi che la freniamo e la rinchiudiamo dietro i muri delle nostre convinzioni limitanti. Non sono io a dirlo, ma è la scienza ad ammetterlo.

Secondo te, un essere umano può volare o levitare senza fare uso di nessun macchinario o paracadute? La nostra mente risponderà in base alle proprie convinzioni.

1. Impossibile, altrimenti qualcuno avrebbe già scoperto come.
2. Impossibile vincere la forza di gravità senza un macchinario che sviluppi una pari energia opposta.
3. Boh, non lo so. Forse sì, ma non sappiamo ancora come fare... chi lo sa, magari sarà il prossimo passo della nostra evoluzione. Mai dire mai!

Le più grandi scoperte e invenzioni del genere umano sono nate da persone che rispondevano, a qualsiasi domanda apparentemente assurda, con la risposta numero 3!

Nello sport professionistico, per esempio, la convinzione è assolutamente una regola fissa. Nessuno sportivo si allena per essere il numero quattro o il numero sei... tutti si allenano con la convinzione di diventare i numeri uno!

Immagina una gara di corsa: dieci atleti che si preparano al via. Secondo te cosa pensano prima di partire? "Va bene lo stesso se arrivo ottavo"? O magari "stasera vado a mangiare la pizza"?

Certo che no. Il loro unico pensiero è avvolto da una sensazione di certezza, una convinzione che dice: "Sono il più forte e arriverò primo, mi sono allenato bene e mi sento un leone, appena daranno il via strapperò l'asfalto da sotto i piedi e correrò veloce come il vento!" o qualcosa di simile.

Poi che succede? Solo uno arriva primo e gli altri giustificano il fatto di non esserci riusciti in qualche modo. Una brutta partenza, la brioche del mattino, un'ora in meno di sonno, la sfortuna, l'umidità, le scarpe...

Nessuno, ti dico *nessuno*, dirà a sé stesso che gli altri sono più forti di lui. Altrimenti vorrà dire essere a fine carriera.

Questo esempio è per farti capire cosa ho affermato prima: le convinzioni non devono per forza essere vere ma **devono essere utili per farci dare il massimo** quando facciamo qualcosa.

Hai mai assistito a una discussione in cui due persone litigano su qualcosa che non si può verificare? Entrambi dicono "per me è così e tu hai torto". Sono tutti e due *convinti* di quello che sostengono e a volte non cambiano idea neanche di fronte a prove schiaccianti. Trovano comunque una scusa per cui la propria teoria non si è verificata. Anche se sono soli contro cento. La classica "testardaggine".

Bene, quell'atteggiamento è poco utile in quelle discussioni ma molto valido quando si tratta di fare qualcosa per noi stessi e per il nostro bene. Se il tuo Sarocosi è ecologico, devi usare la convinzione di un mulo testardo per raggiungere il risultato che vuoi. Così sarà tutto più facile, in discesa e senza possibilità di non riuscita.

Ragiona un attimo: nessuno ti fornirà mai la prova scientifica della tua convinzione, cioè che tu sia più o meno capace di fare qualcosa, giusto?

Sarà sempre **tutto relativo e discutibile!** Allora, visto che puoi scegliere, scegli di fare quella cosa convinto di riuscire. Prova ad essere un *opportunista emotivo* scegliendo quello che ti fa più comodo. Così t'impegnerai al massimo e sorriderai ad ogni intoppo, vivendolo come normale amministrazione. In caso contrario, vivrai qualsiasi risultato positivo come un caso fortuito o normale amministrazione, e ti deprimerai a ogni difficoltà.

Capisci dov'è la differenza?

Quante volte capitano cose brutte che ci fanno soffrire ma poi si rivelano, in un secondo tempo, delle magnifiche opportunità? A saperlo prima, quanta sofferenza avresti risparmiato? La prossima volta che ti succede una cosa negativa, pensaci.

Cambi il punto di vista e cambia tutto. Sei tu a scegliere.

Passiamo alla pratica.

Anche in questo caso, come per il dubbio, dovrai scegliere qualcosa di cui sei certo, convinto. **Davvero convinto**. Pensaci un attimo e fatti delle domande al riguardo. Per iniziare è molto semplice scegliere le proprie passioni. La tua "specialità", l'amore per una persona cara o il tuo nome. Sì, anche il tuo nome può essere qualcosa di cui sei certo.

Penso prenderesti per matto qualcuno che ti chiede "sei sicuro?" dopo avergli detto il tuo nome, no? La stessa cosa vale per qualcuno che ti pone una domanda specifica sulla tua "specialità" (può essere il tuo lavoro se ne hai uno in cui credi e che ti piace, oppure una tua passione su cui investi tempo ed energie).

Anche l'amore per qualcuno è molto usato in questa tecnica. Scegli una delle persone più care che hai e immagina qualcuno che ti chiede (dubitandone) se vuoi bene a quella persona. Mettiamo che il tuo nome sia Marco, con un figlio di nome Paolo e che tu sia un ottimo cuoco di professione. Sempre da uno stato di rilassamento ti immagini di rispondere a queste domande:

- Sei sicuro di chiamarti Marco?
- Sei capace di fare una pasta al burro? Sarà buona?
- Vuoi bene a tuo figlio Paolo? Ne sei certo?

Analizza le *tue* risposte che si creano nella testa, magari infervorato dall'argomento, senza provare rabbia ma emozioni positive come convinzione, certezza, determinazione, grinta, fierezza. Potresti rispondere con frasi tipo: "certamente", "assolutamente sì", "sono convinto che sia così", eccetera. Vanno benissimo anche frasi con parolacce, pugni battuti sul tavolo, urla di determinazione, eccetera... L'importante che la sensazione provata porti grinta e non rabbia con sé.

Una volta provata la sensazione di **convinzione assoluta,** ti farai una domanda su un tuo preciso traguardo, per esempio:

- Riuscirò a realizzare il mio obiettivo del Sarocosi?

E qui **utilizzerai le stesse risposte** delle tre domande precedenti, con le stesse modalità visive, sonore ma soprattutto con le stesse **sensazioni** e la stessa **sicurezza, grinta e determinazione**.

Sovrapponi, mescola e cerca di far girare la convinzione che provavi un secondo prima. Tieni viva il più possibile quella convinzione, goditela al cento per cento. Fallo da capo almeno tre volte.

Da oggi, l'esercizio della macchina del tempo sarà accompagnato anche della sensazione di convinzione assoluta. Se riesci a provare la sensazione di convinzione durante il tuo viaggio nel tempo, bene, altrimenti fai i due esercizi separati. Prima o dopo non importa, basta che li unisci o li fai entrambi.

Questa tecnica è molto famosa e molto potente, oltre che semplice.

Provaci con calma e prendendoti tutto il tempo necessario. Vedrai che quando immaginerai qualcuno che ti chiede se sei sicuro di una tua convinzione, arriverà subito questa sensazione. Tutto si riassume nella mentalità con cui affronti una cosa: quando commetti un errore o non riesci subito ad arrivare all'obiettivo, pensi di fallire e torni nella tua famosa "cella buia".

Oppure, nella stessa situazione, pensi che ci riproverai domani con un po' d'impegno in più, cambiando metodo, con la consapevolezza che nessuno ti corre dietro e che tu *vuoi* arrivare a quel risultato, che nessuno ti fermerà fino a quando non l'avrai raggiunto. **Scegli tu!**

Cerca di rileggere con serenità questa lezione e le due precedenti se hai ancora qualche... *dubbio*. Dopodiché fai passare almeno un giorno.

Le convinzioni sono molto importanti, perché rappresentano il motore della vita e si possono modificare e manipolare, come qualsiasi altro pensiero e sensazione.

Al prossimo livello!

LIVELLO QUATTRO

Lezione 25
La vita è quello che sei

Benvenuto nell'ultima sezione del libro. Quanta strada abbiamo fatto insieme!

Sei ormai nel bel mezzo di una nuova consapevolezza.

So bene che ci sono stati momenti dove tutto sembrava bellissimo e altri in cui ti sei chiesto se avessi fatto la cosa giusta a comprare questo libro.

È normale che durante un qualsiasi tipo di cambiamento ci sia un periodo di assestamento. Le cose imparate sono tante, e anche se sono di semplice comprensione, non sempre sono facili da ricordare, né è sempre immediato farle proprie per utilizzarle nella vita di tutti i giorni. Ricorda infatti che non tutto quello che hai imparato qui potrebbe servirti o fare al caso tuo.

Quello che hai imparato in questo corso, oggettivamente, non è niente di complicato... ma quasi tutto rema contro la nostra cultura di base, in cui viviamo dalla nascita. Il trucco sta proprio nel *voler fare tue* le cose che ti sono piaciute, le cose che pensi possano funzionare per te, così da integrarle nella tua forma mentis.

Quello che comunque dovrebbe essere ormai chiaro è che:

1. La vita è meravigliosa proprio perché fatta di momenti belli e brutti. Siine **grato** e **fiero**;
2. Siamo **solo noi** i responsabili di quello che sentiamo a livello emotivo, sempre;
3. Siamo quindi **solo noi** gli artefici delle azioni che ne conseguono;
4. Abbiamo tutti la possibilità di acquisire una mentalità (o un nuovo punto di vista) utile per ogni situazione;
5. Ogni volta che proviamo una sensazione sgradevole o negativa, c'è sicuramente qualcosa che **possiamo fare** per evitarla o farla passare velocemente;

6. Non vogliamo o pretendiamo di essere sempre felici e perfetti, ma vogliamo saper onorare la vita con coraggio e senso di appartenenza, in ogni istante, per quella che è.

Avere il controllo emotivo nella vita è come essere un vigile del fuoco con un incendio.

Un eroe sì, ma un essere umano mortale e imperfetto. Una persona sicura di sé che non disdegna la paura, che rispetta il fuoco (la vita) cercando di domarlo. A volte riesce a spegnerlo, altre volte è costretto a lasciare che bruci tutto, consapevole che tanto lì, la vita, ricomincerà da capo, fosse anche l'incendio più disastroso che si possa mai vedere. Il tempo ti darà ragione.

D'altronde siamo di passaggio in questa realtà, quindi bisogna cercare di connettersi il più possibile con tutto ciò che la compone, senza pensare di essere al centro del mondo. Non dare mai troppa importanza al tuo ego. Aumenta l'ampiezza dei punti di vista, sorridendo, invece di convergere nel piccolo universo *egoistico* del proprio io.

Siamo una minuscola particella di un sistema infinito chiamato Natura, in cui ognuno vuole rendersi utile non per il piccolo sé, ma per tutto quel che lo circonda. Siamo come le foglie in una foresta. Perché isolarsi dimenticando ciò che siamo?

Attenzione! Non dobbiamo sentirci piccoli e soli... **il trucco è vivere sentendosi come la foresta.** Essere orgogliosi di far parte di qualcosa di talmente immenso e divino da essere fieri di averlo onorato nella nostra "unicità".

Cerca di capire che tu sei una goccia, ma vuoi vivere sentendoti l'oceano.

A volte ci si chiede perché "io" penso e so di essere "io". Perché gli umani non fanno come gli animali? Perché non possiamo far parte della Natura, silenti come loro, senza riempirci la testa con mille domande sull'esistenza e sul senso della vita, ma vivere semplicemente in armonia con tutto ciò ci circonda, per poi morire senza nessun rimorso o rimpianto?

Non sprecare altro tempo della tua vita per cercare *il significato* che sta all'origine di tutto.

Forse nessuno avrà mai la risposta a questa domanda o forse nessuno mai riempirà di soddisfazione chi la domanda continua a farla, proseguendo con il prossimo *"perché?"*.

Forse stiamo sbagliando ad usare la nostra coscienza e intelligenza per chiederci dov'è il senso della vita. Un albero non si chiede quanto alto sarà, né quanto dovrà vivere, ma passa ogni istante della sua esistenza cercando di crescere e di vivere il più possibile. Stessa cosa fa qualsiasi animale: lotta per la sopravvivenza sua e per quella della sua specie senza mai cadere in un atteggiamento egoistico.

Quindi potrebbe essere assurdo che noi esseri umani, consapevoli di essere e di esistere, sprechiamo la nostra *immensa* intelligenza per voler sapere prima qualcosa che solo la morte ci potrà spiegare senza dubbi e senza avere bisogno di chiedere ancora una volta: "perché?".

La vita non è qualcosa che hai, ma è quello che sei.

Sii presente nel presente. Vivi più istanti possibili ora, senza troppe preoccupazioni sul futuro e senza troppi strascichi dal passato.

Sii saggio. Non credere di essere qualcosa di assoluto e che non può cambiare a tuo piacimento. Oggi decidi cosa sei e di conseguenza tutto si metterà in moto perché sia così.

Dal passato porta l'esperienza per non fare più di una (o due) volta lo stesso errore. E dal futuro cerca solo il modo di migliorarti giorno per giorno, senza cercare un sistema per essere al riparo da ogni pericolo per il resto della vita. Non voler tenere sempre *tutto* pulito e ordinato: casa, macchina, corpo, informazioni, film, musica, eccetera. Non cercare di tenere *tutto* sotto il tuo controllo; che sia il lavoro, i figli, la famiglia, i colleghi.

Godi dell'imprevedibilità che la vita offre, dell'avventura che è; non buttandoti con un elastico da un ponte (a parte il caso in cui il *bungee jumping* sia un tuo hobby), ma amando tutto e tutti senza voler niente in cambio e senza aspettarti nessun comportamento simile al tuo.

Non essere in collera se non tutti vivono secondo i tuoi valori, non pensare che solo i tuoi siano buoni e giusti. Non giudicare chi fa del male senza conoscerne ogni più piccolo istante della sua vita. Puoi essere sicuro che tu, al suo posto e con lo stesso identico passato, non faresti le stesse cose?

Tienilo lontano da te, tieni lontano il male, combattilo, rinchiudilo, ma non giudicarlo. Non *pre-sumere*, e soprattutto non vivere nella rabbia o nella tristezza continua, pensandoci sempre. Non essere giù di morale, cercando sempre un (perché) motivo per esserlo, ma semplicemente smetti se non ti va più.

Ama la tua imperfezione. Allena la gratitudine per quel che hai ora. Cerca i tuoi talenti, sviluppali ed usali per fare del bene a te stesso e agli altri. Non cercare di accumulare ricchezze che non riuscirai mai a spendere. Non cercare continuamente di arricchire la tua cultura se non riuscirai mai ad utilizzarla per il benessere di qualcuno. *Pensa e rallenta* se devi prendere una decisione, ma non metterci *troppo*.

Fai tutto ciò che ti fa stare bene senza danneggiare niente e nessuno. Cerca di volerti bene per quello che sei, non per l'ideale che vorresti essere o che magari ti sei imposto, elimina la competizione. Cerca di migliorare con fierezza, stimandoti sin da oggi, e non aspettando di migliorare.

Butta la maschera e comincia a dire la verità.

A volte basta una scintilla per accendere il fuoco che cerchi. A volte basta una goccia a far traboccare il vaso e vedere finalmente qualcosa cambiare senza dover aspettare di toccare il fondo...

Se sei fermo in un punto morto, cerca una spinta. Non voler per forza fare tutto da solo. Forse non sarà questo libro a risolvere le tue questioni, ma potrebbe essere l'origine di una tua idea, di un'illuminazione per poter finalmente sbloccare la situazione. Fa sì che ti sia utile.

Questo corso non vuole risolvere i tuoi problemi, vuole darti gli strumenti che tu userai per farlo.

Non vorrei sentirti dire "grazie", vorrei sentirti urlare sicuro: "Finalmente sto meglio!". Questa è l'unica cosa che ha tenuto vivo il mio progetto, il blog e tutto quello che ne è scaturito, compreso questo libro.

Quindi grazie a te, caro lettore.

Lezione 26
Apprendimento e Abitudini

In questa lezione parleremo di due elementi molto importanti per la nostra vita. Cominciamo con le definizioni:

- **Apprendimento:** Processo di azioni fisiche o mentali, compiute volontariamente a livello **conscio**, con lo scopo di fare e imparare qualcosa di nuovo (ad esempio, suonare la chitarra).

- **Abitudine:** Processo di azioni fisiche o mentali svolte in modo spontaneo e automatico perché già apprese, quasi sempre a livello **inconscio** (ad esempio, guidare la macchina).

L'essere umano, di sua *natura*, è votato all'apprendimento per tutta la vita. Ed è proprio così che impara tutto ciò che sa!

Inoltre, siamo esseri abitudinari, cerchiamo di standardizzare il più possibile la nostra vita per evitare di imbatterci in continue sorprese e contrattempi. Automatizzare certi comportamenti è una cosa molto utile per vivere tranquilli.

Di solito, pensiamo alle abitudini solo per le cose che *"facciamo"* e mai per quello che *"pensiamo"*. Come camminiamo o mangiamo è un'abitudine. Ma quel che ignoriamo è che anche molti stati emotivi sono frutto di un meccanismo simile. Se, per esempio, sono spesso triste, è perché faccio sempre gli stessi pensieri, partendo sempre dagli stessi presupposti e compio sempre le stesse azioni e scelte, giorno dopo giorno, mese dopo mese.

Abitudini mentali.

Come sono solo abitudini mentali tutte le cose che facciamo ma che non vorremmo fare più; per giustificare i nostri vizi ci convinciamo che *"sono più forti di noi"* (fumare, mangiare troppo, esagerare in qualche comportamento, e altre dipendenze).

Non si può risolvere un problema con la stessa mentalità che l'ha generato (Einstein).

Stesse abitudini → stessi risultati. Ricordalo!

Qualsiasi abitudine può essere cancellata, modificata e/o sostituita da un'altra.

Se oggi cammini in un certo modo, con la schiena in una certa angolazione e le braccia che ciondolano, è perché così hai appreso molti anni fa ed è diventata un'abitudine. Ma se tu volessi farlo, potresti stravolgere il tuo modo di camminare (imparando a farlo più gobbo, più dritto, con il passo più lungo o più corto, in diagonale, eccetera) facendolo diventare un'abitudine così consolidata da trovare difficile tornare al vecchio metodo.

Siamo nati per imparare, qualsiasi cosa: anche il tuo comportamento giornaliero è frutto di un apprendimento passato, sono abitudini consolidate. Puoi cambiarle nello stesso modo in cui si impara a suonare uno strumento musicale, cioè esercitandoti... volentieri!

Le tue re-azioni e i tuoi comportamenti sono stati al 99% appresi in passato, cosa che ha creato in seguito un automatismo. Qualsiasi reazione comune che hai durante la vita, è la risultante di un comportamento imparato e automatizzato a livello *inconscio* nel tuo passato. Quindi se vuoi cambiare qualcosa devi solo *volerlo* ed esercitarti fino a che non diventi un'abitudine.

Il miglior mezzo che abbiamo per imparare è **l'emulazione**, ossia copiare ciò che fa qualcun altro per imparare più in fretta. Ecco perché è meglio avere modelli sani (figure di riferimento) e con certi tipi di valori, soprattutto quando attraversiamo l'età dell'infanzia e della pubertà. Purtroppo, a volte i modelli scarseggiano e ci ritroviamo a seguire il primo che capita, magari guardando la televisione...

Tecnicamente, copiare è una caratteristica propria del cervello, ovvero quella di poter proiettare immagini e suoni per poi modellarle per sé stesso.

Ad esempio, se stai imparando a ballare, puoi copiare qualcuno che balla, oppure farti spiegare come si fa, immaginando di farlo e imparando da quell'immagine che scorre nella mente.

Ovviamente, per tutto ciò che riguarda le attività prettamente fisiche e di coordinazione motoria, è sempre meglio vedere prima cosa fare e poi usare uno specchio per far capire al tuo cervello dov'è la differenza tra ciò che fai tu e ciò che fa l'insegnante (il modello) in questione. Se invece cerchi di imparare qualcosa di più teorico, è fondamentale l'immaginazione di ciò che bisogna fare a livello di *strategia di pensiero,* tramite l'ausilio di vari esercizi.

Nel nostro caso, essendo un corso di educazione emotiva, bisogna tenere a mente cosa vuoi fare di diverso da quello che fai oggi e capire se quello che stai imparando ti porta in quella direzione. Ricorda la *soggettività* di quello che impari qui: alcune cose puoi scartarle, altre adattarle alla tua personale esperienza, verificandole con la domanda: *"Sto meglio?"*.

Se sì, continua, se no, insisti per un po', oppure cambia metodo. In ultimo, ricorda i motivi per cui sei qui e fatti le domande *al positivo* senza la parola non.

Se hai una tua personale Spinaneldito, chiediti come diventare libero da quest'ultima, guarda attentamente chi *libero* lo è già o chi il problema l'ha superato.

Sorridi, pensando che è meno grave di quello che viene rappresentato nella tua mente a livello di immagini e suoni.

Tempo fa ero *convinto* di non poter resistere dal mangiare la pizza se era presente nel menu; qualsiasi altra cosa ci fosse, la mia scelta ricadeva sempre nella stessa direzione. Mi dicevo che era "più forte di me" e pur non essendo obbligato da nessuno volevo mangiarla. Che fosse già davanti a me o solo il fatto di immaginarla mi faceva scattare una voglia irresistibile. Questa è quella che abbiamo definito *"convinzione limitante"*, ricordi?

Qualcuno mi consigliò di immaginare una pizza tutta "smontata": farina, acqua, lievito, mozzarella, pomodoro, olio e sale, tutti gli ingredienti davanti a me. Mi chiesero se in quel modo riuscissi a resistere... ovviamente sì! Scoppiai a ridere e da quel giorno lavorai per *smontare* la convinzione limitante che avevo e ci riuscii.

È solo un esempio ma serve per farti capire che a volte siamo noi a limitare le vie d'uscita a un problema. A volte siamo chiusi in un angolo e girati di schiena così da non vedere l'uscita.

Cambi il modo di vedere (immagini) e cambia tutto. Guadagna altri punti di vista!

Vale lo stesso per chi si sente spesso triste, arrabbiato, ansioso, stressato o qualunque altro stato d'animo negativo. Bisogna chiedersi "cosa fare" di diverso e trovare la giusta strategia per allenare lo stato contrario. Chiediti: "Come posso essere felice?", "cosa posso fare di diverso?".

Dai fiducia al tuo inconscio e lascialo fare: troverà la risposta giusta!

Se vuoi smettere di essere preda di rabbia o tristezza, vuoi trovare il modo per non creare più certe immagini e suoni nella testa, e di sostituirle con altre o fermandole appena ti rendi conto della loro presenza, sorridendo e accompagnandole fuori da un orecchio o sputandole dalla bocca.

Ora veniamo alla spiegazione più dettagliata di come il nostro cervello impara **qualsiasi cosa**: camminare, ballare, suonare, provare gioia, angoscia, guidare una macchina... fino a farla diventare un'abitudine.

Le fasi dell'apprendimento sono tre.

Fase 1

Ti rendi conto che esiste qualcosa da imparare e lo vuoi fare. Decidi di intraprendere un corso o seguire delle istruzioni.

La prima fase si riassume nell'interesse per qualcosa che non conosciamo (o che scopriamo esistere) e il voler imparare. Nel caso del nostro corso, è stata la ricerca di un sistema che elimini il malessere, generi serenità senza cause esterne, imparando a usare al meglio la nostra intelligenza emotiva.

Forse c'era qualcosa che non andava, forse l'hai fatto per semplice curiosità o forse per altri motivi ancora. Hai cercato, ti sei interessato, hai trovato questo libro e l'hai comprato.

Fase 2

Conoscenza e allenamento. Cominci a imparare a fare ciò per cui ti stai interessando.

Per esempio, a scuola guida impari che bisogna schiacciare la frizione, coordinare l'accelerazione, tenere ben saldo il volante seguendo la strada, cambiare marcia, eccetera.

L'elemento fondamentale di questa fase è che sei *convinto* che imparerai quello per cui ti stai impegnando. Stai imparando e devi stare attento ad ogni cosa che fai, non ti puoi distrarre perché non è ancora diventata un'abitudine... ci vuole allenamento.

Le abitudini, come abbiamo detto, vivono a livello *inconscio*, le esegui senza pensarci. Camminare, bere, leggere. Sicuramente c'è molto altro che sai fare bene e non hai bisogno di farci particolare attenzione (anche il solo digitare una password conosciuta è una cosa che viene automatica).

Durante la seconda fase è ancora tutto a livello *conscio*, e siccome le capacità di fare più cose contemporaneamente a questo livello è difficile, troviamo faticoso stare attenti a coordinare i movimenti di più cose insieme. Quando si impara a guidare non ci si può distrarre parlando del più o del meno con qualcuno: dobbiamo pensare ad ogni cosa che facciamo.

Se parliamo del corso di questo libro, troveremo il *rallentare* fondamentale per ricordarci di stare attenti ai nostri comportamenti automatici, sia quando cadiamo in uno stato negativo, sia quando abusiamo della nostra Spinaneldito. Dobbiamo ancora fare attenzione a ricordarcelo più spesso possibile.

Se siamo attenti, riusciamo a vedere cosa sta succedendo e cominciano i primi successi, anche solo una riflessione su quanto appena accaduto e l'impegno di farci più attenzione la prossima volta. Se poi riuscissimo ad intervenire "in diretta" e deviare un'incavolatura trasformandola in un sorriso... sarebbe un successone!

Se un ragazzo di diciott'anni riesce una volta su dieci a far partire una macchina, coordinando frizione e acceleratore, non racconterà triste dei nove tentativi falliti, ma sarà *entusiasta* dell'unico in cui è riuscito a farcela.

Cerchiamo, in questa fase, di ricordare tutto ciò che di buono facciamo, dimenticandoci gli sbagli o le disattenzioni. Facciamo, in pratica, quella che in questo libro ho chiamato "ContaDeiPiù".

La sera prima di addormentarci, cerchiamo di fare l'esercizio della macchina del tempo sempre meglio e aggiungendoci anche l'esercizio della *convinzione*. Inoltre, ogni volta che ci viene in mente qualche eventuale difficoltà, le mettiamo subito in *dubbio* dicendo che non ci importa più di tanto.

Insomma, nella seconda fase **dobbiamo impegnarci un pochino** per ricordarci di fare quello che di utile troviamo nelle lezioni, fino a che non diventeranno abitudini. Dobbiamo allenare la creazione di emozioni positive smettendo di creare quelle negative a cui siamo abituati da anni.

Questa fase potrebbe sembrare un po' ostica perché non possiamo sapere quando finirà, è una cosa soggettiva. Se ti capita di sentirti scoraggiato è perché sei focalizzato sulla meta e non sul viaggio. Quando si percorre una strada lunga, senza la consapevolezza di quando terminerà, potrebbe nascere spontaneo il pensiero ricorrente: "Quando finisce? Quando si arriva?". Ripetuto di continuo, questo pensiero genera sconforto e stanchezza. La soluzione è presto detta: se stai scalando la montagna, non guardare dov'è la cima, pensa solo al prossimo passo e guarda la natura ai lati del sentiero. Così arriverai in cima senza accorgetene e dirai: "che bello siamo già arrivati!". Godi dei progressi fatti oggi e vivi nel presente, non ti curare del futuro.

È solo questione di **insistere**, di stare collegati, di non mollare, di rileggere e di fare oggi un pochino meglio di ieri.

Fase 3

L'ultima fase è il tuo *Sarocosi*.

Il cervello ha eseguito le connessioni necessarie e possiamo tranquillamente pensare a cosa mangiare stasera mentre guidiamo una macchina. Chi guida da qualche mese, ormai, non pensa più a scalare marcia, mettere frecce, coordinare acceleratore, freno e frizione. Si fa tutto in automatico! Spesso non ricordiamo neanche la strada che facciamo, tanto siamo sovrappensiero mentre guidiamo.

Nella terza fase l'inconscio ha assorbito e automatizzato tutte le procedure, e a livello conscio puoi non pensarci più.

Può succedere ancora che si faccia qualche errore, ma sono rari e non mettono in dubbio la tua capacità di guidare. Se sbagli a mettere la quarta mettendo invece la seconda, o spegni la macchina al semaforo, correggi "in diretta" senza pensarci e senza darci peso: **non metti in dubbio la tua capacità!**

Sei *convinto* di saper guidare. È diventata un'abitudine automatizzata!

Questo sarà lo scopo finale di questo corso. Cercare di automatizzare tutte le tecniche mentali che stai imparando, così da non pensarci più. Riuscire a fare qualcosa di diverso e di definitivo rispetto a quello che ieri facevi e non ti piaceva. E quando sbagli, o ti dimentichi, è perché ancora non hai automatizzato, oppure è solo un episodio isolato senza nessun peso.

Rileggi piano.

Quando sbagli, o ti dimentichi, è perché ancora non hai automatizzato, oppure è solo un episodio isolato senza nessun peso.

Oggi sei nella seconda fase. Un po' alla volta stai ricevendo istruzioni, tecniche e consigli su come essere finalmente libero di gestire il tuo stato emotivo.

Se sei in difficoltà, devi solo proseguire con l'allenamento. Vuoi insistere, impegnandoti, solo per ricordarti di fare quello che è più utile al tuo scopo. Se ti scappa la frizione e fai spegnere la macchina, poco importa. Stai imparando e nessuno ti corre dietro.

Se fai l'esercizio serale della macchina del tempo provando gioia, soddisfazione e convinzione per il futuro raggiungimento del tuo stare bene, tutto scorrerà alla giusta velocità.

Basta rimanere collegati, ogni tanto ripassare e applicare un pochino più di ieri. *Mibutto* senza pensare troppo se i nuovi esercizi siano fatti bene o no. Se le risposte emotive sono positive, vuol dire che vanno bene, altrimenti aggiusti un pochino il tiro.

Un giorno cominceranno ad essere tutte *abitudini mentali definitive* che porterai con te tutta la vita e ricorderai con piacere il passato e tutte le *inutili* preoccupazioni o difficoltà che trovavi, sorridendo proprio come oggi sorridi se ripensi a quando non sapevi guidare.

Se non sai ancora guidare, trova un altro esempio di qualcosa che hai imparato e adesso fai senza pensare. Anche il solo saper leggere, suonare uno strumento, fare uno sport, giocare a un videogame, usare un computer, un telefono o andare in bicicletta! Il concetto rimane identico.

Se ti stai chiedendo come mai trovi difficile questo corso, mentre invece altre cose le impari più facilmente, la risposta è **nella tua *convinzione* di riuscirci.** Chi s'iscrive a scuola guida si convince che imparerà, **perché vede che tutti guidano.** Se invece vedi persone *cambiate*, uscite dalla loro dipendenza o dalla depressione, non ci fai caso o pensi che loro siano diverse da te. Fai tu...

Punti di vista e presupposti diversi porteranno a risultati diversi.

Ricapitoliamo:
1. Vuoi imparare qualcosa di nuovo, quindi cerchi una soluzione o un corso.
2. Trovi un corso che insegni ciò che vuoi fare e ti impegni, con l'allenamento, a fare gli esercizi che ti vengono dati, o a seguire i consigli opportuni, buttandoti e senza giudicare eventuali errori, perché stai imparando.
3. Sarà tutto automatico e lo farai senza più farci caso.

A quel punto potrai andare avanti specializzandoti ancora di più, insegnandolo a qualcuno, o passando a fare altro. Tutto, nella vita, segue questo iter. Facci caso: dalle cose semplici come la matematica, cucinare, giocare, fino a qualcosa di più complesso come guidare un mezzo di trasporto o suonare uno strumento musicale.

Questo corso ti fornisce gli strumenti per creare un sistema *tuo*, personale, ed essere **libero** di gestire le tue emozioni come meglio credi.

Non vuol dire che filerà sempre tutto liscio, ma che niente ti spaventerà, perché saprai affrontare qualsiasi situazione che la vita ti farà trovare davanti.

Vivere liberi vuol dire vivere senza alcuna sicurezza e senza paura del cambiamento.

Cioè l'opposto di come siamo *abituati* a pensare... sì, proprio "abituati". Lavoro fisso, casa di proprietà, tutti i giorni le stesse cose, uno uguale all'altro. Abitudini decennali, mangiare, bere, ascoltare sempre la stessa musica, tenere tutto il più ordinato possibile, mai variare, tenere cose e persone il più sotto controllo possibile (avere l'*illusione* di dominare tutto).

Stabilità e controllo erano le tue parole d'ordine per ottenere una sensazione di fugace tranquillità. Prima le cercavi per non farti travolgere dai fatti e dagl'imprevisti, cercando di chiuderti a riccio il più possibile, evitando variazioni di qualsiasi genere.

Pensavi che meno ti esponevi e meno probabilità avevi di soffrire. Meno cambiamenti, più sicurezza. **Meno vivevi e meno soffrivi.**

Oggi, invece, hai il potere tra le mani: poter andare in giro per il mondo e fare ciò che ti pare e piace con la consapevolezza che non esistono fallimenti, sensi di colpa. Felice, imperfetto. Sei degno di esistere al pari con gli altri, finalmente ti stimi e ti godi i risultati di oggi, sei in grado di affrontare qualsiasi cosa vada storta e godere al massimo di tutto ciò che *tu stesso farai andare come vuoi.*

Tutto nelle tue mani: la **consapevolezza** è molto diversa dal controllo. È una mentalità, un nuovo modo di vedere le cose, di creare i pensieri, di guidarli senza farli andare a casaccio. E tutto ciò si può imparare con le tre fasi che ti ho spiegato in questa lezione.

Sei stato sempre *"abituato"* a fare in maniera diversa: da domani sarai nella fase tre, quella in cui tutto ciò che impari leggendo questo libro sarà la tua nuova abitudine per provare... *un'emozione nuova.*

Lezione 27
Le Sensazioni

Se *rallentare* e lavorare sulle *convinzioni* sono la base di tutto, questa lezione ti darà la spinta finale per raggiungere ciò che vuoi. Sarà come mettere il turbo al tuo viaggio.

Cominciamo, allora, a parlare delle "sensazioni", cioè quello che senti a livello emotivo, che poi è quello che risponde alla domanda: "Come stai?".

Abbiamo finora parlato di immagini e suoni che produciamo nella testa e che creano delle sensazioni.

Immagini + suoni = sensazioni.

Abbiamo anche visto che per ognuno di noi si innescano dei circoli viziosi: possiamo dire che se stiamo bene produciamo di conseguenza immagini e suoni migliori. Quindi:

Sensazioni positive → immagini positive + suoni positivi = sensazioni positive.

Oppure il contrario:

Sensazioni negative → immagini negative + suoni negativi = sensazioni negative.

Se torniamo un attimo indietro, parlando dei suoni abbiamo capito che oltre a provenire dall'esterno, vengono anche formati nella testa. Abbiamo quindi la possibilità di cambiarli regolando ad esempio il volume o cambiando tono e voce.

E lo stesso vale per le immagini. Quelle grandi, a colori e in primo piano danno alla maggior parte delle persone un impatto emotivo più forte. Anche qui abbiamo imparato che possiamo manipolarle a nostro piacimento evitando brutte emozioni non desiderate o godendo appieno di quelle da noi cercate.

Infine, sappiamo che l'inconscio non percepisce la differenza tra ciò che arriva dall'esterno e ciò che produciamo da soli nella nostra testa.

Come per i suoni e le immagini, anche le sensazioni possono avere più origini.

Una è quella legata alla realtà che ci circonda, ovvero al senso del tatto. Se ci toccano, percepiamo una sensazione che può essere: caldo o freddo, secco o umido, liscio o ruvido, pesante o leggero, avvolgente o distaccato, duro o morbido, eccetera.

L'altra è quella che percepiamo dentro di noi chiamandola "emozione". Paura, felicità, ansia, gioia, rabbia, commozione, delusione, gelosia, amore, insicurezza, eccetera.

Parliamo prima di quella legata al tatto, al contatto con il nostro corpo.

Stiamo parlando sia di un oggetto, sia di una persona che viene in contatto con noi. Quindi può essere:
- un maglione *caldo e morbido;*
- un abbraccio *avvolgente e rassicurante.*

Oppure:
- una scarpa *stretta e fastidiosa;*
- uno schiaffo *rude e umiliante.*

Attenzione, il nostro cervello percepisce questo tipo di sensazioni attraverso il movimento e la variazione di ciò che ci tocca. Se il movimento smette, o diventa ripetitivo e monotono, smettiamo di percepire.

Se indosso un orologio nuovo, per esempio, ci metterò qualche ora ad abituarmi alla sensazione che provo sul polso. Dopodiché il mio cervello si abitua, non facendomela più provare. Se all'inizio lo trovavo *pesante o scomodo*, dopo qualche minuto mi abituo e non lo sento più. Ma se provo a metterlo sull'altro braccio, ecco che di nuovo proverò la stessa sensazione da capo.

In poche parole, le sensazioni hanno bisogno di **variare** per essere percepite. Se mi mettono una mano sulla spalla, sentirò una sensazione *di calore o di pesantezza*, ma se poi non muovono più la mano, arriverà il momento in cui il cervello smetterà di farmi percepire quella sensazione e sarà come se nessuno mi stesse toccando.

Ora parliamo, invece, delle sensazioni interne, delle **emozioni**. Quando proviamo un'emozione qualsiasi, soprattutto all'inizio, quando nascono, le sentiamo attraverso il corpo, proprio come le sensazioni legate al tatto.

I famosi modi di dire:
- ho un nodo in gola;
- la paura mi chiude lo stomaco;
- mi vengono i brividi dal ribrezzo;
- ho la pelle d'oca dall'emozione!
- sento una gioia che mi riempie il petto;

Non sono pura immaginazione, ma è davvero la percezione che qualcosa attraversi il nostro corpo da qualche parte. Prova a farci caso nei prossimi giorni e a capire quale parte del corpo viene interessata quando provi un'emozione nuova, appena arrivata, sia positiva che negativa. Di solito parte in un punto e poi comincia a muoversi.

Anche in questo caso, come per la visualizzazione dei cibi o delle esperienze, è tutto soggettivo. Ognuno può provare un'emozione in un posto diverso e con un movimento diverso, che può essere lineare, ad espansione (o schiacciamento) oppure circolare.

Il movimento Lineare è quello dello yo-yo, e può essere dall'alto in basso, da destra a sinistra, avanti e indietro. Per esempio:
- La paura sentita dalle gambe muoversi verso l'alto;
- La gioia dallo stomaco che sale verso la gola;
- La rabbia dalla gola verso la bocca per poi uscire.

Il movimento ad Espansione è quello ad esempio di un palloncino che si gonfia o si sgonfia, o ancora qualcosa che ci schiacci lo stomaco o le spalle. Per esempio:
- Se pensi intensamente a una persona cara, puoi sentire il cuore che si gonfia;
- Gli impegni e lo stress, di solito, sono un peso sulle nostre spalle;
- Se ti senti a disagio puoi avvertire lo stomaco che si contrae.

Con **il movimento Circolare** potresti sentire una sensazione girare in tondo, cioè compiere un cerchio che parte, ad esempio, dallo stomaco, quindi sale verso la gola e riscende dietro la schiena, per poi risalire di nuovo. Questo movimento è molto simile a quello lineare, ma chi l'avverte è più sensibile al riguardo. Sentir dire "mi girano le *scatole*" non sempre è un modo di dire...

In ogni caso, quello che è importante sapere, ai fini del nostro benessere, è che le emozioni, per essere percepite, devono partire in un punto del corpo e muoversi in un altro. In più, per continuare a sentirle devono farlo ciclicamente. Se smette di muoversi, smetti di sentirla. Dobbiamo imparare questo per stare meglio quando stiamo male e per stare benissimo quando stiamo bene.

Tanto per cambiare cominceremo a farci caso *rallentando* il momento in cui accade. Poi impareremo come modificare l'impatto emotivo a nostro piacimento.

Ipotizziamo che tra cinque minuti qualcuno ti farà arrabbiare. La prima cosa da fare è capire dove nasce la sensazione e come si muove, rallentando e ricordandoti di farci caso. Il movimento può essere a yo-yo, a palloncino oppure circolare.

Ricordati di buttarti senza stare a chiederti se è facile o difficile. Fallo d'istinto, come ti viene. Nel caso fosse necessario farai degli aggiustamenti a posteriori. Anche perché non è un esercizio che *devi* fare, ma è soltanto una nuova informazione che *vuoi* verificare.

Il primo passo da fare è solo questo. Capire in che modo avverti le sensazioni più comuni e più intense come rabbia o gioia, quale parte del corpo interessano e che movimento hanno.

Poi, una volta capito, si può cominciare a lavorare per fermare le emozioni non desiderate o amplificare quelle positive. Puoi cambiare la sensazione che provi cambiando o fermando il movimento che la interessa:

1. Se è a yo-yo, la fermi. Nel vero senso della parola: **chiudi gli occhi** e ti immagini di fermare quel movimento con una mano o con ciò che ti viene **usando l'immaginazione e la fantasia.**
2. Ordinagli di smetterla, dicendo convinto "fermati"!
3. Se è circolare, la fai girare al contrario. Puoi immaginare di tirarla fuori come fosse un cerchietto, girarla e ri-

metterla dentro, oppure fermarla con un dito e spingerla dall'altra parte come fosse un disco.

4. Se è un'espansione, tipo palloncino, la puoi sgonfiare o farla uscire, nella tua mente, da qualche parte del corpo.

Quando io sono arrabbiato, sento una sensazione che si gonfia partendo dalla gola e per me è più facile farla salire immaginando di sputarla fuori dalla bocca. Come una bolla di veleno che esce e scoppia da sola.

Oppure, se mi capita di aver paura, sento la pelle d'oca in testa, tra i capelli. Allora immagino (quando riesco, non sempre) di passare un rullo tra i capelli per lisciare di nuovo il tutto.

Come vedi, tutto sta nella tua fantasia: senti dov'è, come si muove e immagini di fare qualcosa per cambiare la situazione. D'altronde **la Consapevolezza è rendersi conto di quello che fai (nella mente o nel corpo), mentre lo fai, per poterlo cambiare.**

Lo so che ti sembra strano, fa questo effetto a tutti la prima volta. Dopo averci provato un paio di volte, ti renderai conto che è la cosa più facile del mondo: ricorda che questo è il *tuo* corso, per capire il funzionamento del pensiero, prenderne il controllo, e smetterla di far andare tutto in automatico.

Per quanto riguarda le belle sensazioni, invece, visto che ne vogliamo abusare, le asseconderemo facendo accelerare o aumentare quello che fanno dentro il corpo.

Se ascolti una canzone che ti fa sentire felice o commosso, cerca di sentire dove nasce e come si muove per poi aumentarla a dismisura. Prova a farlo durante l'esercizio serale della macchina del tempo, cercando di aumentare a dismisura la sensazione positiva che provi alla fine dell'esercizio.

1. Se si muove a yo-yo, accelera quel movimento.
2. Se gira in tondo, spingila e falle fare cerchi più grandi.
3. Se si espande a palloncino, falla gonfiare a tal punto da invadere tutto il corpo, dai piedi fino alla punta dei capelli.

Tutto questo sempre usando l'immaginazione. Senza troppe domande sul come, fallo e basta. Buttati! Non pensare che io sia pazzo prima di aver provato! E non pensare che sia difficile solo perché è una cosa nuova e non hai mai sentito nessuno che l'abbia fatto.

Puoi immaginare qualcosa che va sempre più veloce, puoi farlo chiudendo gli occhi, basta questo. Quello che ti viene in mente subito, d'istinto, di solito funziona. Se non va, cambia sistema, provando a fare altro.

Molte persone chiudono gli occhi e con le mani mimano il movimento della sensazione che provano, accompagnandone la crescita se è bella, o placando e rallentando il movimento se è brutta. Gesticolare con le mani spesso aiuta a creare ciò che con la fantasia non viene subito espresso in immagini.

Ad esempio, la respirazione in molti sport o le pratiche orientali vengono accompagnate con le mani. Quando l'aria esce fuori, le mani vanno dal petto verso l'esterno e quando l'aria rientra il movimento è inverso.

La consapevolezza che accompagna questa lezione è una delle più utili tra le tante che hai acquisito e acquisirai durante la lettura di questo libro. Metterla in pratica sarà una delle più belle esperienze da fare sulla tua pelle!

Vedrai come sarà emozionante...

Se *rallentare* e lavorare sulle *convinzioni* sono la base di tutto, questa lezione ti darà la spinta finale per raggiungere ciò che vuoi e, come ho già detto, sarà come mettere il turbo al tuo viaggio.

È facile, segui l'istinto!

Lezione 28
Le cose succedono "a te" o "per te"?

Prima di iniziare questo capitolo ti vorrei invitare a rileggere le prime lezioni appena puoi e con leggerezza. Se lo farai, a questo punto del corso ti verrà da sorridere, e molto, ricordando quello che pensavi la prima volta che le leggevi; scoprirai soprattutto particolari che ho volutamente "nascosto fra le righe" e che non potevi notare prima.

In questa lezione parleremo di due punti di vista che possono "salvare" la situazione a favore del nostro stato emotivo. Se succede qualcosa che ci fa stare male, o ci mette in uno stato che non vogliamo... avremo un altro strumento per reagire e cambiare la situazione a nostro vantaggio. Pensavi mica che fossero finiti?

Se riesci a guadagnare almeno un altro punto di vista, nascerà la possibilità di sceglierlo. Se sei convinto che la possibilità sia una sola, non ci sarà alcuna scelta da fare.

Il punto di vista diverso che vogliamo ottenere da questa lezione riguarda quello che accade intorno a noi e su cui non abbiamo nessun controllo (forse).

Per esempio, un licenziamento, una mancata assunzione, un amore finito, un rifiuto, un incidente, la mancata realizzazione di qualcosa cui tenevi, il comportamento di genitori, amici, colleghi e parenti. Un fatto che associ alla sfortuna, un ritardo, un incidente, una multa, eccetera. Insomma, qualsiasi cosa che non ci piace nel nostro presente (o passato), ma che sappiamo non poter più influenzare.

Situazioni del genere vengono vissute con il classico stato da vittima dicendo: "Perché è successo proprio a me?". Proprio per il fatto che non sono sotto il nostro diretto controllo, quando accadono li subiamo inermi, accettando il malumore e le emozioni negativi che seguono.

Un esempio banale è quando siamo in ferie al mare e c'è brutto tempo: ci si sente "derubati" di una giornata da passare in spiaggia. Diventiamo nervosi, tristi o irascibili e la giornata ne risulta rovinata. Oppure il classico ingorgo inaspettato che troviamo nel traffico e che causa ritardi nelle nostre faccende.

Provare malumore è dato dal fatto di *credere* che non ci sia alcuna scelta (emotiva) in determinate situazioni. Quello che succede, succede **"a me"**, e quindi subisco!

Quello che vogliamo imparare ad avere, a partire da oggi, è almeno un'altra possibilità provando a chiedersi:

"E se quello che è successo fosse **per me**?".

La differenza tra il pensare "a me" o "per me", sta nel mettersi in condizione di subire qualcosa o di esserne agevolato. Se piove e sono in vacanza, posso approfittare del brutto tempo per fare shopping, o un'escursione culturale che con il sole non farei. Se mi capita un contrattempo o un incidente posso scegliere di pensare arrabbiato "perché è successo proprio a me?", oppure guardarmi intorno sereno e cercare qualcosa che non avrei potuto vedere senza quell'evento dicendo "cosa ci sarà di positivo per me ora?".

Un giorno ero in coda al semaforo e la macchina davanti a me ci mise troppo tempo a partire facendo scattare di nuovo il rosso. Ovviamente suonai il clacson incavolato nero... ma... all'incrocio successivo ci fu un piccolo tamponamento che causò il blocco di quel tratto stradale e tutti quelli che erano rimasti fermi al semaforo come me, poterono svoltare per prendere la strada parallela ed evitare l'ingorgo. Quindi dopo averlo insultato, l'ho dovuto ringraziare...

Non si può conoscere il futuro e quindi *è una tua scelta* credere che una qualsiasi "disgrazia" ti capiti sia una cosa negativa che ti porti altre cose negative, oppure una **nuova possibilità** di avere occasioni che altrimenti non ci sarebbero state.

C'è chi incolpa i propri genitori o la propria infanzia per lamentarsi del proprio presente, senza pensare che le difficoltà avute in tenera età possono aver forgiato un carattere forte che altrimenti non ci sarebbe. Usa il tuo passato *per te*! Se fosse vero che esiste qualcuno a cui è andato sempre tutto bene, di sicuro sarà impreparato quando la vita gli riserverà sorprese non gradite. Ci avevi mai pensato?

Come già detto, le persone più sagge che conosco sono quelle che hanno avuto un passato *molto* difficile...

Un altro esempio "classico" è rappresentato da chi viene lasciato o tradito dal partner e soffre per un lungo periodo di tempo. Dopo qualche mese incontra un'altra persona che è *davvero* quella giusta, riiniziando una storia d'amore più grande e matura della precedente. E tutti vissero felici e contenti... anzi felici e imperfetti!

Abbiamo spesso parlato del "fallimento" e della "sconfitta" come qualcosa di istruttivo, invece che come un segnale di resa. Vivere l'esperienza come trampolino per crescere, diventare più forte e *vincere* la volta successiva, o quella dopo ancora.

Qualsiasi cosa che vivi negativamente oggi può essere fonte di nuove opportunità e gioie domani! Basta viverle pensando che ci sia dietro qualcosa *per noi*, invece che mettersi nella condizione di subire l'avvenimento da vittima. E non dimentichiamo che quando va tutto bene potrebbe, nel futuro rivelarsi una sventura...

Cambi il punto di vista e cambia il tuo stato d'animo.

Mettere in pratica il detto "cerca il lato positivo delle cose", oppure "non tutto il male viene per nuocere", è un'arte, una mentalità che va ricercata anche quando la situazione non sembra avere niente di buono da offrirci. Usando un po' di "immaginazione" si può cambiare il futuro che seguirà il brutto avvenimento accaduto, e farlo a tuo vantaggio.

Lascia pure sfogare la rabbia o la tristezza quando accade (rallentando), ma appena l'emozione negativa diminuisce, prova a cercare un altro modo di vivere la situazione.

Ricapitolando, da adesso potrai fare caso a tutto quello che ti succede che ti causa uno stato emotivo negativo e provare a farti la seguente domanda: se ciò che è capitato fosse *per me* un'occasione di guadagnarci qualcosa, cosa potrebbe essere?

Comincerai a dimenticarti di stare male inutilmente per l'accaduto, trovando subito cosa ci può essere di positivo in quell'esperienza.

L'obiettivo non è eliminare la sofferenza (anche quella serve, e ci identifica come esseri umani), ma solo far sì che duri meno tempo possibile, aggiungendo poi opportunità, punti di vista e scelte prima "nascoste".

Abituandoti ad applicare questo concetto, usando tutto il tempo che ti è necessario, sarà tutta un'altra cosa... te ne accorgerai. Per iniziare provaci nel tuo quotidiano, nelle piccole incavolature o contrattempi giornalieri.

Ricorda che è solo questione di abitudine mentale. Non c'entra niente con il tuo carattere, come sei fatto e non è niente di difficile. Provaci qualche volta, e se ti trovi bene, ti impegnerai per farlo "quasi" sempre!

Bene, per questa lezione è tutto: breve ma intensa.

Buon allenamento!

Lezione 29
Una chiacchierata con te stesso

Oggi parleremo delle diverse personalità che a volte scorgiamo nei nostri atteggiamenti.

Alcune volte sei sicuro di *volerti* comportare in un modo nuovo e più utile, ma quando è ora di agire esce fuori un altro te che non ubbidisce alle buone intenzioni e si ripete il comportamento indesiderato.

Non si tratta di avere personalità multiple, sei sempre tu, ma non sai perché succede e come risolvere. E di nuovo nasce il pensiero errato che afferma: **"È più forte di me!"**.

Intanto sappi che è una cosa che succede a tutti, è normale: non sei malato, ignori solo le cause ed i semplici modi per risolvere. Stai sereno, la paura è solo mancanza di conoscenza sull'argomento!

Una causa molto comune che non ti permette di evitare il comportamento dannoso (pur volendo) è un'emozione molto forte ancorata al comportamento stesso, che nella tua vita scarseggia.

Come ti ho già spiegato parlando delle dipendenze, se trovi irresistibile qualcosa, potrebbe esserci associata un'emozione che manca nella tua vita, oppure potrebbe essere un'emozione che vuole controbilanciare un continuo stato emotivo negativo.

Un esempio classico è l'abbuffarsi di cibo o altre sostanze. La famosa "fame emotiva" è quando senti una forza più potente che ti costringe a *"perdere il controllo"*. Se consumi qualcosa che *credi* ti piaccia da morire, dietro c'è il tuo potente inconscio, che ha trovato l'emozione che gli manca o vuole un attimo di finta gioia dopo una giornata d'inferno passata magari tra emozioni negative. Un premio, una consolazione.

Magari pensi che il tuo comportamento sia dovuto al fatto che ti piace talmente tanto che sei tu a scegliere liberamente di lasciarti andare, ma fidati che, inconsciamente, c'è un'altra motivazione. In realtà ne sei *dipendente* e non puoi scegliere diversamente. Non parlo solo di dipendenza dal cibo ma di qualsiasi comportamento di cui ti senti schiavo.

Il concetto di libertà si applica *solo* quando ti senti libero di scegliere tutte le possibili combinazioni di comportamento in un caso specifico.

Sei libero da qualcosa quando ti è indifferente anche se ti piace.

Per esempio, se mi piace la pizza, ma per una settimana non ho l'occasione di mangiarla, non è che me la sogno di notte o ne sento la mancanza... è solo una pizza!

Mi piace, ma ho il perfetto controllo della situazione. Posso *sempre* scegliere liberamente di mangiarla o scegliere altro, senza sentirmi attratto in maniera irresistibile. Questo vale per tutto, non solo per cibo, bevande o sigarette. Ognuno di noi sa benissimo a cosa "non resiste".

Poi, per carità, non tutto è dannoso o da risolvere. Ci sono, per esempio, molti comportamenti che hanno ancorate a loro sensazioni che ci riportano a situazioni felici dell'infanzia, che sono un piacere per l'inconscio e sarebbe un peccato rinunciarci.

Se ho la passione per la barca, perché da piccolo mio papà mi ci portava ed ho ancorato a quella situazione delle belle emozioni di quando ero bambino, ben venga! Oppure, se mi piace fare una grigliata in compagnia perché, inconsciamente, rivivo emozioni di quando ero bambino, evviva le grigliate! Come sempre il buon senso e l'equilibrio devono prevalere.

Questo discorso vale per i comportamenti esagerati e dannosi che tu, per primo, vuoi eliminare o attenuare.

Quindi, se non *vuoi* più essere così morbosamente attratto da qualcosa, devi *ravvivare* la tua vita in qualche modo, sostituendo ciò che "inconsciamente" provi quando cedi alla tua Spinaneldito! Se vuoi, rileggi tutti gli esempi della lezione 9, quella sulle dipendenze. Oppure, come spiegato nella lezione 24, fai crescere dentro di te la convinzione di potercela fare, così che sostituisca quella vecchia di non essere abbastanza forte.

Ricorda questa regola: l'inconscio sceglie sempre per il tuo bene e sempre l'opzione con la sensazione più potente.

Di conseguenza, se vuoi sostituire una scelta devi associargli un'emozione più forte di quella che c'è ancorata oggi, cominciando con il semplice sapere che almeno un'alternativa esiste. Ecco perché è importante l'esercizio della macchina del tempo. Serve per allenare un'emozione potente e desiderata, che ne sostituisca una che ci faceva comportare come non volevamo.

Il secondo motivo per cui non ti comporti come vorresti è quando percepisci che sei proprio "un'altra persona". In quel momento, c'è una parte di te che esce fuori e fa cosa gli pare, proprio contro le tue buone intenzioni precedenti.

Intanto è importante chiarire di nuovo che sei sempre tu, non è una malattia mentale e non è nulla di grave. Vuoi solo capire cosa succede e come risolvere.

È sempre quel monello del tuo inconscio, che crea un comportamento parallelo. Molte persone ignorano che dietro il più stupido ed autodistruttivo degli atteggiamenti c'è sempre una buona intenzione o, nel peggiore dei casi, una totale convinzione di non avere scelta.

L'inconscio, nel tuo passato, ha fatto quello che ha fatto per **proteggerti**. Se è successo nella tua infanzia, potrebbe essere che non sia stata la migliore delle soluzioni, ma comunque resta il fatto che il movente è stato "per il tuo bene". Solo quello.

È bene che te lo imprimi nella mente, per toglierti subito i sensi di colpa quando accade. Se credi di essere debole, inadeguato, una brutta persona o qualcos'altro di negativo, **cancella subito quel falso giudizio su te stesso e perdonati** per la tua non conoscenza sull'argomento. Non lo sapevi e quindi sei innocente. L'inconscio ha agito in passato come farebbe qualsiasi genitore che, con tutte le buone intenzioni, vuole proteggere il proprio figlio sbagliando strategia.

Per farti capire con un esempio estremo, ci sono donne sovrappeso che non riescono a dimagrire perché hanno subito in passato qualche tipo di violenza (fisica o psicologica) o hanno vissuto una grande delusione amorosa. Il loro inconscio, all'epoca immaturo, ha deciso con la poca esperienza che aveva, che se ingrassavano nessun uomo le avrebbe più concesso attenzioni, salvandosi da quelle brutte esperienze. Ora, in età adulta, vorrebbero dimagrire, ma non riescono perché l'inconscio, che è più potente, continua a sabotare ogni dieta o tentativo di miglioramento, senza far capire all'interessata il perché! L'inconscio insabbia il tutto talmente bene da non farci ricordare più niente dell'accaduto. Questo può valere anche per gli uomini con situazioni similari.

Ho fatto un esempio estremo per farti capire che qualcosa che è ti successo da bambino potrebbe nascondersi nei tuoi comportamenti sbagliati. Dimenticare quegli stessi episodi è un meccanismo di difesa inconscia, quindi non cercare di ricordare, ma cerca di essere consapevole che potrebbe essere un blocco del genere.

Se c'è una parte di te che si rifiuta di adottare comportamenti realmente più sani ed intelligenti, dobbiamo scoprire con assoluta serenità qual è la buona intenzione di quella parte che vince sempre. Come si fa? Semplice, come al solito! Basta chiedergli qual è il motivo del suo comportamento.

L'esercizio è molto facile. Dopo esserti rilassato a dovere, comincia ad immaginare una vera e propria chiacchierata amichevole con la tua personalità che fa ciò che vuoi cambiare, eliminare o ridurre. Puoi farlo solo con le voci interiori (suoni), oppure farti proprio tutto il film di un incontro tra te e la tua parte ribelle. Come ti piace di più.

Fai l'esercizio del dito, o un pochino di meditazione, e poi vai da lei chiedendogli molto amichevolmente: "Qual è il *buon motivo* per cui ti comporti così?", oppure "so che hai delle buone intenzioni, ma siccome per il nostro bene sarebbe meglio smettere, vorrei sapere: perché tu invece non vuoi?".

Se la risposta non rivela un motivo che soddisfi la questione chiederai "perché?" fino a che non salta fuori.

Ovviamente dovrai lavorarci un po'; ognuno ha il suo passato e il suo modo di parlare a sé stesso, ma il concetto rimane quello di chiedere alla tua parte che si comporta in malo modo perché non vuole cambiare, ed ascoltare sereni il motivo, che potrà essere solo una buona intenzione di proteggerci adesso non più necessaria.

Oppure, più semplicemente, potrebbe essere *solo* la falsa convinzione limitante di essere incapace e quindi risolvibile con le lezioni 23 e 24.

Un'altra cosa molto ricorrente che viene fuori è la paura di risolvere i propri problemi ed essere poi liberi. Ricorda che il cambiamento può spaventare e se una persona vive un qualsiasi disagio da moltissimi anni, potrebbe aver paura di ritrovarsi senza quel problema. Paura di non riuscire a gestire una tale libertà dopo anni di "galera". In gergo tecnico i terapeuti chiamano la galera "casa emotiva", ossia il luogo familiare dove più spesso ci si rinchiude per cercare una falsa sensazione di sicurezza.

Comunque sia, appena salta fuori la buona intenzione, puoi cominciare a fargli vedere come stareste bene entrambe eliminando quel comportamento senza mai forzare. Il dialogo sarà amichevole, amorevole ed è importante finisca con un bell'abbraccio.

Il tutto deve essere fatto con assoluta calma e serenità, senza giudicare **qualsiasi cosa salti fuori** da quella conversazione. Ricorda che il passato è passato. È **importantissimo** sapere che tutto quello che puoi trovarci **non è più qui. È passato.** Non giudicarti male se credi che il comportamento e i motivi che sono alla base siano sciocchi o negativi. Eri un bambino, un ragazzino o anche solo immaturo; non trattarti male per qualcosa che hai scelto in quelle condizioni.

Ricorda che è un esercizio per stare bene e non per riesumare episodi passati.

Immagina un bimbo che rompe qualcosa di vetro (tipo un bicchiere) e non sa come dirlo ai genitori. Non è nulla di grave e l'importante è che non si sia fatto male... ma il bambino è preoccupatissimo della sgridata. Che sia rimasto illeso non è per lui importante. È solo preoccupato del "giudizio" di mamma o papà.

Il genitore non bada ai danni materiali, né si mette a giudicare per un episodio del genere. È solo contento che il figlio stia bene, lo abbraccia dicendogli di fare più attenzione, anziché sgridarlo o punirlo.

Così dovrai parlare alla tua parte che non si comporta come oggi vorresti: sereno e senza giudicare negativamente, ma avendo compassione e misericordia di te stesso. Se fai questo esercizio volendoti bene e rispettandoti, ne gioverai.

Passiamo agli esempi pratici.

Immagina una riunione (in salotto, in un parco, al telefono...) con quella tua personalità che mangia troppo e chiedigli perché lo fa. Se risponde perché gli piace, chiedigli di nuovo perché. Se risponde che in passato era obbligato a mangiare poco e quindi adesso non vuole più rinunciare, chiedigli se non gli piacerebbe essere magro, sentirsi leggero, in forma o libero dal problema del cibo. Se ti dice che tanto non c'è speranza viste le precedenti esperienze, allora prova a spiegargli che stai sperimentando nuovi sistemi e magari questi funzionano se ti lascia fare una prova sincera. Chiedigli gentilmente di collaborare mostrandogli il risultato della macchina del tempo e la tua soddisfazione.

Insomma, deve essere una chiacchierata con l'intenzione di giungere ad un accordo comune per il bene di entrambi.

Altro esempio potrebbe essere quello sui comportamenti compulsivi o vizi in genere. Di solito il motivo che viene fuori da queste personalità è la **sensazione di sicurezza associata** che ne deriva. Se mi comporto così mi sento al sicuro dalla realtà; si ha una sensazione **familiare conosciuta** che ci consola dal mondo esterno che non possiamo controllare. Il motivo da far capire, a quel livello, è che bisogna accettare di vivere la vita con le sue insicurezze e imperfezioni. Che non esiste un modo per stare al sicuro da tutto, che è molto meglio vivere accettando l'imprevedibilità della vita. Solo l'accettazione sincera di questo presupposto potrà liberarti da qualsiasi tuo modo di ribellarti ad essa.

È uno dei paradossi più comuni della vita. Se cerchi continuamente modi per vivere sicuro e tranquillo, ingrandirai le tue insicurezze sentendoti sempre in pericolo. Se invece *"ti arrendi serenamente"* al fatto che vuoi vivere in maniera spontanea e senza avere tutto sotto controllo, ti sentirai più leggero e al sicuro perché conscio di poter affrontare qualsiasi situazione, sarai libero e ti godrai la vita come meriti. Come meriti!

Alla prossima lezione!

Lezione 30
I Bisogni Umani

Ci sono moltissimi esperti che parlano dei bisogni umani: a me è piaciuto il modello elaborato da Tony Robbins, un famosissimo life coach americano. Parleremo di bisogni emotivi che vanno per forza soddisfatti, come tutti i bisogni fisiologici: bere, mangiare, dormire, eccetera.

Innanzitutto, parliamo del perché potrebbe servirti. Se riesci a far tuo il concetto che il comportamento di un essere umano risponde ad uno o più bisogni naturali, allora molti sensi di colpa e molti giudizi verranno a mancare.

Uno dei nostri più grandi problemi sta nel fatto che, inconsciamente o no, *giudichiamo* noi stessi nel modo peggiore. Non siamo mai abbastanza belli, magri, ricchi, felici, amati, soddisfatti... e abbiamo sempre una sottile sensazione di inadeguatezza.

Abbiamo sempre uno o più ideali da rincorrere e lo facciamo quasi sempre con la sensazione dell'insoddisfazione di non essere ancora arrivati all'obiettivo. Chi guadagna 1000 euro ne vorrebbe 1500, chi ne guadagna 10.000 ne vorrebbe 20.000; chi porta la taglia 46 vorrebbe la 44, chi ha la 52 vorrebbe la 48; chi è fidanzato vorrebbe sposarsi, chi è sposato vorrebbe l'amante.

Chi arriva quinto vuole arrivare primo; chi è arrivato primo vuole andare alle olimpiadi; chi si sente sempre triste, arrabbiato o incatenato da qualcosa vuole sapere come uscirne.

Insomma, siamo **giustamente** alla ricerca di un miglioramento personale o sociale, ma ci dimentichiamo **di godere con gratitudine** di quello che abbiamo oggi e di quello che abbiamo conquistato ieri.

Come dico dall'inizio del libro, non riusciamo a mantenere il sorriso di gioia per ciò che siamo oggi cercando di migliorare domani, ma tendiamo sempre ad essere seri e tristi per tutto quello che non abbiamo ancora raggiunto. Inoltre, quando arriviamo ad un risultato siamo già alla ricerca del prossimo, dimenticando di goderci quello appena conquistato.

Non essere mai contenti e soddisfatti è solo una mentalità, quella che ci fa dire "io sono fatto così". Ed è solo un'abitudine che genitori, insegnanti e società ci hanno inculcato quando eravamo bambini.

Prendi il motivo per cui stai facendo il corso. Per esempio, chi vuole perdere peso e ha delle difficoltà, reagisce in due modi:

1. O, **consciamente**, si butta giù giudicandosi in malo modo per non riuscire a seguire un regime alimentare da nazisti (dieta) e dà la colpa alla sua presunta inettitudine, o alla mancanza di forza di volontà. Crede di *essere* grasso e si disprezza per questo, magari fa finta di niente, ma la stima per sé stesso ne risente parecchio.

2. Oppure, **inconsciamente**, si attribuisce sempre lo stesso giudizio negativo, ma per non ammetterlo a sé stesso, comincia a convincersi che è colpa del metabolismo lento, che se non mangia la pasta sviene, che non può resistere a pizza o cioccolato, se non fa colazione cade a terra... e tutte le più belle scuse che raccoglie in giro.

Questo accade perché non inizia a migliorare amandosi e accettandosi dall'inizio, ma pensa che **sarà degno d'amore** solo quando il miglioramento sarà raggiunto e gli entrerà di nuovo quel pantalone che aveva in gioventù (o quello che non ha mai potuto indossare).

Quindi ogni volta che mangia di più del solito o si concede un capriccio, parte il senso di colpa che rafforza la convinzione di essere un incapace. Nessun perdono, nessun rispetto, nessuna pietà! Circolo vizioso negativo.

Se invece ci vogliamo bene da subito con tutti i nostri difetti o chili di troppo, sinceramente e senza remore, allora il fatto di voler dimagrire sarebbe vissuto come un obiettivo per migliorare ciò che è già **bello di suo.**

L'obiettivo, che sia raggiunto o meno, non dovrebbe influenzare la quantità di bene che ci vogliamo, né la stima in sé stessi.

Questa è una mentalità che farà volare i chili di troppo (o qualunque problema tu abbia) fuori dalla finestra in men che non si dica. Se sei *convinto* di essere una bella persona al di là dei tuoi problemi da risolvere o degli obiettivi da raggiungere, tutto sarà più facile.

Qualunque sia la tua **Spinaneldito** sarà un piacere estirparla, perché sarà vissuta come un "di più" e non come una cosa che influenza il tuo amor proprio.

È un paradosso dimostrato in moltissime ricerche e studi in qualunque settore. Chi si accanisce negativamente verso un obiettivo, troverà molte più difficoltà a raggiungerlo di chi, invece, lo insegue tranquillo e sereno. La grinta e la determinazione necessaria non arrivano da emozioni negative, ma dalla gratitudine, dalla passione e dall'amore. È inutile trattarsi male o frustarsi come un asino!

Le persone che sono a noi care ci amano per quello che siamo nell'anima e non nell'aspetto fisico, nei comportamenti o nella carriera lavorativa e sociale. Il successo, in questo mondo terrestre, non ti farà avere più amici (veri) di quelli che hai già.

Solo l'amore e la cura per le persone care aumenteranno l'amore che ti tornerà indietro.

Solo l'amore e la cura di te stesso aumenteranno le cose belle e le soddisfazioni della vita.

Oggi ti fornirò un'altra informazione che scaricherà il senso di colpa per tutto quello che di negativo pensi su te stesso, anche fossero comportamenti violenti e intollerabili.

Senza l'intenzione di scatenare alcuna polemica, riporto cosa ho letto in un esempio su Adolf Hitler:

> *"Siamo davvero sicuri che chiunque altro, nato dove è nato lui, con i suoi stessi genitori, con le sue stesse prime esperienze infantili, con la sua stessa educazione, nello stesso ambiente in cui è cresciuto, con gli eventuali traumi subiti e le stesse influenze, sarebbe stato diverso da lui?"*

Non è un modo per dire che Hitler era giustificato a fare quello che ha fatto, sia chiaro.

Ovviamente si tratta solo di una provocazione per arrivare a una riflessione: chiunque potrebbe essere il risultato di tutte le esperienze che gli sono capitate da quando è nato. Le persone che fanno del male al prossimo vanno combattute, rinchiuse, al meglio riabilitate, ma non giudicate. È solo un modo per guadagnare un altro punto di vista quando ci ritroviamo a giudicare noi stessi o altri in malo modo, solo perché emotivamente coinvolti.

Quello di cui voglio parlare davvero è di come ti giudichi. Com'è l'immagine di te stesso nella tua mente? **Ricorda che tu diventi quello che pensi di essere.** È questo il punto. È una legge matematica dimostrata, non è una mia opinione.

Quante cose negative pensi di essere o fare? Ti vuoi veramente bene? Ti stimi? Sei capace di perdonare la tua imperfezione, i tuoi errori? Credi di essere degno di stare al mondo al pari degli altri? Credi di meritare amore al pari degli altri?

Quando riuscirai a rispondere sinceramente a queste domande, qualunque cosa tu voglia ti pioverà addosso. È questo che si nasconde dietro la legge d'attrazione che cerca di spiegare, in maniera troppo semplicistica e commerciale, tutto ciò che da millenni qualsiasi buon saggio, filosofo o santone cerca di farci capire. Niente di nuovo!

Ama te stesso incondizionatamente.
Ama gli altri incondizionatamente.

E tutto andrà bene. Garantito! Non è una cosa difficile da fare, non cominciare a pensare che sia impossibile, che tu non riesci perché sei un "caso particolare". Nessuno ci riesce sempre tutto il giorno, nessuno è perfetto.

Amare incondizionatamente sé stessi e gli altri deve essere una linea guida, non un comandamento irremovibile che ha come punizione l'inferno eterno per chi non dovesse riuscirci. Sii saggio. Comincia piano piano.

Oggi saluta un estraneo e donagli un sorriso. Vai allo specchio, guardati negli occhi e datti un bacio. Fallo ora. Dai un bacio in bocca alla tua immagine riflessa, oppure dattene uno sul braccio, come vuoi.

Se mentre lo fai ti senti a disagio, ti viene da ridere o provi vergogna, è perché non sei abituato a trattarti bene, tutto qui. Abituati e vedrai i risultati!

Torniamo all'oggetto della lezione. Se riesci a capire che quello che fai di positivo o di negativo è legato a un bisogno umano a cui non puoi sfuggire, ti perdonerai cose che ti portavano a giudicarti in maniera negativa. Parliamo di bisogni emotivi al pari di mangiare, bere, dormire, sopravvivere. Bisogni a cui non puoi rinunciare.

Prendiamo ad esempio tigri, leoni, coccodrilli o qualsiasi predatore presente in natura. Uccidono senza pietà, spesso prendendosela con i più deboli, come i cuccioli di altre specie (o perfino della propria). Sono esseri malvagi?

No, perché è il loro istinto di sopravvivenza che li porta ad uccidere altre creature.

Il 99% dei tuoi comportamenti negativi che vuoi cambiare o che credi possano influire negativamente sull'autostima, vengono dalla stessa matrice. E cioè da madre natura.

Quei bisogni sono dentro di noi e servono per sopravvivere. Qualsiasi comportamento derivato da essi è naturale. La differenza con il regno animale è che noi abbiamo la possibilità di scegliere di soddisfarli in modi negativi, neutri o positivi; il comportamento che ne consegue può cioè influire in bene o in male su di te o su chi ti sta vicino. Ho inserito degli esempi per ogni bisogno trattato, così da farti capire meglio. Quello che cerchiamo di imparare in questo corso è vivere in maniera ecologica!

È tempo di fare una lista di questi bisogni emotivi:
1. Sicurezza e Certezza
2. Varietà ed Eccitazione
3. Considerazione e Distinzione
4. Amore e Connessione
5. Crescita e Miglioramento
6. Contribuire e Condividere

Sicurezza e Certezza

Questo è il bisogno di non sentirsi in pericolo, di avere delle certezze nella vita, di essere al sicuro. Si può soddisfare avendo una base solida come il lavoro, una casa, una famiglia, una situazione sociale più o meno stabile, la salute, un credo, una fede (anche non religiosa), un idolo come modello di vita, eccetera. Si può appagare anche avendo delle convinzioni solide su cui aggrapparsi quando ci sentiamo minacciati o poter contare continuamente su qualcuno nella nostra vita. Soddisfarli in maniera negativa vuol dire abusare di questa sensazione di certezza puntando troppo sulla sicurezza e senza lasciare spazio anche alla naturale e positiva imprevedibilità della nostra esistenza; ci dimentichiamo che qualsiasi cosa ci faccia sentire molto al sicuro potrebbe essere spazzata via dai casi della vita. Quando succede, non siamo preparati e rischiamo di crollare.

Varietà ed Eccitazione

Questo bisogno va in contrapposizione con il primo, bilanciandolo. Nella vita si ha bisogno di emozioni nuove e di una continua variazione di stati emotivi proprio come si ha bisogno di certezze e sicurezze. Se fosse sempre tutto uguale, o tutto troppo certo, passerebbe la voglia di vivere.

Abbiamo bisogno di qualcosa di eccitante, vario e divertente da fare. Questo bisogno lo puoi soddisfare in maniera positiva con un hobby, una passione, uno sport, un nuovo amore o tenendo sempre vivo quello che hai deciso di sposare. Oppure in maniera neutra, leggendo un romanzo o guardando un film al cinema. Ricorda che l'inconscio non percepisce la differenza tra realtà e immaginazione, e quindi se vedi un film d'azione, o d'amore, o anche un thriller, puoi provare emozioni eccitanti immedesimandoti nei protagonisti del film. Nelle relazioni amorose, un modo neutro è quello di fantasticare di avere dei rapporti con altre persone.

I modi negativi di soddisfare questo bisogno sono molti: abusare di cibo (pane, pasta, pizza, dolci), di droghe, abitudini autodistruttive (gioco d'azzardo, vizi di vario tipo), sport pericolosi (che stimolano la produzione di adrenalina), abusi di tecnologia, social network, chat, siti porno, giochi elettronici, eccetera. In amore, soddisfare questo bisogno in modo negativo significa tradire il proprio partner cercando in continuazione relazioni clandestine.

Sono tutte attività che ci distolgono dalla noia.

Questi primi due bisogni devono essere soddisfatti entrambi allo stesso tempo, per quanto paradossale possa sembrare. Bisogna avere delle basi solide nella vita, ma non bisogna **appoggiarcisi troppo** o si rischia di crollare con loro, un giorno. La varietà è il sale della vita: se non la soddisfi atrofizzandoti nelle tue certezze, l'inconscio si ribella e ti fa agire in modi negativi. La varietà serve anche per allenarti agli imprevisti che sono sempre in agguato.

Lavoro, casa, affetti, convinzioni, fede e credenze. Se ti abitui a non dormire troppo sulle cose che oggi ti danno certezza e sicurezza, quando e se mai cambieranno sarai pronto per crearne delle nuove. Goditi quello che hai oggi, ma vivi sempre consapevole che domani potrebbero cambiare o svanire.

Ecco cosa vuol dire essere **flessibili**: se la vita ti pone davanti a un destino inaspettato, devi essere pronto ad affrontarlo con nuove soluzioni e strategie mentali giuste, così da ripartire più forte di prima dopo aver attraversato un periodo grigio e buio della vita.

C'è anche l'eccesso opposto, ovvero chi vive troppo di adrenalina e avventura diventando dipendente da quell'eccitazione continua. Come chi ha vissuto un enorme successo lavorativo e poi torna ad una vita normale deprimendosi.

Equilibrio prima di tutto!

Considerazione e Distinzione

Sentirsi "considerati" dagli altri è un bisogno umano. Sentire di essere utili alla società, alla famiglia, alla comunità. Sentire di non far parte della massa come una pecora qualsiasi. Distinguersi, come i bambini quando cercano di farsi dire "bravo" dai genitori o dalla maestra.

Per soddisfare questo bisogno in maniera positiva puoi diventare specializzato in qualcosa (musica, cucina, meccanica, hobbistica e arte), oppure diventare bravo in uno sport, fare carriera sul lavoro.

Modi neutri sono quelli che usano gli anticonformisti, come riempirsi *esageratamente* di tatuaggi, piercing, vestire o truccarsi in maniera fuori dal comune per farsi notare in qualche modo. *Distinguersi*, appunto (classico adolescenziale). Anche il contraddire sempre tutto e tutti è un modo per distinguersi dalla massa, i famosi bastian contrari!

Modi negativi sono l'essere violento o intollerante. Chi usa spesso la violenza (anche solo verbale) o la prepotenza, lo fa a causa di una cattiva educazione, pessimi modelli in fase di crescita e scarsa stima di sé stessi, che si tramutano esibendo un "falso" carattere forte e prepotente. Spesso non si tratta di pura cattiveria o malvagità, ma è proprio l'essere cresciuto senza conoscere l'amore e l'affetto a farci credere che solo prevaricando gli altri ci si possa *distinguere*.

Uomini e donne spesso considerano in maniera differente questo bisogno: gli uomini sentendosi importanti e rispettati (carriera, potere, risultati sportivi, primeggiare); le donne sentendosi richieste e desiderate, curando il proprio aspetto fisico e rendendosi indispensabili in famiglia.

Questi possono essere elementi positivi ma, **eccedendo**, diventano negativi: gli uomini spesso dedicano troppo tempo alla carriera e trascurano la famiglia e gli affetti; le donne a volte annullano la propria femminilità per diventare brave mamme e donne di casa, trascurando le proprie necessità personali.

Amore e Connessione

Tutti abbiamo bisogno di essere amati, di connetterci con le persone e con la natura ed è il primo bisogno emotivo del neonato.

Modi positivi di soddisfare questo bisogno sono appartenere a delle associazioni di volontariato per persone, animali, natura. Aiutare gli altri mettendosi al loro livello e sentendosi amati di conseguenza. Stare in mezzo alla natura anche solo con una passeggiata.

Modi negativi sono il *vittimismo*, attirare l'amore e la compassione degli altri lamentandosi sempre di tutto ciò che ci succede, di tutto ciò che non abbiamo e che non possiamo essere o fare. La depressione, per esempio, è spesso causata dalla convinzione inconscia di non potersi connettere o amare. Anche l'ipocondria (e tutto ciò che è psicosomatico) è spesso data dalla convinzione inconscia di poter ottenere l'amore del prossimo solo se si ha qualche problema fisico. Molti di questi lati negativi possono soddisfare anche il bisogno di distinguersi.

Questi ultimi due bisogni, proprio come i primi, sembrano in contrapposizione. Uno per distinguersi dalla massa e l'altro per farne parte. Vale lo stesso discorso di prima: per vivere serenamente ed in equilibrio bisogna migliorarsi, coltivare le proprie passioni personali senza voler essere perfetti e bisogna cercare di amare prima di voler essere amati.

Crescita e Miglioramento

Il motivo che ti spinge a leggere queste lezioni, la costante crescita positiva del nostro essere, è essa stessa un bisogno. Abbiamo sempre fame di imparare cose nuove, fare meglio ciò che sappiamo fare e migliorare come persone. A differenza del distinguersi, bisogno per cui cerchiamo di farci dire "bravo" da qualcuno, questo bisogno è quello che vuol farselo dire da sé stesso.

Modi positivi sono la ricerca di un nuovo lavoro, prendere un titolo di studio, specializzarsi in qualcosa, coltivare nuovi interessi e hobby, appartenere a un club o a un gruppo.

Modi negativi sono il criticare e lo sparlare sempre degli altri per convincersi (inconsciamente) di essere migliori: invece che migliorare sé stessi, si cerca di trovare il peggio negli altri.

Contribuire e Condividere

Questo bisogno è simile a quello dell'Amore, con la differenza che questo è totalmente a favore del prossimo. Contribuire e condividere con altre persone, con la società, con la natura.

Modi positivi per soddisfare questo bisogno sono il volontariato, la beneficenza o la gentilezza con la natura e gli animali. Il modo positivo è caratterizzato dal fatto di fare queste attività incondizionatamente, senza chiedere o aspettarsi niente in cambio. Quando invece c'è l'aspettativa di essere ringraziati e contraccambiati, allora il bisogno è soddisfatto in modo negativo perché produce risentimento o delusione.

Questi sono i sei bisogni umani che dobbiamo soddisfare nella nostra vita al pari del bisogno di mangiare e dormire. Se lo si fa in modo sbilanciato e negativo sicuramente si innescheranno comportamenti autodistruttivi.

Per riallacciarmi all'introduzione di questa lezione: sapere tutto ciò ti aiuterà a non giudicarti (o giudicare gli altri) una brutta persona o una persona da criticare se ti comporti in malo modo.

Mangi o fumi troppo? Sei prepotente? Sei sempre triste o arrabbiato? Sei dipendente da sostanze o vizi? Ora sai che non è perché sei fatto male o hai un brutto carattere, ma perché hai imparato a soddisfare un tuo bisogno naturale in maniera sbagliata.

Stai solo *facendo* la cosa sbagliata. Non sei sbagliato *tu* come essere umano. Se *fai* qualcosa di sbagliato e qualcuno te lo dice, puoi imparare ed impegnarti a fare diversamente.

Quindi prendi il tuo caso e pensa a come soddisfi i tuoi bisogni naturali. Prendi l'Avataro o un foglio qualsiasi e segna, per tutti e sei i bisogni, come credi di soddisfare ognuno di loro. Se trovi qualcosa che vuoi cambiare, perché non stai bene con te stesso, sostituisci quel modo con uno più positivo.

Essere persone serene ed avere equilibrio nella vita vuol dire soddisfare tutti e sei i bisogni in maniera equa e positiva. Se soddisfi troppo un bisogno e ne trascuri un altro, prima o poi cadrai in emozioni o comportamenti negativi. Se li soddisfi in maniera negativa o egoistica, il risultato sarà lo stesso.

La maniera più utile, bella, nobile (e che funziona!) di appagarli è quella di soddisfare prima quelli degli altri. Se nella tua vita c'è armonia, amore, gioia, misericordia e bontà, accadrà che soddisferai quei bisogni al mondo intorno a te, creando una reazione di ritorno uguale che sfamerà automaticamente anche i tuoi. Ovviamente senza trascurare te stesso...

Se fai del bene senza chiedere o aspettarti niente in cambio, te ne tornerà indietro talmente tanto che non saprai più come gestire la sensazione del cuore che ti scoppia di gioia.

Se fai sentire importanti le persone intorno a te, soddisferai il loro bisogno di esserlo e di conseguenza ti sentirai importante per averlo fatto.

Se non ti senti amato, smettila di avere il broncio o di lamentarti sempre di quello che non hai, ma ama tu per primo e vedrai che non potrai scampare all'amore che ti tornerà indietro, anche se non dalla stessa persona a cui lo hai dato. Ricorda che è un errore molto comune pretenderlo indietro, sorridi se ti capita di cascarci, *rallenta* e cambia direzione!

Se stai con una persona da tanto tempo, regalale varietà, cose nuove, attenzioni dimenticate, non lasciare morire i rapporti (anche d'amicizia) cercandone di nuovi. Se vieni lasciato, non pensare che sei tu il problema, ma pensa che sia quella persona ad aver cambiato gusti o necessità.

Equilibrio vuol dire anche non esagerare con nessun comportamento, anche se positivo. Troppo altruismo rischia di soddisfare talmente tanto i bisogni altrui da far dimenticare i propri; potrebbe perfino diventare una dipendenza, capovolgendo di fatto la situazione.

Ci deve essere equilibrio in tutti e sei i bisogni. Voler bene a sé stessi e agli altri senza preferenze.

L'unica cosa che ti chiedo adesso è di cominciare a farci caso, fin da subito. Senza pretendere di mettere tutto a posto all'istante! Comincia a migliorare in qualche comportamento, pian piano, un passo per volta e senza alcuna fretta.

I bisogni sono tanti e si possono sviluppare in una miriade di comportamenti, quindi rileggi la lezione appena vuoi e cerca di rifletterci su. Ricorda di fare la prova di sorridere a un estraneo e di andare a baciarti allo specchio.

Lezione 31
Filosofia di Vita Moderna

Siamo quasi alla fine. Congratulazioni per essere arrivato fino a qui! Mi raccomando, non cominciare a tirare le somme su quanto hai fatto finora, su quanto manca allo stare meglio, né su quanto ti eri prefissato all'inizio.

Una delle prime frasi che ho scritto, uno dei concetti che vorrei ti rimanesse in mente, è che **non c'è mai fine al viaggio**, ci sono solo tappe in cui ti puoi riposare per ricaricare le batterie e poi ripartire.

Questo corso è uno spunto verso una nuova mentalità che ti può portare a migliorare la tua vita, il rapporto con te stesso e con gli altri: è nato per questo. Siamo *noi* gli artefici del nostro destino e del nostro stato d'animo.

Vogliamo vivere con la consapevolezza di essere la causa di quello che sentiamo e pensiamo e non subire passivamente l'effetto di quel che accade intorno a noi.

Quando vivrai prendendoti quel merito, allora sarai *libero*.

Qualunque emozione negativa ti "colpisca" sai, adesso, che è normale, umana, naturale. Ma è sotto la *tua* responsabilità.

Con questo non voglio dire che dovresti sentirti oppresso dal peso di dover stare sempre bene, né di forzare o fingere che tutto vada sempre nel migliore dei modi. Piuttosto, è una gioia scoprire che **hai la *libertà* di sentirti bene o male senza incolpare niente e nessuno**.

Tutti abbiamo dei momenti no (anche i santi), tutti siamo *attraversati* da emozioni negative, di tanto in tanto. Non ho usato a caso il verbo "attraversare": il fattore più importante è che queste emozioni siano temporanee, che ci *attraversino* e che non permangano dentro di noi.

Quello che conta è sapere che puoi liberarti di quelle emozioni più in fretta di quanto pensassi prima e che hai sempre la possibilità di capire, dentro di te, come mai si scatena quell'emozione piuttosto che un'altra.

Ricorda che la realtà è soggettiva e non assoluta.

Nessun evento scatena una reazione emotiva uguale per tutti. Non esiste un bel panorama che piaccia a tutti e non esiste una brutta notizia che scateni le stesse emozioni negative a chiunque. Potrebbe anche essere che la cosa che ti piace di più al mondo sia indifferente per altri e viceversa: ognuno percepisce la realtà a *modo suo*, ognuno vive nella *sua* realtà.

Tienilo a mente quando ti rapporti con gli altri. Cambia punto di vista, mettiti nei panni di chi non reagisce come te, *fai* qualcosa di diverso e *starai* in modo diverso.

Non pretendere troppo da te stesso né dagli altri; non pensare di riuscire in un tempo limite, né con un numero massimo di tentativi. Goditi la vita e il viaggio, crescendo ogni giorno di più e senza mollare mai. Non chiederti *perché* accade qualcosa, cerca subito *come* risolvere nel più breve tempo possibile!

Abbiamo iniziato il corso con il semplice *rallentare*, che deve essere ancora la tua priorità assoluta.

La consapevolezza è tutto! Se ti rendi conto di quello che *fai* dentro di te, puoi cambiarlo o accettarlo serenamente.

Tu non sei il tuo corpo, ma la vita che esso rappresenta. Se ti tagliassero un braccio, penseresti che quel braccio sarebbe ancora tuo? Se ti tagliassero la testa tenendoti in vita con un macchinario, tu dove penseresti di essere? Nel cervello, nel cuore? Dove sarebbe il tuo *io*? Credi di "alloggiare" da qualche parte nel tuo corpo?

No, non troveresti un bel niente nel cervello, né nel cuore. Quello che tu chiami **"io"** guardandoti allo specchio, non è quello che vedi. Quello è solo un corpo, un ammasso di sangue, organi, muscoli e ossa che servono la *tua esperienza in questo mondo*.

Immagina la vita come un video game molto reale, come quelli di ultima generazione: realtà virtuale in tre dimensioni. In quel caso, tu sei il *giocatore*, non il protagonista del videogame che si dimena in quel mondo.

Avevo già fatto un esempio simile, quello del lungo viaggio in autostrada durante il quale si crede di essere l'automobile invece del *guidatore*. Il tuo corpo è *la macchina che guidi... tu sei il pilota.*

Conosci il film *Atto di Forza*? In quella storia, addormentano le persone facendogli provare, a mo' di sogno, di essere un personaggio diverso da sé stessi. Vuoi essere un calciatore famoso? Una famosa Rock Star? Una persona di successo? Chiunque si voglia essere, c'è la fialetta apposta che ti farà fare il sogno adatto ai tuoi desideri, tanto reale da farti credere che sia vero. Ti addormenti, fai la tua spettacolare esperienza e poi ti risvegli, paghi e *torni a casa.*

La vita qui è la stessa cosa. Un'esperienza nel corpo, nel luogo e nel tempo che ti ritrovi... e che porterà al risveglio. A casa.

Immagina se un tuo capello dicesse di essere un *individuo*. Immaginalo che prende coscienza di sé, un "essere cosciente" che si mette a chiacchierare con gli altri capelli.

"Ciao, io sono Gino."

"Piacere, io sono Pino. Come va?"

"Oggi mi sento un po' riccio, e tu?"

"Io ho preso una decisione... me ne vado, adesso *cado* e sarò finalmente libero!"

Oppure, immagina che nell'oceano tutte le gocce d'acqua prendano coscienza e si mettano a creare una società, cercando in tutti i modi di far valere la loro esistenza, dimenticandosi di essere l'*oceano*.

Io sono un *capello* del mondo, tu sei una *goccia* dell'oceano dello stesso mondo. Certo, siamo degli individui con dei sentimenti e delle necessità, ma facciamo parte di *qualcosa di più grande*, qualunque sia il modo in cui tu voglia chiamarlo. Il concetto sembra banale, ma dentro di sé ognuno sa che è così, da sempre.

La consapevolezza che cerchi quando *rallenti*, quando fai meditazione, quando guardi il mare, il tuo cane, il tuo bambino o qualsiasi altra cosa è il rendersi conto che non siamo il centro del mondo e forse abbiamo preso le nostre faccende personali un pochino troppo sul serio.

Se fai una passeggiata in un prato, è possibile che tu uccida decine di insetti spiacciandoli con le scarpe, e che i loro genitori non vedranno mai tornare a casa, ma pochi di noi soffrono per questo. Quante volte abbiamo strappato un fiore dalla terra senza sentirci in colpa?

Se invece succede qualcosa a un nostro caro, o a noi, allora soffriamo per mesi o anni cercando un *perché*, quando il perché semplicemente non c'è. Ci immedesimiamo troppo! Vediamo tutto come la più immane delle ingiustizie... e non parlo solo della morte, ma anche solo di una semplice storia d'amore finita o di qualsiasi "disgrazia" capiti a noi povere e sfortunate *vittime* del destino crudele.

Madre Natura non ha mai dato più importanza ad una specie animale piuttosto che a un'altra, né all'uomo, ma sempre alla *vita in generale*. So che se guardi il telegiornale ti viene tristezza o rabbia, ma a Madre Natura non importa un fico secco dei pasticci che noi umani combiniamo, né di quante persone muoiono durante un uragano, un terremoto o un attentato terroristico.

Tutto quello che fa la natura, lo fa per la vita di *tutto* l'ecosistema e non per un singolo individuo, che sia un genio, un bambino innocente, un serial killer o il Papa.

A lei interessa solo la vita del pianeta. Acqua, fuoco, terra, aria e *tutti* gli esseri viventi, senza distinzione.

Tutto deve continuare a muoversi, vivere, morire e poi di nuovo rinascere.

Questa è l'unica cosa che conta! Quando credi di aver subito un'ingiustizia, prova a rallentare cercando di valutare la tua esistenza nel sistema più grande, cercando di dimenticare la parola "io", ogni tanto. Immagina di guardare un formicaio dall'alto e di notare una formichina, in mezzo a miliardi di sue simili, che tutta agitata, si lamenta e sbraita per la sua situazione. Ti viene da ridere? Quando noi ci compiangiamo siamo allo stesso livello. Cerca sempre di guardare la situazione da un'altra angolazione.

Sarà la tua salvezza da una sofferenza continua, l'accesso ad un livello *superiore dell'evoluzione* e la fonte di una pace e di una serenità senza limiti!

Non voglio che diventi un robot o un essere insensibile, tutt'altro, voglio che diventi quello per cui sei nato, senza perderti nel tuo microcosmo egoistico.

Nella vita capiteranno sempre tantissime cose belle ed altrettante brutte. Io ti vorrei pronto per essere degno di affrontare *tutto* con il coraggio di essere imperfetto e la voglia di vivere.

Non cercare di proteggerti da tutto e tutti. Non cercare di avere sempre tutto sotto controllo. Godi dell'imprevedibilità della vita, trova la reazione giusta al momento giusto.

Soffri, piangi, urla quanto basta, e poi torna subito a godere del presente, cercando di migliorare il futuro e quello dei tuoi compagni di vita.

Ora ti parlerò brevemente di una persona che mi è stata d'aiuto per capire questi concetti: Brenè Brown.

Una ricercatrice, terapeuta, una donna di scienza votata alla carriera per cercare di capire i comportamenti umani e trovare il modo di controllarli, prevenirli o risolverli. Voleva che fossimo pronti a costruire delle armature che ci rendano forti ed inattaccabili.

Poi, durante la ricerca è crollata in un provvidenziale esaurimento nervoso e si è resa conto che solo accettando chi siamo nella nostra **assoluta imperfezione ed unicità**, possiamo godere di tutte le emozioni positive come l'amore e la gioia. Solo accettando di soffrire, di essere vulnerabili, possiamo amare liberamente. Che non vuol dire essere inermi, farsi travolgere dagli eventi o porgere l'altra guancia, ma trovare il coraggio per chiedere scusa o dire "ti amo" per primi, e non solo ai nostri compagni di vita, ma agli amici, colleghi, parenti, sconosciuti, animali. Cercare di fare le cose per il piacere di farle e non per un tornaconto personale; di non cercare qualcuno da incolpare ogni volta che capita qualcosa di brutto.

Hai presente quando regali qualcosa che è immensamente importante per chi lo riceve? Oppure, come viene ringraziata una persona che ha centrato in pieno le esigenze di un'altra?

Si scatena in una serie infinita di ringraziamenti in un vortice di emozioni che commuovono tutti.

Così dovremmo reimparare ad amare noi stessi, cercando di dare senza fare il conto di quanto ci viene restituito dalla stessa persona cui ci doniamo o dalla vita in generale. Dobbiamo trovare la forza di capire quali valori e quale parte della nostra società è saggia (famiglia, amici, natura, compassione, bambini), quale abbastanza inutile (eccesso di tecnologia, ideali di forza, ricchezza e bellezza, carriera lavorativa smisurata) e quale negativa (violenza, egoismo, razzismo, intolleranza, ignoranza, prepotenza, vittimismo).

So che qualcuno di voi potrebbe pensare: "Vorrei vedere te al posto mio! Parli bene ma poi, nella pratica, la vita è diversa, dura".

Non siate presuntuosi nei confronti degli altri. Non crediate di essere sempre tra i più sfortunati. Reagite e prendete quello che è vostro, scaricando ciò che non serve più, come il passato. Opportunismo emotivo.

E nemmeno voglio insinuare che tu debba abbandonare tutto e tutti per andare a fare volontariato in Africa. Cerca solo di essere saggio partendo dalla tua vita di tutti i giorni. Nessuno vuole che da domani fili tutto liscio, l'importante è essere rivolto verso il miglioramento: un passo al giorno, qualche volta nessuno, altre volte due o tre.

Quello che cerco di farti capire è che questo corso non è "qualcosa" cui affidarsi per stare meglio. È solo una guida per rispolverare ciò che è sempre stato dentro di noi, il modo migliore per vivere. L'abbiamo solo perso di vista nel corso del tempo.

Quello che ci distrae dal nostro *normale essere felici* è solo cattiva **educazione emotiva**, che in quest'epoca è più forte che mai. Viviamo in una perenne competizione che rende la maggior parte di noi insoddisfatta e ci fa credere di non essere "abbastanza". A quel punto non facciamo altro che fuggire o cercare i colpevoli: genitori, parenti, amici, la sfortuna, la nostra incapacità e altro ancora.

Invece prova a fare questo (se ne hai bisogno, ovviamente):
- **Perdona i tuoi compagni di viaggio**. Tutto quello che il "tuo vicino" compie di sbagliato, perché colpito da emozioni negative, modi di essere (fare) negativi o chissà cos'altro. Perdona il prossimo: i tuoi genitori, la fa-

miglia, gli amici, i conoscenti. Sono anche loro esseri umani che credevano di fare la cosa giusta, quale che sia l'errore che hanno fatto. Chiunque potrebbe avere delle attenuanti.

- **Perdona te stesso.** Non stare sempre a pensare a cosa tu potevi fare di meglio, di più, o a quanti errori potevi evitare. Non pensare di *non essere abbastanza*, perché vuol dire che da qualche parte nella tua mente esiste un'immagine di come vorresti essere idealmente. Elimina quell'immagine. Tu sei molto più che "abbastanza" già adesso e lo sei sempre stato, come ogni goccia dell'oceano. Cerca di migliorare tenendo come presupposto una gratitudine di fondo, amandoti e rispettandoti per come sei *oggi*, non per come vorresti essere *domani*.

Ognuno ha la sua storia e il diritto di sbagliare, te compreso. Se ti fanno del male, difenditi. Se puoi, difendi i più deboli senza provare odio per i prepotenti, perché non serve a nulla.

Non fermarti qui. Verifica tutto quello che ti ho detto, se necessario contraddicilo, trova di meglio. Cerca la tua verità e seguila, amati, ama, sii sincero con "lo specchio".

Sii sincero con te stesso.

Lezione 32
Cosa fare dopo il corso

Ciao, e ben *arrivato*.

Questo è l'epilogo del corso. A questo punto le sensazioni che potresti provare vanno dal sentirsi un pochino disorientato senza sapere cosa fare una volta conclusa la lettura, al ritrovarsi "da solo" sul sentiero della vita con tutto questo sapere in più. Dico "da solo" perché molte persone non conoscono i concetti che ti ho spiegato in questo libro e ti potresti sentire una mosca bianca.

Magari sei anche entusiasta e vorresti condividere queste informazioni con tutti, cercando di aiutare qualcuno dei tuoi cari, salvo poi ritrovarti di fronte persone che ti guardano come fossi un marziano o che accampano le scuse (inconsce) più fantasiose per non seguire questo tipo di percorsi. Ricorda che questi sistemi non sono per tutti, ma sono solo per chi comincia a **cercarli** per conto proprio, di sua spontanea volontà. Non c'è un'età esatta per cui mettersi in discussione sia giusto. Non sentirti frustrato e non giudicare male chi vuole rimanere così com'è anche se più grande di te. Regalando un libro del genere (lo dico contro il mio interesse!) rischieresti di farlo finire nelle librerie dei tuoi amici o parenti a prendere polvere.

Un famoso aforisma attribuito al Dalai Lama recita: "Ero intelligente è volevo salvare il mondo, poi sono diventato saggio e sto cambiando me stesso". Un altro di Osho dice: "Cambia te stesso e cambierai il mondo".

È quindi più utile lavorare su sé stessi che cercare di *spingere* con il buon esempio qualcuno al cambiamento, **a meno che non sia quest'ultimo a chiederti come fare**. È più probabile che chi ti sta vicino veda i benefici della tua trasformazione e si interessi spontaneamente, chiedendoti addirittura un consiglio o un aiuto.

Tornando alla possibile sensazione di smarrimento di fine corso, posso suggerire di rileggere con tutta la calma di questo mondo. Non per forza tutto il libro, anche solo le lezioni che per te sono state le più "belle" o le più utili, o perché no, le più "difficili" da attuare o seguire. L'importante è farlo con calma, nel tempo, senza esagerare o sentirsi in dovere di farlo.

Dopo aver letto una trentina di lezioni, ci si potrebbe trovare infatti ad avere un sacco di informazioni utili nella testa e non ricordarle o usarle nella vita quotidiana. La teoria è stata molto *densa*, quindi è normale che ci voglia un pochino di tempo per assimilare e magari ampliare tutti i concetti proposti.

Un'altra delle reazioni che *potrebbero* capitare è simile al sabotaggio affrontato nella sesta lezione.

Il nostro inconscio *crede* e si *convince* di non essere in grado di mettere in pratica ciò che ha letto. *Crede* e si *convince* di non poter cambiare davvero, né in modo definitivo. E siccome (a volte) non ce ne rendiamo conto a livello conscio, ecco che cominciano a nascere diverse scuse.

- "Giuro che domani mi metto a ripassare! Oggi ho troppi pensieri per la testa!"
- "Giuro che domani proverò a smettere! Oggi non ho l'umore giusto."
- "Giuro che domani inizierò a impegnarmi sul serio! Oggi ho tante cose da fare."
- "Non riesco a fare quest'esercizio, è proprio più forte di me, forse è il caso che smetta di provarci..."
- "Tutto sommato non sto poi così male... c'è chi sta peggio, chi me lo fa fare?"
- "Oggi ho sgarrato, quindi tanto vale che esagero... e mi arrendo."

C'è anche chi eccede nel senso inverso: legge tutte le lezioni, prova tutti gli esercizi, poi le rilegge, poi le stampa, poi sottolinea ciò che è più importante, poi rilegge le sottolineature, poi scrive degli appunti, poi li mette in ordine di pertinenza, li archivia sul proprio pc e chissà cos'altro ancora. Tutto farcito dal perenne pensiero: "Ce la farò, non mi arrenderò mai."

Credendo così di poter ottenere il massimo risultato possibile da ciò che viene spiegato in un qualsiasi corso (non solo da questo libro) con un impegno maniacale. L'organizzazione e l'ordine esasperato ci regalano la falsa sensazione di aver tutto sotto controllo, coprendo la nostra insicurezza.

In questi casi, spesso, manca il presupposto che "tutto andrà bene o come deve andare", manca la fiducia in noi stessi, manca l'accettazione della nostra imperfezione.

Questa abitudine di voler avere tutto sotto controllo spesso pervade qualsiasi attività della nostra vita sotto forma di fissazioni o comportamenti ossessivo-compulsivi. Comunque, in tutti i casi, c'è un leggero squilibrio.

Come sai, la via di mezzo è sempre la più saggia. Avere il giusto equilibrio in tutte le cose è sempre la cosa migliore.

Per essere delle persone sagge bisogna riconoscere le proprie imperfezioni, accettarle, cercando di volerne migliorare qualcuna. Come possiamo fare? *Rallentando*.

Cercando di riconoscere le proprie manie, dipendenze e tutto ciò che tende verso un "**eccesso**". Una volta consapevoli di questo, proviamo a farci più attenzione possibile, cercando di capire qual è l'emozione associata al comportamento in questione che ci sta creando una dipendenza (la sensazione più comune è quella di provare un senso di sicurezza, uno dei sei bisogni emotivi). E piano piano si cerca di cambiare, senza fretta, senza giudicarsi e senza avere un tempo massimo a disposizione.

Un altro tipo di sabotaggio che potrebbe presentarsi è il calo di motivazione e dell'entusiasmo iniziale. All'inizio è tutto nuovo, c'è molta aspettativa, tutto fila liscio e di certo non manca la voglia di provare ciò che c'è nelle lezioni. È normale avere un calo di energie, è fisiologico, ce l'hanno tutti.

Si comincia col cercare altri corsi simili, leggere altri libri, cercare informazioni diverse da più fonti possibili. Questo è un atteggiamento positivo, giusto e utile, se spinto dalla voglia di approfondire ma fino a che non si eccede. A quel punto si cade in una sorta di "dipendenza".

Succede che ci accorgiamo di stare bene durante il corso e quindi, quando finisce, ne vogliamo fare un altro, non solo per aumentare la nostra conoscenza, ma per la dipendenza dall'emozione appena vissuta. I corsi di questo genere diventano come una droga, ci si sente bene solo se siamo in attesa di saperne qualcosa in più, solo se ci sarà la prossima lezione, il prossimo esercizio o delle parole rassicuranti di qualcuno.

È normale, per un certo periodo è stato così anche per me. Quindi, per prima cosa, bisogna capire che qualsiasi sensazione di smarrimento post corso è assolutamente fisiologico. Rallenta, sdrammatizza, sorridi. Poi reagisci.

È importante prendere coscienza del *vero* motivo per cui lo fai! Cioè per liberarti da ciò che ti opprime per non avere più bisogno di cercare altro, se non per confronto, diletto e cultura personale.

Acquisire la consapevolezza per cui sai che ce la puoi fare da solo.

Sì, ce la puoi fare da solo in ogni situazione senza doverti sempre appoggiare a libri, film o corsi vari. Se da questo libro sei riuscito a capire che quando stai male hai *tu stesso* il potere di uscire emotivamente da quella situazione, è un bel passo avanti che ti rende libero da qualsiasi aiuto esterno.

Potresti anche approfondire, se vuoi, uno solo degli argomenti che ho toccato, uno che magari ti affascina e ti piace. Potresti appassionarti di pratiche orientali come buddismo, yoga, zen; metterti a studiare varie tecniche di Programmazione Neuro Linguistica; seguire filoni del tipo di "The Secret"; approfondire la teoria riguardo il potere dell'inconscio o altro ancora.

Tutto va bene, ma solo se c'è il presupposto che alla fine **tutto serve per non servire più, e senza mai esagerare.** E se posso darti un consiglio spassionato, fallo sempre con l'intento di rimanere equilibrato, non soffermarti mai su di una sola teoria o filone diventandone *tifoso*. Informati su tutto, segui le tue preferenze possibilmente senza legarti a nessun gruppo o setta, cercando di essere sempre obiettivo con gli altri pensieri rispettabili in egual misura... nessuno saprà mai con assoluta certezza qual è la verità o se **ce ne sia una sola.** E soprattutto attento ai vari Guru e Santoni che vivono delle nostre necessità di sapere.

Renderti conto che puoi camminare con le tue gambe e che **tutto andrà bene** in un modo o nell'altro. Senza paura di ciò che accadrà, affronterai un problema alla volta perché sai che hai il potere di uscirne. Non sei più vittima di cause o persone esterne, né dei tuoi stati d'animo negativi.

Ricorda che la perfezione non esiste e che non si può diventare invincibili, evitando momenti bui e tristi.

La maggior parte delle volte stiamo male per motivi superabili con un semplice cambio di prospettiva, di punto di vista, modo di ragionare. Si può stare meglio rallentando, facendo respiri profondi e sdrammatizzando con una bella risata. Puoi stare anche male un giorno intero, l'importante è che tu ne sia consapevole e che non scatti il vittimismo.

Viene spontaneo credere che i nostri problemi siano comunque "gravi e importantissimi", ma a volte esageriamo un pochino e ci culliamo nel dolore fine a sé stesso prendendoci troppo sul serio.

Pensa al vittimismo come a un meccanismo inconscio che ci scarica dalla responsabilità di reagire e ci convince che non è colpa nostra e quindi non ci possiamo fare niente, con il solo risultato di inchiodarci alla situazione in corso, qualunque essa sia.

È l'inconscio che *crede* e si è *convinto* di non poterci fare nulla, e quindi tenta di difenderci scaricando la colpa sul destino, sulla suocera, sul meteo o sul nostro carattere, non modificabile senza un'operazione al cervello.

È una copertura, una maschera, che in passato ci siamo messi (inconsciamente) per nascondere una presunta incapacità o inadeguatezza. Non solo era un'opinione nata in un momento emotivamente particolare, ma renditi conto che è ed era solo un'opinione, non la verità! È solo un giudizio, un'etichetta che noi ci siamo appiccicati addosso, un pensiero vecchio e nulla più.

Ora sai che le etichette non esistono. Sai che le tue sono solo re-azioni abitudinarie. Non *sei* fatto così, sei solo abituato a *fare* così. Prenditi la responsabilità di capire questo concetto, farlo *tuo* e usarlo per stare meglio.

Lo scopo non è diventare supereroi, ma accettarsi per ciò che siamo: pregi, difetti e imperfezioni, volersi bene il più possibile senza rimuginare sul passato ormai "passato", senza preoccuparsi prima di problemi che ancora non abbiamo, ma affrontando quelli che abbiamo nel presente con serenità e massimo impegno.

Puoi tranquillamente affrontare la vita nella sua parte meno bella con il presupposto: **"andrà tutto bene o come deve andare e se andrà male sarà per il mio bene"**. Tieni sempre con te una buona dose di gratitudine e di gioia!

Cerca la tua verità e seguila ma sempre accompagnata da un leggero dubbio.

Un caro saluto. Buona vita!

Note, Fonti e Ringraziamenti

Come ho già scritto in queste pagine, io sono un ricercatore: la maggior parte di ciò che insegno è stata scoperta dalle persone elencate nelle fonti letterarie sotto riportate.

Dal canto mio, ho cercato di rinnovare il metodo di insegnamento, impostandolo con un linguaggio semplice, per tutti ed escludendo buona parte della teoria che, a mio parere, può distrarre l'apprendimento confondendo inutilmente le idee.

Ho incluso infine qualche personalizzazione dei concetti, qualcosa di mio e soprattutto la conciliazione tra scuola occidentale e filosofia orientale, senza mai prediligere una o l'altra.

Per tutto questo ringrazio:
- Il mio grande amico Yuri, che per primo mi ha messo di fronte alla realtà di aver scritto così tanto da poter pensare alla pubblicazione di un libro.
- Mia moglie Cosetta per avermi sopportato e supportato nei mesi in cui non facevo altro che stare davanti al pc a scrivere e correggere senza sosta.
- I miei amici che hanno fatto da "cavie" a tutte le mie prime sperimentazioni iniziali.
- La mia famiglia per avermi aiutato e appoggiato in questo progetto.
- Mia cognata Daniela per avermi detto che non avrebbe mai letto niente sul sito: molti sono ancora affezionati alla carta stampata.
- I miei amici ed ex-allievi del sito per avermi elogiato e aiutato con critiche e consigli.
- Domenico Russo che, oltre ad aver curato personalmente la prefazione, è stato l'Editor del testo. Ha limato ed affinato le mie idee senza remore, a conferma dell'amicizia nata tra noi

durante il lavoro svolto e della sua passione su questi argomenti. Sito internet: www.domenicorusso.org
- Francesco Grandis, per aver scritto "da zero a diecimila", di grande aiuto per l'auto pubblicazione.
- Sara Bianchini e Matteo Broggi per aver curato la creazione della copertina. www.sarabianchini.com www.matteobroggi.it
- Andrea Sosso ed Emiliano Prelle per la parte relativa al blog. andreasosso.com & www.emprsitiweb.com
- Giuliano Golfieri per la parte Marketing e pubblicazione. Sito internet: www.marketinglibro.it
- E per ultimo, una pacca sulla spalla a me stesso per non aver mollato nei momenti più grigi.

Fonti letterarie:
- Walter Lucchi (un *vero* esperto di crescita personale e non solo), creatore del famosissimo Dimagrire da Campioni. E lui che mi ha aperto le porte sulla ricerca del comportamento umano. Dai suoi corsi e dal suo sistema di insegnamento ho potuto modellare il corso sul mio blog e successivamente questo libro.
- Tony Robbins, per aver portato il miglioramento personale a livelli mai visti.
- Virginia Satir per aver usato il cuore come ingrediente principale nella psicoterapia.
- Allen Carr, per aver scritto "È facile smettere di fumare se sai come farlo".
- Paxton Robey, per il libro "No time for karma".
- Osho, per la sua *prepotente* quanto immediata saggezza e in particolare per i testi "Il Benessere Emotivo", "Buddha, la vita e gli insegnamenti" e "L'istinto".
- Richard Bandler & John Grinder, per aver dedicato la vita alla diffusione della PNL (Programmazione Neuro Linguistica), e in particolare per i testi "Introduzione alla PNL", "La struttura della magia", "Il potere dell'inconscio" e "PNL è Libertà" (con O. Fitzpatrick, altro famosissimo terapeuta).
- Hermann Hesse, per aver scritto un libro fantastico come "Siddharta" . Anche da un romanzo si può imparare molto.

- Taitaro Suzuki, autore di "Vivere ZEN" . Bisogna insistere un pochino per capirlo, ma ne è valsa la pena.
- Josè Silva, autore di "Mind Control". Creatore di un sistema molto interessante per il controllo mentale.
- Sheldon. B. Kopp, autore di "Se incontri il buddha uccidilo", punto di vista rivelatore sul buddismo.
- Brenè Brown per aver condiviso con tutti noi i suoi risultati nel libro "I doni dell'imperfezione".
- Omraam M. Aivanohov per il libro "Le leggi della morale cosmica"
- Salvatore Brizzi, torinese come me per il suo "Draco Daatson"
- Dan Millman per il fantastico romanzo "La via del guerriero di pace" (visto anche come film).

Tra i mille video e film visti sull'argomento, vi consiglio:
- I video di TED (Technology, Entertainment and Design). Uno su tutti quello di Brenè Brown: "Il potere della vulnerabilità"
- Matrix
- Al di là dei sogni
- Nirvana
- The Secret
- Fight Club
- Vanilla sky
- Avatar
- Strange days
- What The Bleep Do We Know?

Dopo questa sfilza di ringraziamenti, non mi resta che ringraziare te. Sì, proprio tu, che hai letto pure i ringraziamenti e che stai cercando di migliorare ogni giorno. ☺

Marco Odino

298

Printed by Amazon Italia Logistica S.r.l.
Torrazza Piemonte (TO), Italy

15056722R00171